JN022340

大学入試

“すぐわかる”英文法

肘井学 著

教学社

はじめに

本書は、新時代の幕開けにふさわしい**新しい文法書**です。
今までの文法書にはないさまざまな仕掛けを用意しています。

従来の文型学習の欠点を補うために、**be 形容詞 前置詞 型**と **SV A 前置詞 B 型**という 2 つの型を新たに追加しました。これにより、時に役に立たないと言われることもある文型学習が効果的なものとなり、あらゆる英文に対処する真の実力が身につきます。

そして、どのレベルの英語学習者が手に取っても理解できるように、**文法用語を別個に説明するページ**を用意して、必要に応じて**各セクション（§）の冒頭にクイズ**を設けています。これにより、英語の本質に触れると同時にリズムが生まれ、ページをめくる手が止まらなくなります。

極めつけは、英文法を項目ごとに学習したのちに、新しい視点で、その項目を**横断して知識を体系化**します。これにより、**縦の知識と横の知識が絡み合い、今までにない新しい英文法の世界を構築**します。

最後に、**本書では、**Reading, Listening, Writing, Speaking **と文法を結びつける工夫**を用意しました。文法が本当に生きてくるのは、上記の英語 4 技能と有機的に結びついたときです。別冊の**4 技能トレーニング・ブック**を活用することで、生きた文法を身につけてください。

最終的に、本書の**基本例文を暗唱できるレベル**に仕上げることで、**英語を英語で理解して操ることのできる高み**にまで到達できることを狙いとしています。

肘井（ヒジイ） 学（ガク）

第 21 章　倒置・強調・省略

第 22 章　動詞の語法

第 23 章　形容詞・副詞の語法

第 24 章　名詞の語法

別冊　4 技能トレーニング・ブック

●本書で用いている主な記号・略号

S 主語　**V** 動詞　**O** 目的語　**C** 補語　**M** 修飾語
A B ～ … 任意の語句
(　) 言い換えや補足説明　／ ・ ， 、 列挙
to *do* to 不定詞　***doing*** 動名詞や現在分詞　***do*** 原形動詞
p.p. 過去分詞　**be** be 動詞
one's 人称代名詞の所有格（his, their など）の代表形
oneself 再帰代名詞（himself, herself など）の代表形

本書の特徴

その1

新しい文型の導入

本書では、文型学習の限界を突破するべく、**従来の5文型に加えて、**be 形容詞 前置詞 型と SV A 前置詞 B 型**という2つの動詞の型を新たに追加して説明します。**この**7つの文型**の考え方で学べば、文型学習の本質である**英文の全パターンの分析**に限りなく近づくことができるようになります。

その2

基礎レベルから発展レベルまで無理なく進められる

▶各章のセクション（§）0に文法用語の説明を掲載！

学校や塾、予備校の授業で知らない文法用語が出てくると、英文法、そして英語嫌いに拍車（はくしゃ）をかけてしまいます。本書では必要に応じて章のはじめに§0「文法用語の説明」を設けて、いきなり知らない文法用語に触れることのないように工夫しました。文法用語を決して悪者にしないでください。知らない文法用語が飛び交うことが問題なだけなのです。学校の授業の予習などで本書の文法用語の紹介にさっと目を通すだけで、授業の理解が驚くほど変わってきます。本書に出てくる文法用語を知っておけば、いろいろな場所で行われる英語の授業や参考書との懸（か）け橋（はし）になってくれます。文法用語は、英語の先生との共通言語となり、授業がどんどん面白くなり、英語の理解をぐんぐん促進してくれるものとなります。

▶各セクション（§）が Intro quiz から始まる！

各セクションの最初に Intro quiz という簡単な英文法クイズを設けました。過去の大学入試問題を参考にして作った Intro quiz は、文法の核心や間違いやすい項目に焦点を当てることで、導入の役割と学習意欲をかき立てる効果があります。同時に、あらゆる文法問題を解く力も養うことができます。

その3

クロスする英文法が新たな世界を作り出す

文型、時制、助動詞、仮定法と各文法項目を学習していく過程で、「過去形で横断する」といったタイトルで、各文法項目を横断的に見ていきます。「横断英文法」の各コラムを読めば、一見離れて見える各項目に有機的なつながりが生まれ、縦糸と横糸が絡み合うようにして、より密度の高い文法力が養成されます。従来の文法学習だけでは見えてこなかった新しい世界を、本書で存分に味わってください。

その4

英語4技能時代に完全対応した文法書

▶ 4技能トレーニング・ブック

本書の英文をまとめた別冊の4技能トレーニング・ブックに、ネイティブスピーカーによる音源を付けています。複数の技能を同時に向上させてくれるトレーニング方法を紹介していますので、英文法を学びながら、英語の4技能全体の力の底上げにつながります。

英語学習に音声を使うと、バランスよく4技能が伸びる！

●音声ダウンロードのご案内

別冊の4技能トレーニング・ブックで取り上げている333文の英文と和文について、赤本ウェブサイトの下記アドレスより、無料でMP3形式の音声をダウンロードすることができます。学習にお役立てください。 ※詳細は別冊 p. 32

http://akahon.net/sound/suguwakaru/

知識が整理できる構成

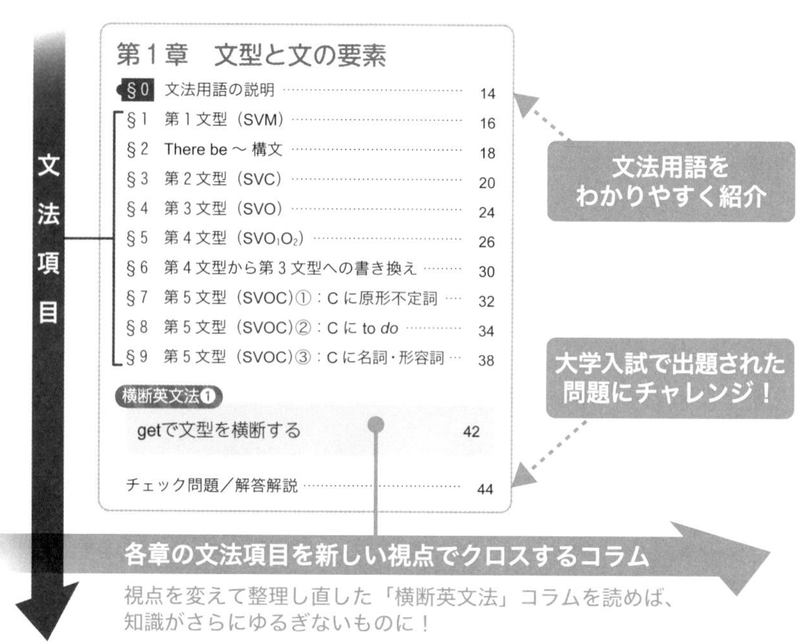

5文型＋α　新しい動詞の型

第2章	第3章
be 形容詞 前置詞 型	**SV A 前置詞 B 型**
§1　be 形容詞 of 型	§1　SV A from B 型
§2　be 形容詞 for 型	§2　SV A of B 型
§3　be 形容詞 about 型	§3　SV A with B 型
§4　be 形容詞 in 型	§4　SV A for B 型
§5　be 形容詞 with 型	§5　SV A as B 型
	§6　SV A to B 型
	§7　SV A into B 型

従来の5文型に、
新たに2つの動詞の型を追加し、
文型の本質に迫ります！

クイズからはじまる英文法学習

第１文型（SVM）

下線部の意味はどっち？

He got to the station.　① 手に入れた　② 到着した

まずは イントロクイズから

間違いやすいポイントがクイズに！

クイズの英文は get の過去形 got が使われています。get と言えば日本語でも「ゲットした」というように「手に入れる」の意味が有名ですが、これはあくまで **get が第３文型のときです。クイズの英文は、第１文型なので、get は第１文型だと「到着する」**になり、正解は②になります。**どの文型をとるかによって、動詞の意味が変わってくる**のです。では本編に入ります。

第１文型は、文型の一番シンプルなもので、**S と V から成るものです**。もっとも、S と V だけで終わる文というのは、Time flies.「光陰矢のごとし」といったことわざなどにほぼ限定されるので、実際の英文では **SV の後ろに修飾語の M がくる**のが普通です。よって、本書では、第１文型を SVM と示します。

読みやすい本文

クイズからの流れで、スラスラ読める本文。サクサク読めて、わかりやすい！

●第１文型の例文 その１

I live happily.（S V M）　私は幸せに暮らしている。

I live のように SV で終わることはあまりないので、例文のように後ろに **happily「幸せに」といった様子を表す副詞を続けます**。この happily は live「生活する」を修飾するので M（修飾語）になります。**ly が語尾に付くものはほとんどが副詞で… は M（修飾語）**です。次に進みます。

●第１文型の例文 その２

I live happily in Sapporo.（S V M M）　私は札幌で幸せに暮らしている。

様子に加えて**場所も伝えたい場合**は、上の例文のようにその後ろに付け… Sapporo のように、**前置詞＋名詞のカタマリ（以下、前置詞のカタマリ）**… ます。

また、次のような文でもしっかりと文型を見抜くことが重要です。

●第１文型の例文 その３

I sometimes walk to the station.（S M V M）　私は時々駅まで歩いていく。

sometimes「時々」は頻度を表す副詞なので M として、いったん文型から外して考えます。**to the station も前置詞のカタマリなので M** として外します。すると、SV の I walk という文の骨格が見えてきます。次の文も文型を意識して見ていきましょう。

●第１文型の例文 その４

I walk to my school every morning.（S V M M）　私は毎朝学校まで歩いていく。

I walk が SV です。**to my school は前置詞のカタマリなので M** とします。every morning は now や yesterday と同様に**時を表す副詞**で、M になります。

こうして見ると、第１文型のみならず、文型学習には **M（修飾語）**の理解がとても大切なことに気付くはずです。**M を見抜けば文型がはっきりと見えてきます。M になれるものをまとめます。**

厳選の例文

point　M（修飾語）になれるもの

様子を表す副詞	happily「幸せに」／carefully「注意深く」／early「早く」など
前置詞のカタマリ	in the park「公園で」／to my office「私の会社に」 on the floor「床の上で」など
頻度の副詞	often「よく」／always「いつも」／sometimes「時々」 usually「たいていは」など
時の副詞	next year「来年」／last Sunday「先週の日曜日」 every morning「毎朝」／yesterday「昨日」／now「今」 then「そのとき」など

大事なトコロが一目瞭然

セクションごとに要点が整理されていて、復習しやすい！

第１文型（SVM）のまとめ

- □ **第１文型は S（主語）＋V（動詞）＋M（修飾語）**
- □ M（のカタマリ）を見抜くことが重要
- □ M は**副詞**や**前置詞のカタマリ**

本書の使い方

本書は、英語 4 技能の習得はもとより、大学入試、英検、TOEIC などのあらゆる英語学習に効果が出るように編集しています。具体的な本書の使用例を紹介します。

授業の予習に使う

英語が苦手で授業を理解できない大きな要因として、自分のレベルと授業のレベルに差があることがあげられます。そこで、授業の前に本書で該当箇所を読んでおくことで、そのギャップを埋めることができます。授業内で飛び交う文法用語も本書でしっかり理解できるようになっています。

英語学習の辞書として使う

本書を携帯することで、あらゆる英語学習の効果をさらに促すことができます。わからない表現や文法用語に遭遇(そうぐう)したら、本書の目次や索引を参照して該当箇所を開いてみてください。本書ならではの簡潔さや、効率的な整理でまとめています。特に巻末の索引は徹底して細かい表現まで取り上げていますので、わからない熟語や表現を調べることにも適しています。

大学入試、4 技能学習と並行して使う

各セクション（§）の冒頭にある Intro quiz は、実際に大学入試で過去に出題された問題を基に作成しています。これを解くだけで、大学入試で出題される文法問題の基礎力をつけることができます。同時に、各項目を読み終えるごとに別冊の 4 技能トレーニング・ブックの訓練を行うことで、受信型の Reading, Listening の力と、発信型の Writing, Speaking の力を両方とも高めることができるように構成しています。

文型と文の要素

§0 文法用語の説明

文 型

英語の文を5種類の型に分類したものです。**第1文型〜第5文型**まであります。本書では、英文の全パターンを理解しやすくするために、さらに2つの型を加えて説明しています。S, V, O, C, M など文の要素については、次ページの説明を参照してください。

第1文型

S（**主語**）**+V**（**動詞**）**+M**（**修飾語**）で表します。The meeting ended at four.「その会議は4時に終わった」のような文を指します。

第2文型

SVC（**補語**）で表します。I am a doctor.「私は医者です」のような文を指します。

第3文型

SVO（**目的語**）で表します。I got a watch.「私は時計を手に入れた」のような文を指します。

第4文型

SVO_1O_2 で表します。I gave him a watch.「私は彼に時計をあげた」のような文です。

第5文型

SVOC で表します。He makes me happy.「彼は私を幸せにしてくれる」のような文です。

本書オリジナル文型

① be 形容詞 前置詞 型 → 特別コラム、第2章参照

② SV A 前置詞 B 型 → 特別コラム、第3章参照

文の要素

文中の役割で単語を分類したものです。**S（主語）**、**V（動詞）**、**C（補語）**、**O（目的語）**などのことを言います。

主　語

S で表します。**日本語の「～は、が」**にあたります。主に文頭に置きます。I got a watch. の I のことです。

動　詞

V で表します。**日本語の「～する」**にあたります。主に S の後ろにきて、時制や主語によって形が変化します。I got a watch. の got のことです。

目的語

O で表します。主に V の後ろにきます。**日本語の「～に」・「～を」**にあたります。I got a watch. の a watch のことです。

補　語

C で表します。**主語や目的語の情報を補う**ものです。第 2 文型（SVC）や第 5 文型（SVOC）に使われます。I am a doctor. の a doctor のことです。

修飾語

M で表します。**副詞や前置詞のカタマリのこと**です。S・V・O・C と異なり、文型の骨格には含まれません。I often swim in the sea.「私はよく海で泳ぐ」では often や in the sea の部分が M にあたります。

be 動詞

「～である」という意味で、is, are, am などのことです。本書では、be で表します。

§1 第１文型（SVM）

Intro quiz 下線部の意味はどっち？

He got to the station. ① 手に入れた ② 到着した

クイズの英文は get の過去形 got が使われています。get と言えば日本語でも「ゲットした」というように「**手に入れる**」の意味が有名ですが、これはあくまで **get が第 3 文型のとき**です。**クイズの英文は、第 1 文型**なので、**get は第 1 文型だと「到着する」**になり、正解は②になります。**どの文型をとるかによって、動詞の意味が変わってくる**のです。では本編に入ります。

第 1 文型は、文型の一番シンプルなもので、**S と V から成るものです**。もっとも、S と V だけで終わる文というのは、Time flies.「光陰矢のごとし」といったことわざなどにほぼ限定されるので、実際の英文では **SV の後ろに修飾語の M がくる**のが普通です。よって、本書では、第 1 文型を SVM と示します。

● 第 1 文型の例文 その 1

I live happily. 私は幸せに暮らしている。
S V M

I live のように SV で終わることはあまりないので、例文のように後ろに **happily「幸せに」といった様子を表す副詞を続けます**。この happily は live「生活する」を修飾するので M（修飾語）になります。**ly が語尾に付くものはほとんどが副詞であり、副詞は M（修飾語）**です。次に進みます。

● 第 1 文型の例文 その 2

I live happily in Sapporo. 私は札幌で幸せに暮らしている。
S V M M

様子に加えて**場所も伝えたい場合**は、上の例文のようにその後ろに付け加えます。in Sapporo のように、**前置詞＋名詞のカタマリ（以下、前置詞のカタマリ）は M** になります。

また、次のような文でもしっかりと文型を見抜くことが重要です。

● 第１文型の例文 その３

I sometimes walk to the station. 私は時々駅まで歩いていく。
S M V M

sometimes「時々」は頻度を表す副詞なのでMとして、いったん文型から外して考えます。**to the station も前置詞のカタマリなのでM**として外します。すると、SVのI walkという文の骨格が見えてきます。次の文も文型を意識して見ていきましょう。

● 第１文型の例文 その４

I walk to my school every morning. 私は毎朝学校まで歩いていく。
S V M M

I walk が SV です。**to my school は前置詞のカタマリなので M** とします。every morning は now や yesterday と同様に**時を表す副詞**で、M になります。

こうして見ると、第１文型のみならず、文型学習には **M（修飾語）の理解**がとても大切なことに気付くはずです。**M を見抜けば文型がはっきりと見えてきます。M になれるもの**をまとめます。

point M（修飾語）になれるもの

様子を表す副詞	happily「幸せに」／carefully「注意深く」／early「早く」など
前置詞のカタマリ	in the park「公園で」／to my office「私の会社に」 on the floor「床の上で」など
頻度の副詞	often「よく」／always「いつも」／sometimes「時々」 usually「たいていは」など
時の副詞	next year「来年」／last Sunday「先週の日曜日」 every morning「毎朝」／yesterday「昨日」／now「今」 then「そのとき」など

第１文型（SVM）のまとめ

- □ **第１文型は S（主語）＋V（動詞）＋M（修飾語）**
- □ M（のカタマリ）を見抜くことが重要
- □ M は**副詞**や**前置詞のカタマリ**

§2 There be ～ 構文

Intro quiz S（主語）はどっち？

There is a cat under the table.　テーブルの下に猫がいる。

① There　② a cat

There be ～ 構文は、**「～がいる／ある」**という何かの存在を表す頻出の構文です。**動詞が be**（is や are など）で、**～が文の主語**に当たり、たいていは**～の後ろに具体的な場所を示す修飾語の M** が続きます。**文の SV が逆転する、倒置**という現象が起きています。**文頭の There は副詞なので S にはならない**ことに注意します。元々の「そこに」という意味も失って、ほとんど意味をもたないものです。よって、クイズの正解は②で、a cat が文の主語になります。続いて、具体的な例文を見ていきましょう。

● There is ～. の例文

There is a book on the table.（is = V, a book = S, on the table = M）　テーブルの上に本が１冊ある。

上の例文を見ると、**is が V** で、後ろの **a book が S** です。a book の後ろに、具体的な場所を表す on the table が続きます。次の文に進みましょう。

● There are ～. の例文

There are many books on the table.（are = V, many books = S, on the table = M）　テーブルの上にたくさんの本がある。

主語が many books で複数になると、それに伴って動詞も are となります。次の文に進みます。

● There was ～. の例文

There was a store at the corner.（was = V, a store = S, at the corner = M）　その角のところにお店があった。

先に見た2つの例文は主語の単数・複数により、be動詞が変化しました。この文のように時制によってwasやwereになることもあります。さらに続きます。

● There be構文のbe動詞以外の例文

There lived a wise man on the island.　その島には賢者(けんじゃ)が暮らしていた。
(lived = V, a wise man = S, on the island = M)

be動詞が基本ですが、上の文のようにliveやstandといった同じく存在を表す動詞を使うこともあります。

存在を表す構文には、他にも **S be in ～.「Sは～にいる」** があります。この場合のSは、**人を表すI, She, He** や、**特定されているもの**がきます。下の例文をご覧ください。

● 所在を表すS be Mの例文　その1

I am in the station.　私は駅にいます。
(I = S, am = V, in the station = M)

例えば、「私は駅にいます」は、There am I in the station.とはしません。Iのような誰かわかっている主語は上の例文のように、S be in ～.で使います。

● 所在を表すS be Mの例文　その2

Your wallet is on the chair.　あなたの財布は椅子の上にあります。
(Your wallet = S, is = V, on the chair = M)

それから、上の文のような **「あなたの財布」といった特定されているもの** の場合も、There be ～構文ではなく、S be on ～.などで表します。**There be ～構文の主語には、新情報という初めて出てきて話の焦点になる単語がくる**ので、the＋名詞になることは少なく、a＋名詞になることがほとんどです。beの後に話の焦点になる単語がくるので、There be ～構文は、**相手に何かの存在を知らせたい時に使う表現**と言えるのです。

There be ～構文のまとめ

- □ There be ～構文は**～がS、beが動詞**で**倒置**が起きている構文
- □ ～がSなので、これに合わせて適切なbe動詞（isやareなど）を使う
- □ 動詞にliveやstandを使うこともある
- □ Iなどの代名詞で「所在」を表したいときは、**S be in ～.** などを使う

§3 第２文型（SVC）

Intro quiz 下線部の意味はどっち？

Your hat becomes you very well.　　① なる　　② 似合う

第２文型はSVCで、**Cは補語**と言われるものです。ここでは主に**Sの情報を補足して説明している働き**です。**Cになるのは主に名詞か形容詞**です。**第２文型の最大の特徴は、S＝Cになること**です。クイズでは、Your hat becomes までは SV ですが、Your hat＝you にはならないので、you は O（目的語）になります。become は第２文型では「なる」ですが、第３文型（SVO）だと「**似合う**」の意味になります。よって、正解は②です。英文の意味は「帽子がとてもよく似合っているよ」になります。

続いて、第２文型の文を紹介します。I am a teacher.「私は教師です」は I＝a teacher の関係が成り立ちます。では be 動詞以外で、どのような動詞が第２文型をとるのかを見ていきましょう。

● 第２文型の英文(1)「変化」の動詞の例文

❶ He became a teacher.　　彼は先生になった。
❷ He got angry.　　彼は怒った。
❸ Dreams come true.　　夢は実現する。
❹ Vegetables will go bad soon.　　野菜はすぐに腐る。
❺ The leaves are turning red.　　葉が紅葉しつつある。

上から順に、become, get, come, go, turn が動詞です。すべて第２文型をとることのできる動詞になります。これらの共通点はおわかりでしょうか？ ❶〜❺の訳をよく見ると、すべて「**〜になる**」と**変化を表す動詞**になります。すべて **become C, get C, come C, go C, turn C「Cになる」**と覚えましょう。この動詞は第２文型をとるぞ！という合図と思ってください。

第２文型をとり、(1)「**変化」を表す動詞**をまとめます。

point 第 2 文型をとる動詞(1)「変化」を表す動詞

動詞の型	意味
become C	C になる
get C	
come C	
go C	
turn C	
fall C	
grow C	

これらの内、いろいろな表現で使うのは become, get, grow で、残りは特定の形容詞と共によく使います。**come true**「実現する」、**go wrong**「悪くなる」、**turn pale**「青ざめる」、**fall asleep**「ぐっすり眠る」といった感じです。ちなみに、**come はプラスの変化**、**go はマイナスの変化**が多くなります。

続いて、以下の文も青色の単語に注意して意味を考えてみてください。

● 第 2 文型の英文(2)「五感」の動詞の例文

❶ He looked happy.

❷ This chocolate tastes bitter.

❸ This flower smells good.

❹ That sounds very interesting.

❺ I feel very happy.

❶から、**look C「C に見える」**、**taste C「C の味がする」**、**smell C「C のにおいがする」**、**sound C「C に聞こえる」**、**feel C「C に感じる」**とすべて第 2 文型をとります。共通点は、**五感を表す動詞**です。❶から視覚、味覚、嗅覚(きゅうかく)（においを嗅(か)ぐ能力）、聴覚(ちょうかく)、触覚(しょっかく)です。

それぞれの文の訳は、次の通りです。❶彼は幸せそうに見えた。❷このチョコレートはほろ苦い。❸この花は良い香りがする。❹それはとても面白く聞こえる。❺私はとても幸せに感じる。

(2)「五感」を表す動詞をまとめます。

point 第2文型をとる動詞(2)「五感」を表す動詞

動詞の型	意味
look C	Cに見える
taste C	Cの味がする
smell C	Cのにおいがする
sound C	Cに聞こえる
feel C	Cに感じる

ちなみに、appear, seem も look と同様に第2文型をとり、「Cに見える（思える）」といった意味になります。**look は見た目での判断、seem は論理的に推論できる判断、appear は客観的事実から判断**できるときに使います。例えば、❶の「幸せに見えた」は、おそらく彼が笑顔だったのでしょう。それから、He seems hardworking.「彼は働き者のようだ」は、例えば数々の成果を上げているので当然働き者だと論理的に判断しているのでしょう。一方で、He appears rich.「彼は金持ちに見える」は、実際に高価な腕時計を持っていたり、豪邸に住んでいたりする客観的事実から判断しているのでしょう。次のグループに進みます。

● 第2文型の英文(3)「維持」の動詞の例文

❶ I kept silent then.　私はそのとき黙ったままだった。
❷ He always stays calm.　彼はいつも落ち着いている。
❸ We remained good friends.　私たちはずっと親友だった。

❶から順に、**keep C、stay C、remain C** は、どれも「**C のままである**」という意味です。これらの共通点はわかりますか？　すべて「～のままだ」という**維持を表す動詞**になります。(1)「変化」の動詞のグループで紹介した変化動詞と反対の概念になります。「～になる」が第2文型をとることができるのなら、「～のままだ」も第2文型をとることができるのでは？と考えます。(3)「**維持」を表す動詞**をまとめます。

point 第２文型をとる動詞(3)「維持」を表す動詞

動詞の型	意味
keep C	Cのままである
stay C	
remain C	

第２文型をとる動詞の最後は、(4)**「存在」**を表す動詞です。下の例文をご覧ください。

● 第２文型の英文(4)「存在」の動詞の例文

❶ He stood looking at the map.　彼は地図を見ながら立っていた。

❷ She sat reading a book.　彼女は本を読みながら座っていた。

❸ He lay awake last night.　彼は昨晩目を覚まして横になっていた。

❶から順に、**stand C「C（の状態）で立っている」**、**sit C「C（の状態）で座っている」**、**lie C「C（の状態）で横になっている」**になります。第２文型をとる(4)**「存在」を表す動詞**をまとめます。

point 第２文型をとる動詞(4)「存在」を表す動詞

動詞の型	意味
stand C	Cの状態で立っている
sit C	Cの状態で座っている
lie C	Cの状態で横になっている

第２文型（SVC）のまとめ

- □ 第２文型の最大の特徴は **S＝C**
- □ **C** には主に**名詞・形容詞**が入る

(1)**「変化」**を表す動詞（become／get／grow／come／go など）

(2)**「五感」**を表す動詞（look／taste／smell／sound／feel など）

(3)**「維持」**を表す動詞（keep／stay／remain など）

(4)**「存在」**を表す動詞（stand／sit／lie など）

第3文型（SVO）

下線部の意味はどっち？

He runs a restaurant in this town. ① 走る ② 経営する

第3文型は **SVO** で、**O は目的語**と言われるものです。**動詞の動作の対象を表すもの**です。**O になるのは名詞**です。クイズの英文は後ろに a restaurant という目的語があるので第3文型です。**run が第3文型をとると「経営する」**になるので、②が正解です。クイズの英文の意味は「彼はこの町でレストランを経営している」になります。では、どのような動詞が第3文型をとるのかを具体的に見ていきましょう。

● 第3文型をとる動詞の例文

❶ My friend married her. 私の友人が彼女と結婚した。
❷ I discussed the problem with them. 私は彼らとその問題を話し合った。
❸ I answered his email at once. 私はすぐに彼のメールに返事をした。
❹ My daughter resembles me. 私の娘は私に似ている。
❺ We reached our destination. 私たちは目的地に到着した。

❶の文は一見すると何の変哲（へんてつ）もない文に見えますが、実は「〜と結婚する」という日本語に引っ張られて、marry with としてしまう間違いが非常に多くなります。それを防（ふせ）ぐためには、marry の使い方はとにかく、**marry O「O と結婚する」**という形で覚えることがとても大切です。このように**目的語を直接後ろにとる動詞を他動詞**と言い、逆に**目的語をとる際に前置詞を必要とする動詞を自動詞**と言います。例えば、I live in Sapporo. の live のような動詞が自動詞です。

いわば、第3文型をとる動詞とは他動詞のことであり、その中でも日本語から**つい前置詞を入れてしまう間違いが多い動詞を正しく覚えることが重要**になります。前の例文❷では、「〜について話し合う」から、つい discuss about とする間違いが多くなります。これも正しくは、**discuss O「O について話し合う」**の形で覚えましょう。❸は

answer O「O に答える」、❹は **resemble O「O に似ている」**、❺は **reach O「O に到着する」**で覚えます。

ちなみに、上記の❷〜❺の動詞には、すべて近い意味の自動詞があり、それとセットで覚えると非常に効率がよくなります。例えば、**discuss O＝talk about／answer O＝reply to／resemble O＝take after／reach O＝get to, arrive at** といった形で覚えます。これにより、自動詞の正しい知識も覚えられるので、一石二鳥と言える覚え方でおすすめです。

point 他動詞と自動詞をセットで覚える動詞

・discuss O	＝ talk about 〜	「〜について話し合う」
・answer O	＝ reply to 〜	「〜に答える」
・resemble O	＝ take after 〜	「〜に似ている」
・reach O	＝ get to／arrive at 〜	「〜に到着する」

第 3 文型（SVO）のまとめ

- ☐ SV の後ろに O（目的語）を置く
- ☐ O になるのは**名詞**
- ☐ 第 3 文型をとる動詞は**他動詞**で、**marry O, discuss O, answer O** の形で覚える

§5 第4文型（SVO_1O_2）

Intro quiz 下線部の意味はどっち？

Smoking will do you harm. ① する ② 与える

第4文型は **SVO_1O_2 の型**をとって、最も多い意味は「**O_1 に O_2 を与える**」になります。do は第3文型だと「する」ですが、第4文型では「O_1 に O_2 を与える」になるので、クイズの正解は②になります。クイズの英文は「タバコを吸うとあなたに害を与えるだろう」という意味です。

もう少し詳しく第4文型を見ていきます。SVO_1O_2 の O_1 は**間接目的語**と言い「**～に**」の意味で**通常「人」がよくきます。O_2 は直接目的語**と言い「**～を**」の意味で、**通常「モノ」がよくきます。第4文型をとる動詞**は、大きく3つに分かれます。

point 第4文型をとる動詞
(1)「**与える**」系（give／tell／teach／lend など）
(2)「**してあげる**」系（buy／cook／make など）
(3)「**奪う**」系（take／cost／save／owe／deny）

まずは(1)の「**与える**」系の動詞から見ていきましょう。

● 第4文型の英文(1)「与える」系の動詞の例文

I gave my son the book. 私は息子にその本を与えた。
S V O_1 O_2

give を見たら、後ろに **O_1O_2 の型を予測**して「**O_1 に O_2 を与える**」と訳します。**第4文型の多くの動詞は give「与える」の意味が根底**にあります。単純に「与える」という意味になる第4文型の動詞だけで、下の表のように多数存在します。

point **第 4 文型の「O_1 に O_2 を与える」の意味の動詞**

動詞の型	意味
give O_1 O_2	O_1 に O_2 を与える
do O_1 O_2	
allow O_1 O_2	
award O_1 O_2	
grant O_1 O_2	

この他にも、tell「伝える」は**情報を与える**、lend「貸す」も**返す約束をして与える**、teach「教える」も**知識を与える**、show「見せる」も**姿を与える**、send「送る」も**メールや手紙などを与える**という点で、**これらの動詞にはすべて give の意味が根底で共通している**と理解しておきましょう。第 4 文型をとる(1)**「与える」**系の動詞をまとめます。

point **第 4 文型をとる動詞(1)「与える」系**

動詞の型	すべて「与える」という意味	意味
tell O_1 O_2	O_1 に O_2 という**情報を与える**	O_1 に O_2 を**伝える**
show O_1 O_2	O_1 に O_2 の**姿を与える**	O_1 に O_2 を**示す**
lend O_1 O_2	O_1 に O_2 を**与える（返す約束付き）**	O_1 に O_2 を**貸す**
teach O_1 O_2	O_1 に O_2 という**知識を与える**	O_1 に O_2 を**教える**
send O_1 O_2	O_1 に O_2 を**メールや手紙で与える**	O_1 に O_2 を**送る**

続いて、(2)の**「してあげる」**系の動詞に進みます。

● 第 4 文型の英文(2)「してあげる」系の動詞の例文

I (S) bought (V) my son (O_1) the book (O_2).　私は息子にその本を買ってあげた。

(1)のグループの**「与える」**系と近い表現で、**buy O_1 O_2「O_1 に O_2 を買ってあげる」**となります。他にも、**cook O_1 O_2「O_1 に O_2 を料理する」**、**get O_1 O_2「O_1 に O_2 をとってきてあげる」**、**make O_1 O_2「O_1 に O_2 を作ってあげる」**などがあります。

第４文型をとる(2)「**してあげる**」系の動詞をまとめます。

point 第４文型をとる動詞(2)「してあげる」系

動詞の型	意味
buy O_1 O_2	O_1 に O_2 を買ってあげる
cook O_1 O_2	O_1 に O_2 を料理する
make O_1 O_2	O_1 に O_2 を作ってあげる
get O_1 O_2	O_1 に O_2 をとってきてあげる

最後に、(1)の「**与える**」系のグループと反対になる(3)の「**奪う**」系のグループです。

● 第４文型の英文(3)「奪う」系の動詞の例文 その１

It took me a lot of time to get to the stadium.
S V O_1 O_2 S′

そのスタジアムに着くのに、長い時間がかかった。

時間の構文で有名な **It takes＋人＋時間＋to *do*.** も、実は第４文型の文になります。先頭の it は形式主語の it で to 以下を指し、**take O_1 O_2「O_1 から O_2 を奪う」**から、「**～することは人から時間を奪う**」＝「**人が～するのに時間がかかる**」となります。上の例文に当てはめると「そのスタジアムに着くことは、私からたくさんの時間を奪った」＝「そのスタジアムに着くのに、長い時間がかかった」になります。次の英文に進みます。

● 第４文型の英文(3)「奪う」系の動詞の例文 その２

It cost me a lot of money to buy the bag.
S V O_1 O_2 S′

そのカバンを買うのにたくさんのお金がかかった。

お金の構文で有名な **It costs＋人＋お金＋to *do*.** も実は第４文型の文になります。先頭の it は形式主語の it で to 以下を指し、**cost O_1 O_2「O_1 から O_2 を奪う」**から、「**～することは人からお金を奪う**」＝「**人が～するのにお金がかかる**」となります。上の例文に当てはめると、「そのカバンを買うことは、私からたくさんのお金を奪った」＝「そのカバンを買うのにたくさんのお金がかかった」となります。その他にも、第４文型をとる(3)「**奪う**」系の動詞は **save, owe, deny** などがあります。第４文型をとる(3)「**奪う**」系の動詞の例を見ていきます。

point 第４文型をとる動詞(3) 「奪う」系

動詞の型	すべて「奪う」という意味	意味
take O_1 O_2	O_1 から O_2（時間）を奪う	O_1 に O_2（時間）がかかる
cost O_1 O_2	O_1 から O_2（お金）を奪う	O_1 に O_2（お金）がかかる
save O_1 O_2	O_1 から O_2（手間）を奪う	O_1 の O_2 を省く
owe O_1 O_2	O_1 から O_2（お金）を奪う（返す約束付き）	O_1 に O_2 を借りている
deny O_1 O_2	O_1 から O_2（権利など）を奪う	O_1 の O_2 を否定する

第４文型（SVO_1O_2）のまとめ

□ 第４文型は SV の後ろに **O_1 と O_2 の２つの目的語**が続く

□ **O_1 には人**がきて、**O_2 にはモノ**がくることが多い

(1)「**与える**」系の動詞（give／do／lend／show／teach など）

(2)「**してあげる**」系の動詞（buy／cook／make など）

(3)「**奪う**」系の動詞（take／cost／save など）

§6 第4文型から第3文型への書き換え

伝えたいのはどっち？

I gave a beautiful flower to my wife.　私はきれいな花を妻にあげた。

① きれいな花をあげたこと　② 妻にあげたこと

第4文型（SVO_1O_2）から第3文型（SVO）への書き換えを扱います。まずは、なぜこのような書き換えを理解する必要があるのか。第4文型と第3文型では伝えたいメッセージが実は異なるのです。英語は、**文頭の旧情報から文末の新情報へと流れていく言語なので、文末に近いほど重要なメッセージ**になります。クイズは第3文型で、文末に my wife があるので②が正解とわかります。第4文型から第3文型への書き換えは、全部で3パターンあります。(1) **SVO_1O_2 から SVO_2 to O_1** となるパターン、(2) **SVO_1O_2 から SVO_2 for O_1** のパターン、(3) **SVO_1O_2 から SVO_2 of O_1** のパターンです。では、次の2つの文をご覧ください。

● 第4文型から第3文型への書き換え(1)　to を使うパターン

第4文型　I gave her the bag.　私は彼女にバッグをあげた。
　　　　　S V O_1 O_2

↓

第3文型　I gave the bag to her.
　　　　　S V O_2 前置詞 O_1

クイズで説明した通り、この2つは決してイコールではなく、伝えたいメッセージが異なります。**第4文型の文は「何をあげたか」を強調**したい文で、**第3文型の文は「誰にあげたか」を強調**したい文になります。上の文では、第4文型が the bag を強調して、第3文型が her を強調している文になります。第3文型への書き換えの際に前置詞 to を使う動詞を見ていきましょう。

パターンその1（to を使う動詞）

give／tell／show／lend／teach／send など

続いて、第4文型から第3文型への書き換えで、for を使うパターンです。

● 第4文型から第3文型への書き換え(2)　for を使うパターン

第4文型　He bought me a bike.（S V O_1 O_2）　彼が私に自転車を買ってくれた。

↓

第3文型　He bought a bike for me.（S V O_2 前置詞 O_1）

buy の場合は、第3文型に書き換える際には for を使います。**to を使う場合**は、give, tell, teach などからわかる通り、**相手が必要な動詞**になります。to の後ろで、相手を示す表現になります。一方で、**for を使う場合**は、buy, cook, make などからわかる通り、**相手がいなくても成り立つ動詞**です。for の後ろで、誰のためにするかを示す表現です。

point　パターンその2（for を使う動詞）

buy／cook／make／get など

こうしてみると、実はパターンその1はp. 27で紹介した**第4文型の「与える」系**のグループ、そしてパターンその2は**第4文型の「してあげる」系**のグループとわかるはずです。最後は**第3文型に変えると of が必要なパターン**で、ask をおさえます。**ask O_1 O_2「O_1 に O_2 を頼む」**で、**Can I ask you a favor?「私はあなたに親切な行為を頼めますか」**＝「**お願いしてもいいですか**」という決まり文句です。理屈をおさえて、暗記しましょう。

● 第4文型から第3文型への書き換え(3)　of を使うパターン

第4文型　Can I ask you a favor?（S V O_1 O_2）　お願いしてもいいですか。

↓

第3文型　Can I ask a favor of you?（S V O_2 前置詞 O_1）

第4文型から第3文型への書き換えのまとめ

(1) **to を使う動詞＝相手が必要な動詞**（give／tell／show など）

(2) **for を使う動詞＝相手が不要な動詞**（buy／cook／make など）

(3) **of を使う動詞**（ask）

§7 第5文型（SVOC）①
Cに原形不定詞

Intro quiz　空所に入るのはどっち？

My mother let me (　　) there.　私の母は私をそこに行かせてくれた。

① to go　　② go

letは**第5文型**をとり、**Cに原形不定詞**をとるので、**let O *do*「Oに〜させる」**という型をとります。よって、正解は原形不定詞の② goになります。原形不定詞とは動詞の原形と同じととらえていただいて構いません。第5文型はCにどのような形が入るかで整理していきます。Cに原形不定詞をとることができる動詞は限られており、⑴**使役動詞**、⑵**感覚動詞（知覚動詞）**、⑶ **help**の3パターンしかありません。

⑴の**使役動詞**とは、**「人に〜させる」**という動詞の総称です。使役とは元々、**「人を使って仕事をさせる」**という意味からきています。makeとクイズで紹介したlet、そしてhaveの3つが第5文型をとり、かつCに原形不定詞をとることができます。下の例文をご覧ください。

● Cに原形不定詞をとる⑴　使役動詞の例文

❶ My parents (S) made (V) me (O) go (C) there.　両親が私をそこに行かせた。

❷ I (S) had (V) a repairman (O) fix (C) my personal computer.　私は修理工にパソコンを直してもらった。

❸ Her parents (S) let (V) her (O) travel (C) abroad alone.　彼女の親は彼女に一人で海外旅行をさせた。

すべて**「人に〜させる」**という意味で、ニュアンスが少しずつ異なります。❶の**make O *do***は、「人に（**無理やり**）〜させる」という強制の意味で、❷が**have O *do***「人に〜させる」で仕事を依頼する文脈でよく使います。**修理工にコンピュータを修理してもらう**とか、**社長などの上の者が秘書などに仕事をさせる**といった文脈です。❸は**let O *do***「人に〜させてあげる」という**許可**の意味になります。

続いて、第5文型のCに原形不定詞をとる動詞の(2)のグループ、**感覚動詞**を見ていきます。感覚動詞は**見たり聞いたり感じたりする動詞の総称**です。別名、知覚動詞とも言います。見る、聞こえるといった五感にかかわる動詞です。see と hear が頻出です。feel「感じる」も第5文型をとって、Cに原形不定詞をとることがあります。例文をご覧ください。

● Cに原形不定詞をとる(2) 感覚動詞の例文

❶ I saw him walk across the street.
S V O C
私は彼が通りを横断するのを見た。

❷ I heard him go out.
S V O C
私は彼が出ていくのが聞こえた。

❸ I felt my daughter's hand touch my shoulder.
S V O C
私は娘の手が肩に触れるのを感じた。

まずは❶ **see O *do***「Oが～するのを見る」です。「**人が建物に入るところを見る**」のような文脈で使います。次に❷ **hear O *do***「Oが～するのが聞こえる」です。**listen to が意識して耳を傾けて聞く**のに対して、**hear は自然と耳に入ってくる**という文脈で使います。❸が **feel O *do***「Oが～するのを感じる」です。「**家が揺れるのを感じた**」とか、「**誰かが自分に触れるのを感じた**」のような文脈で使います。続いて(3)の help です。

● Cに原形不定詞をとる(3) help の例文

I helped my mother carry these bags.
S V O C
私は母がこれらのバッグを運ぶのを手伝った。

help O (to) *do*「**Oが～するのを助ける**」の型をとり、to *do* となることもあります。

第5文型 (SVOC) ① Cに原形不定詞のまとめ

(1)「**使役動詞**」(make「強制」/have「依頼」/let「許可」)
(2)「**感覚動詞**」(see/hear/feel など)
(3) **help** (**help O to *do*** となることもある)

§8 第5文型（SVOC）② Cに to *do*

Intro quiz 空所に入るのはどっち？

My mother allowed me (　　) there.　私の母は私をそこに行かせてくれた。

① to go　② go

§7のクイズと同じ意味の例文であることに気づきましたか。前のクイズは動詞がletだったので **let O *do*** でCには原形不定詞が入りました。一方で、§8のクイズは動詞がallowです。allowも同様に第5文型をとりますが、Cには **to 不定詞**（**to *do***）が入ります。**allow O to *do*「O が～するのを許す」**です。よって正解は①になります。第5文型のCに to *do* をとる動詞（SVO to *do* 型）は、(1)「**伝達**」系、(2)「**～させる**」系、(3)「**ネクサス**」系、(4)「**期待**」系の4パターンです。(1)から見ていきましょう。

● SVO to *do* 型をとる(1)「伝達」系の動詞の例文

❶ She told her children to be quiet.
彼女は子どもたちに静かにするように言った。

❷ I reminded her to buy some food.
私は彼女に食べ物を買ってくるように思い出させた。

❸ The teacher advised me to study harder.
先生は私にもっと一生懸命勉強するようにアドバイスした。

❹ I asked my mother to wake me up at six.
私は母に6時に起こしてもらうように頼んだ。

❺ I warned him to leave the building.
私は彼にその建物を出るように警告した。

上の SVO to *do* の型をとる動詞のすべてに共通するのは、**伝達動詞**と言って、**何かを伝達する内容**の動詞になっています。❶の **tell O to *do*「O に～するように言う」**は、**命令**を伝えています。❷の **remind O to *do*「O に～するように思い出させる」**は、しなければならないこと＝**義務**を伝えています。❸の **advise O to *do*「O に～するように助言（アドバイス）する」**は、**助言**を伝えています。❹の **ask O to *do*「O に～するように頼む」**は**依頼**です。❺の **warn O to *do*「O に～するように警告する」**は**警告**です。以下に「伝達」系動詞をまとめます。

point SVO to *do* 型をとる動詞(1) 「伝達」系

動詞の型	伝達内容	意味
tell O to *do*	命令	O に〜するように言う
remind O to *do*	義務	O に〜するように思い出させる
advise O to *do*	助言	O に〜するように助言する
ask O to *do*	依頼	O に〜するように頼む
warn O to *do*	警告	O に〜するように警告する

(2)の「**〜させる**」系に進みます。次の例文をご覧ください。

● **SVO to *do* 型をとる(2) 「〜させる」系の動詞の例文**

❶ His talk caused me to laugh.
彼の話で私は笑ってしまった。

❷ My boss forced me to work overtime.
私の上司は、残業するよう私に無理じいした。

❸ My father persuaded me to quit the job.
私の父は、私を説得して仕事をやめさせた。

❶は **cause O to *do***「**O に〜させる**」です。cause は名詞で「原因」の意味をもつことからも、S と O to *do* に**因果関係**を作ることができます。「彼の話」が原因で、「私は笑う」という結果の関係です。他に、**lead O to *do*** も「**O に〜させる**」という意味で因果関係を作ります。

❷は **force O to *do***「**O に無理やり〜させる**」です。**force** は名詞の「力」という意味からもわかる通り、**力づくで何かをさせる**ニュアンスです。oblige, compel もこの型をとり、同じ意味です。force, oblige, compel の順に強制力が弱くなります。

❸は **persuade O to *do***「**O を説得して〜させる**」です。get O to *do* も同じ意味です。これらの動詞はすべて「**O に〜させる**」というニュアンスがあります。次のページに「〜させる」系の動詞をまとめます。

point **SVO to *do* 型をとる動詞⑵　「～させる」系**

動詞の型	ニュアンス	意味
cause（lead）O to *do*	因果	O に～させる
force（oblige／compel）O to *do*	強制	O に無理やり～させる
persuade（get）O to *do*	説得	O を説得して～させる

続いて、⑶の「**ネクサス**」系の動詞を見ていきます。ネクサス（nexus）は「つながり」の意味です。**ネクサスの関係**とは、「**英文の SV 以外に現れる SV 関係**」のことを言います。SVO to *do* 型の動詞は、O と *do* に**ネクサスの関係**が現れます。

● **SVO to *do* 型をとる⑶　「ネクサス」系の動詞の例文**

❶ I allowed my son to travel with his friends.
私は、息子が友人と旅行に行くことを許した。

❷ His help enabled me to finish the job.
彼が助けてくれたおかげで、私はその仕事を終えられた。

❸ I encouraged my students to try again.
私は生徒にもう一度やってみるように励ました。

❶の文は、**allow O to *do*「O が～するのを許す」**です。I allowed という文の SV 以外に、my son travel「息子が旅行する」というネクサスの関係が隠れています。❷は **enable O to *do*「O が～するのを可能にする」**です。able「可能な」に、動詞に変える接頭辞の en が付いて enable「可能にする」となります。特に enable は「S が原因で O が～できる」という因果関係を作ります。❸は **encourage O to *do*「O が～するように励ます」**です。courage「勇気」に動詞に変える en が付いて、「勇気づける」＝「励ます」となります。下に「**ネクサス**」系の動詞をまとめます。

point **SVO to *do* 型をとる動詞⑶　「ネクサス」系**

動詞の型	ニュアンス	意味
allow（permit）O to *do*	許可	O が～することを許す
enable O to *do*	実現	O が～するのを可能にする
encourage O to *do*	促進	O が～するように励ます

最後の(4)「**期待**」系の動詞を見ていきましょう。

● **SVO to *do* 型をとる(4) 「期待」系の動詞の例文**

❶ I expect him to work hard.
私は、彼が一生懸命働くことを期待する。

❷ I wanted her to call me back.
私は、彼女に電話をかけ直してもらいたかった。

❶の文は、**expect O to *do*「O が～することを期待する」**という型をとります。マイナスの内容がくる場合もあるので、そのときは「O が～すると思う」と訳しましょう。❷の文は、**want O to *do*「O が～することを望む」**という型をとります。want O to *do* を丁寧にすると、**would like O to *do*** になります。「**期待**」系の動詞をまとめます。

point SVO to *do* 型をとる動詞(4) 「期待」系

動詞の型	意味
expect O to *do*	O が～することを期待する
want（would like）O to *do*	O が～することを望む

第 5 文型（SVOC）② C に to *do* のまとめ

(1)「**伝達**」系の動詞（tell／remind／advise／ask／warn など）
(2)「**～させる**」系の動詞（cause／force／persuade など）
(3)「**ネクサス**」系の動詞（allow／enable／encourage など）
(4)「**期待**」系の動詞（expect／want など）

§9 第5文型（SVOC）③ Cに名詞・形容詞

Intro quiz　下線部の意味はどっち？

I found him a very nice person.　　① 思った　② 見つけた

クイズの found は find を過去形にしたものです。find といえば「見つける」ですが、この意味になるのは実は第3文型のときです。クイズでは、第5文型の **find O C「O が C と思う」** になるので、①が正解です。英文の意味は「私は彼が素敵な人だと思った」になります。

§7・8で、C に不定詞をとる第5文型の動詞を紹介しました。この §9では、C に名詞や形容詞をとる動詞を見ていきます。C に名詞や形容詞をとる動詞は、⑴ **「O を C にする」** 系、⑵ **「命名する」** 系、⑶ **「認識する」** 系の3パターンです。⑴のグループから見ていきましょう。

● 第5文型で C に名詞・形容詞が入る⑴「O を C にする」系の例文

❶ You (S) should make (V) your work (O) a pleasure (C).
あなたは仕事を喜びとすべきだ。

❷ The noise (S) kept (V) me (O) awake (C) all night (M).
騒音のせいで私は一晩中眠れなかった。

❸ Don't leave (V) the door (O) open (C).
ドアを開けっぱなしにしてはいけない。

❶は **make O C「O を C にする」** です。§7の使役動詞で紹介したように、make は第5文型をとり、その中でも C に原形不定詞をとる使役動詞の **make O *do*「O に～させる」** と、C に形容詞や名詞をとる **make O C「O を C にする」** という表現があります。

❷の文は **keep O C「O を C のままにする」** です。直訳は「騒音は私を一晩中目覚めさせていた」で、意訳すると「騒音のせいで私は一晩中眠れなかった」となります。

❸の文は、**leave O C「O を C のままにする」**です。上の keep と同じ訳ですが、**keep が維持**であるのに対して、**leave は放置**というニュアンスの違いがあります。❷が「あなたを起きた状態でいさせ続ける」、❸が「ドアを開けて放置する」という違いがあります。(1)のグループをまとめます。

point 第 5 文型で C に名詞・形容詞をとる動詞(1)「O を C にする」系

動詞の型	意味
make O C	O を C にする
keep O C	O を C のままにする（維持）
leave O C	O を C のままにする（放置）

続いて(2)**「命名する」**系の動詞に進みます。

● 第 5 文型で C に名詞・形容詞が入る(2)「命名する」系の例文

❶ We elected Tom our leader.
S V O C
私たちはトムをリーダーに選んだ。

❷ We named our son Ken.
S V O C
私たちは息子をケンと名付けた。

❸ Please call me Mami.
V O C
私をマミと呼んでください。

❶の文は **elect O C「O を C に選ぶ」**です。C には役職などが入ることが多く、「彼をキャプテンにする」＝「彼をキャプテンに選ぶ」から、やはり「O を C にする」の仲間になります。ちなみに、choose は選ぶ方法を問わないのに対して、**elect は投票で選ぶ**際に使います。

❷の文は、**name O C「O を C と名付ける」**という第 5 文型です。our son が O で、Ken が C です。**name は親が子どもの名前をつけるような正式なとき**に使います。❸の **call O C** も**「O を C と呼ぶ」**で第 5 文型をとります。**call はあだ名のような軽い呼び名で使うので、日常的に**よく使うのは **call** です。次のページに(2)の**「命名する」**系のよくある動詞をまとめています。

point 第5文型でCに名詞・形容詞をとる動詞(2)「命名する」系

動詞の型	意味
elect O C	OをCに選ぶ
name O C	OをCと名付ける（名付け）
call O C	OをCと呼ぶ（あだ名）

最後のグループに進みます。

● 第5文型でCに名詞・形容詞が入る(3)「認識する」系の例文

❶ I found this book very difficult.
S V O C
私はこの本がとても難しいと思った。

❷ He thinks his wife beautiful.
S V O C
彼は妻が美しいと思っている。

❸ She considered him a reliable man.
S V O C
彼女は彼が信頼できる人だと思った。

❹ I believed him honest.
S V O C
私は彼が正直であると信じた。

❶は **find O C「O が C とわかる」**です。this book が O で、very difficult が C です。❷は **think O C「O が C だと思う」**です。find と think に共通するのは、「わかる」とか「思う」といった**認識動詞**で、その多くが第5文型をとることができます。次の表に第5文型をとる「認識」系のよくある動詞をまとめました。表の下に進むほど、思いが強くなります。これらの動詞は **O と C の間に to be が入る**こともありますが、省略されることもあります。

point 第 5 文型で C に名詞・形容詞をとる動詞(3) 「認識する」系

動詞の型	意味
find O C	O が C とわかる
think O C	O が C だと思う
consider O C	O が C だと思う
believe O C	O が C だと信じる

第 5 文型（SVOC）③ C に名詞・形容詞のまとめ

(1)「**O を C にする**」系

make O C「O を C にする」

keep O C「O を C のままにする」

leave O C「O を C のままにする」など

(2)「**命名する**」系

elect O C「O を C に選ぶ」

name O C「O を C と名付ける」

call O C「O を C と呼ぶ」など

(3)「**認識する**」系

find O C「O が C とわかる」

think O C「O が C だと思う」

consider O C「O が C だと思う」

believe O C「O が C だと信じる」など

横断英文法①

get で文型を横断する

下線部の単語に着目して、
次の英文の意味を考えなさい。

① He got to the station.
② He got angry.
③ He got a new car.
④ He got me a camera.
⑤ He got his son ready for school.

①～⑤の英文すべてで、get の過去形の got が使われています。get で一番初めに思い浮かぶ意味と言えば、「ゲットする」の「手に入れる」でしょうか。しかし、これに当てはまるのは③だけになります。③は「**彼は新車を手に入れた**」となり、第 3 文型になります。

◆ get の第 3 文型の例文
③ He got a new car.　　彼は新車を手に入れた。
S V O

p. 16 で述べたように **get の「手に入れる」は、get が第 3 文型で使われたとき**に初めてこの意味になり、他の文型のときは別の意味になるのです。①の英文を見てみましょう。

◆ get の第 1 文型の例文
① He got to the station.　　彼は駅に到着した。
S V M

He got が SV で、to the station は前置詞のカタマリで M になります。これにより、この文は第 1 文型とわかります。**get が第 1 文型**で使われると、**get to「到着する」**の意味になります。よって①は「**彼は駅に到着した**」となります。②の英文はどうでしょう。

◆ **get** の第 2 文型の例文

② He got angry.　彼は怒った。
S V C

②は He got が SV、He＝angry の関係が成り立つので、angry は C で第 2 文型になります。**get は第 2 文型をとると、get C「C になる」の意味になる**ので、「**彼は怒った**」となります。④に進みます。

◆ **get** の第 4 文型の例文

④ He got me a camera.　彼は私にカメラを買ってくれた。
S V O_1 O_2

次に、④は He got が SV、me が O_1、a camera が O_2 になります。get は第 4 文型の **get O_1 O_2** をとると、「**O_1 に O_2 を買ってあげる**」なので、「**彼は私にカメラを買ってくれた**」になります。⑤に進みます。

◆ **get** の第 5 文型の例文

⑤ He got his son ready for school.　彼は息子に学校へ行く準備をさせた。
S V O C

最後に⑤は、He got が SV、his son が O、his son＝ready for ～ の関係が成り立つので、ready for ～ が C の第 5 文型です。get は第 5 文型 **get O C** をとると、「**O を C にする**」なので、「**彼は息子に学校へ行く準備をさせた**」となります。

ここまでくれば、文型を学ぶ意義はわかっていただけたでしょう。どの文型をとるかによって、動詞の意味が変わるからです。すなわち、**文型を見抜くことが英文の意味を正しく読み取るための第一歩になるということ**です。**これこそ文型を学ぶ理由の 1 つ**なのです。

「get で文型を横断する」のまとめ

(1) 第 1 文型　**get to**　「到着する」
(2) 第 2 文型　**get C**　「C になる」
(3) 第 3 文型　**get O**　「O を手に入れる」
(4) 第 4 文型　**get O_1 O_2**　「O_1 に O_2 を（とって）あげる」
(5) 第 5 文型　**get O C**　「O を C にする」

チェック問題

1. **It seemed (　　　) to me that John is guilty.**
   ① clear　② clearing　③ clearly　④ clarify
   （城西大）

2. **I want to (　　　) the matter when you have time.**
   ① discuss　② discuss about　③ discuss on　④ discuss over
   （成城大　改）

3. **Moderate exercise will (　　　) you good.**
   ① give　② have　③ feel　④ do
   （愛知学院大）

4. **Our car broke down and it took (　　　) to repair it.**
   ① of us two days　② us two days
   ③ two days of us　④ two days us
   （東海大）

5. **Mary saw her mother (　　　) the neighbor's house.**
   ① entered　② enter　③ be entering　④ to enter
   （高千穂大）

解答・解説

1. ① ジョンが有罪なのは私には明らかだった。

seem は第 2 文型（SVC）をとり、C には形容詞が入るので①が正解。**seem C「C に思える」**で覚える。

2. ① お時間があるときに、私はその問題についてあなたと話し合いたい。

discuss は他動詞で「～について話し合う」なので①が正解。**discuss O「O について話し合う」**で覚える。

3. ④ 適度に運動すれば健康になるだろう。

空所の後ろに目的語が 2 つあるので、第 4 文型をとる動詞が正解とわかる。O_2 に good「利益」をとる動詞は do なので、④が正解。**do O good「O に利益を与える」**で覚える。

4. ② 私たちの車が故障して修理するのに 2 日かかった。

It takes＋人＋時間＋to *do*.「人が～するのに時間がかかる」より②が正解。**take O_1 O_2「O_1 から O_2（時間）を奪う」＝「O_1 に O_2（時間）がかかる」**の第 4 文型の表現。

5. ② メアリーは母親が隣の家に入るのを見た。

see の第 5 文型で、her mother と enter が SV の能動の関係となるので、②の enter が正解。

特別コラム

文型の限界を突破する

英語の文を分けると大きく５つの文型に分けることができるというのが、５文型の出発点となります。一方で、この**５文型ですべての英文を説明するには、限界がある**ことも事実です。例えば、以下の２つの英文の文型を考えてみてください。

① **She is afraid of dogs.**
彼女は犬を恐れている。

② **He prevented his son from going out.**
彼は息子が外出しないようにした。

①の文型は、She is afraid までが SVC で、of dogs が前置詞のカタマリで M の第２文型です。**しかし、この文の of dogs を修飾語として、文型の骨格に入れないと判断してよいものでしょうか。**「彼女は恐れている」だけでは、この文の重要なメッセージが伝わらず、of dogs はこの文に欠かせないパーツとわかります。何よりこの文を第２文型と判断することには何の意味もありません。それよりも、①の文は **be afraid of「～を恐れる」で１つの動詞とみなして、dogs を目的語ととらえるほうが**、文の正しい理解に近づきます。よって、第２章で取り上げる、be 形容詞 前置詞 型で整理することで、従来の５文型の限界を突破します。

続いて②の文です。He prevented his son までは SVO、from 以下が前置詞のカタマリで M として、第３文型とわかります。**しかし、この文も from 以下が文の骨格に入らないと判断してもよいものでしょうか。** from の手前で終わっては「彼が息子を妨(さまた)げた」しかわからず、肝心の「何から妨げた」かがわかりません。それよりも②の文は、**prevent O from *doing*「O が～するのを妨げる」**という型でとらえることが重要です。**from *doing* はお飾りではなく、文の重要なパーツ**になります。よって、第３章で述べるように、SV A 前置詞 B 型で整理することで、従来の５文型の限界を突破します。

従来の英文法書では、５文型の説明に終始しており、いざ英文を読もうとするときに、大きな壁にぶつかっていました。本書では、その壁を突破するために、第２章と第３章を用意しました。

be 形容詞 前置詞 型

§ 1 be 形容詞 of 型

Intro quiz 下線部の意味はどっち？

I am sure of winning first prize.
① 確信している　② 賛成している

be sure of で「**〜を確信している**」なので、①が正解です。上のクイズの英文の和訳は、「私は1等賞をとれると確信している」になります。クイズの英文では、I am sure でSVCととらえるのではなくて、**am sure of で1つの動詞**とみなして、後ろの名詞を目的語とみなします。be 形容詞 of 型をとる表現は、クイズの sure を含んだ(1)「**認知**」系、(2)「**感情**」系の2パターンです。これらは「**be 動詞＋形容詞＋of**」で**1つの動詞**ととらえて、**後ろを目的語**とみなします。(1)から見ていきましょう。

● be 形容詞 of 型(1)「認知」系の例文

❶ I was ignorant of the fact.　私はその事実を知らなかった。
❷ He is aware of the risk.　彼はそのリスクに気付いている。
❸ You should be careful of these steps.　この階段に気を付けなさい。
❹ I am sure of his success.　私は彼の成功を確信している。

❶〜❹は、すべて「認知」にかかわる表現で、下に行くほど認知の度合いが強くなります。❶は **be ignorant of**「**〜を知らない**」です。

❷は **be aware of**「**〜に気付いている**」で、**be conscious of** もほぼ同じ意味です。

❸は **be careful of**「**〜に気を付ける**」で意識の度合いが高まります。

❹は **be sure of**「**〜を確信している**」で、ほぼ同じ意味で **be certain of, be confident of, be convinced of** があり、いずれも「**〜を確信している**」になります。「認知」系の動詞をまとめます。

point **be 形容詞 of 型をとる表現(1)「認知」系**

動詞の型	意味
be ignorant of	～を知らない
be aware（conscious）of	～に気付いている
be careful of	～に気を付ける
be sure（certain／confident／convinced）of	～を確信している

続いて、(2)の「感情」系です。すべてマイナスやプラスの感情を抱く表現で、これらも「**be 動詞＋形容詞＋of**」を**１つの動詞**とみなして、**後ろを目的語**とみなします。下の例文をご覧ください。

● be 形容詞 of 型(2)「感情」系の例文

❶ I am afraid of barking dogs. 私は吠える犬がこわい。
❷ He is ashamed of his college life. 彼は自分の大学生活を恥じている。
❸ She is very fond of soccer. 彼女はサッカーが大好きだ。
❹ He is proud of his father. 彼は父を誇りに思っている。

❶は **be afraid of「～を恐れる」**、❷は **be ashamed of「～を恥じている」**です。❸は **be fond of「～が好きだ」**になります。❹は **be proud of「～を誇りに思う」**です。**pride *oneself* on「～を誇りに思う」**も同じ意味で少しかたい表現です。「感情」系の動詞をまとめます。

point **be 形容詞 of 型をとる表現(2)「感情」系**

動詞の型	意味
be afraid of	～をこわがる
be ashamed of	～を恥じている
be fond of	～を好む
be proud of	～を誇りに思う

§2 be 形容詞 for 型

Intro quiz 下線部の意味はどっち？

I was anxious for your recovery.

① ～を心配していた　② ～を切望していた

be anxious for「～を切望する」という表現です。「切(せつ)に望む」とは、強く望むことを意味します。**追求の for「～を求めて」**からきています。正解は②で「あなたの回復を切望していた」になります。ここで扱う be 形容詞 for 型をとる表現は**「～を切望する」**の意味を含んでいます。「**be 動詞＋形容詞＋for**」**で一語の動詞**とみて、**後ろの名詞を目的語**とみなします。

● be 形容詞 for 型の例文

❶ I am anxious for your future success.　私はあなたの成功を強く望んでいる。

❷ He is eager for success.　彼は成功を強く望んでいる。

❸ She is keen for independence from her parents.　彼女は親から自立することを強く望んでいる。

❶～❸はすべて **be 形容詞 for** の型をとり、❶の **be anxious for**、❷の **be eager for**、❸の **be keen for** はすべて、**「～を切望する」**の意味になります。**追求の for** は他にも、**look for**「(～を求めて) 探す」、**ask for**「～を求める」、**wish for**「～を望む」などにも使われています。

point be 形容詞 for 型をとる表現の例

動詞の型	意味
be anxious for	～を切望する
be eager for	
be keen for	

§3 be 形容詞 about 型

下線部の意味はどっち？

I am anxious about traveling alone.

① ～を心配している　　② ～を欲している

be anxious about「**～を心配している**」という表現です。**心配の about**「**～について**」からきています。正解は①で「一人で旅行するのが心配だ」という意味です。§2 の be anxious for とややこしくなりますが、それぞれ、**追求の for**、**心配の about** と、**前置詞で区別**をします。以下の「**be 動詞＋形容詞＋about**」の型をとる表現は、すべて「**～を心配している**」の意味です。

● be 形容詞 about 型の例文

❶ I am concerned about my friend's health.　私は友人の健康を心配している。

❷ He is worried about his son.　彼は自分の息子について心配している。

❸ She is anxious about her future.　彼女は自分の将来を心配している。

❶～❸はすべて **be 形容詞 about** の型をとり、❶の **be concerned about**、❷の **be worried about**、❸の **be anxious about** はすべて、「**～を心配している**」の意味になります。

point　be 形容詞 about 型をとる表現の例

動詞の型	意味
be concerned about	～を心配している
be worried about	
be anxious about	

§4 be 形容詞 in 型

Intro quiz 下線部の元々の意味は？

He was absorbed in playing video games.
彼はテレビゲームに夢中になっていた。

① 吸収する　　② はき出す

元々 absorb「吸収する」の意味で、**be absorbed in** という受動態になって「～に吸収される」＝「**～に夢中になっている**」という意味です。よって、正解は①になります。**夢中の in** から、**何かに入り込んで熱中している様子**を表します。ここで扱う「**be 動詞＋形容詞＋in**」の型をとる表現の意味は、すべて「**～に夢中になっている**」になります。

● be 形容詞 in 型の例文

❶ She is interested in working in Tokyo.　彼女は東京で働くことに興味がある。
❷ He is engaged in writing a novel.　彼は小説を書くのに没頭している。
❸ She was absorbed in taking pictures.　彼女は写真を撮ることに夢中だった。

下に行くほど、のめり込む度合いが強くなります。❶は **be interested in**「**～に興味がある**」です。❷は **be engaged in**「**～に没頭している**」です。没頭もまさに何かに夢中になって入り込んでいる様子です。❸は **be absorbed in**「**～に夢中になっている**」です。他に **be involved in**, **be engrossed in** も「**～に夢中になっている**」になります。

point be 形容詞 in 型をとる表現の例

動詞の型	意味
be interested in	～に興味がある
be engaged in	～に没頭している
be absorbed（involved／engrossed）in	～に夢中になっている

§5 be 形容詞 with 型

Intro quiz 下線部の意味はどっち？

I am concerned with the activity.

① ～を心配している　　② ～に関係している

be concerned with「～に関係している」という表現です。**関連の with**「～に関して」からきています。正解は②で「私はその活動に関係している」という意味です。§3の be concerned about とややこしくなりますが、それぞれ**心配の about**、**関連の with** と前置詞で使い分けましょう。ここで扱う「**be 動詞＋形容詞＋with**」の型をとる表現の意味は、すべて「**～に関係している**」になります。

● be 形容詞 with 型の例文

❶ The meeting is concerned with human rights.
その集会は人権に関するものだ。

❷ I am not involved with the company. 私はその会社とはかかわりがない。

❸ I was associated with him in business. 私は彼と仕事で関係していた。

❶は **be concerned with**、❷は **be involved with**、❸は **be associated with** ですべて「**～に関係している**」の意味です。能動態の associate A with B「A を B と関連させる」が受動態になって、A be associated with B となりました。

point be 形容詞 with 型をとる表現の例

動詞の型	意味
be concerned with	～に関係している
be involved with	
be associated with	

チェック問題

1. **This story is concerned (　　　) an American family in this century.**

① about　② for　③ to　④ with

(摂南大)

2. **I'm worried (　　　) my final exam in mathematics.**

① about failing　② to fail　③ with failing　④ to failing

(青山学院大)

3. **Mary is (　　　) of running because it makes her feel refreshed.**

① afraid　② aware　③ fond　④ wary

(学習院大)

4. **Being (　　　) of yourself is very important.**

① pride　② proud　③ taking pride　④ prided

(椙山女学園大)

5. **I'm no longer (　　　) in the kind of music I listened to when I was young.**

① bored　② boring　③ interested　④ interesting

(愛知学院大)

解答・解説

1. ④ この物語は、今世紀のあるアメリカ人の家族に関するものだ。

be concerned with「〜に関係する」より④が正解。**be concerned about「〜を心配する」**もおさえておく。**関連の with、心配の about** で区別する。

2. ① 私は数学の期末テストが心配だ。

be worried about「〜を心配する」より①が正解。**心配の about。**

3. ③ メアリーが走るのが好きなのは、リフレッシュできるからだ。

be fond of「〜が好きだ」より③が正解。①は **be afraid of「〜を恐れる」**、②は **be aware of「〜を意識している」**、④は be wary of「〜に慎重だ」。

4. ② 自分に誇りをもつことは、とても重要だ。

be proud of「〜に誇りをもつ」より②が正解。

5. ③ 若い頃聴いていた類(たぐい)の音楽にはもはや興味がない。

be interested in「〜に興味がある」より③が正解。①は be bored with「〜に退屈する」。

横断英文法❷

形容詞で熟語を横断する

形容詞で、第 2 章全体を横断します。まず、§2 の **be anxious for**「**～を切望する**」、§3 の **be anxious about**「**～を心配する**」を、anxious で横断して見ていきます。下の例文をご覧ください。

◆ be 形容詞 about 型の例文
① She is anxious about her future.　彼女は自分の将来を心配している。

◆ be 形容詞 for 型の例文
② I am anxious for your future success.　あなたの将来の成功を強く望んでいる。

anxious は「**首を絞められる**」が語源です。「**首を絞められる**」から、「**心配して**」の意味が生まれて、①の **be anxious about**「**～を心配する**」になります。首を絞めつけられるように心配してしまう様子がイメージできるでしょうか。続いて、「そうなるか心配しながら強く望む」から、②の **be anxious for**「**～を切望する**」の意味が生まれます。例文の②で言うと、必ずしも将来の成功が約束されているわけではないので、心配しながらも強く望む様子をイメージしてください。

次に、§3 の **be concerned about**「**～を心配している**」と §5 の **be concerned with**「**～に関係している**」を、concerned で横断して見ていきます。下の例文をご覧ください。

◆ be 形容詞 with 型の例文
③ The meeting is concerned with human rights.
その集会は人権に関するものだ。

◆ be 形容詞 about 型の例文
④ I am concerned about my friend's health.　私は友人の健康を心配している。

concerned は、元々は **be concerned with**「**～に関係している**」がスタートです。「**～に関係している**」ということは、「～に関心がある」となります。そこに不安定な感情がプラスして、**be concerned about**「**～を心配している**」と意味が広がっていきました。

最後に、§4 の **be involved in「～に夢中になっている」**、§5 の **be involved with「～に関係している」**を、involved で横断していきます。下の例文をご覧ください。

◆ **be** 形容詞 **with** 型の例文

⑤ I am not involved with the company.
私はその会社とはかかわりがない。

◆ **be** 形容詞 **in** 型の例文

⑥ She was involved in working out the puzzle.
彼女はパズルを解くのに夢中になっていた。

involve は、in「中に」＋volve「回転」＝「巻き込む」が語源です。**「～に巻き込まれる」**から、例えば「その事件に巻き込まれる」＝「その事件に関係している」となって、⑤の be involved with **「～に関係している」**が生まれました。続いて、「～に深く関係している」から、上の例文のように be involved in **「～に夢中になっている」**となりました。

「形容詞で熟語を横断する」のまとめ

(1) anxious「首を絞められる」

⇒ be anxious about **「～を心配している」**

⇒ be anxious for **「(そうなるか心配しながら) ～を切望する」**

(2) concerned「関係している」

⇒ be concerned with **「～に関係している」**

⇒「～に関心がある」＋不安

＝be concerned about **「～を心配している」**

(3) involved「巻き込まれて」

⇒ **「～に巻き込まれる」**

＝**be involved with「～に関係している」**

⇒「～に深く関係している」

＝**be involved in「～に夢中になっている」**

SV A 前置詞 B 型

§1 SV A from B 型

Intro quiz 結局どっち？

The heavy snow prevented us from getting to Sapporo.
① 札幌に行けた　② 札幌に行けなかった

prevent O from *doing*「O が～するのを妨（さまた）げる」です。クイズの英文は「大雪が、私たちが札幌に行くのを妨げた」＝「大雪のせいで私たちは札幌に行けなかった」となるので②が正解です。SV A from B 型は、prevent を含む(1)**「分離」**系と(2)**「区別」**系の2パターンがあります。まずは(1)から見ていきましょう。下の例文をご覧ください。

● SV A from B 型(1)「分離」系の例文

❶ The heavy rain prevented us from leaving home.
ひどい雨のせいで、私たちは外出できなかった。

❷ She stopped her son from going outside at night.
彼女は息子が夜外出するのをやめさせた。

❸ Illness kept her from going to school.
病気のせいで彼女は学校に行けなかった。

❹ My company prohibits me from working overtime.
私の会社は残業するのを禁止している。

❶～❹の動詞はすべて **SV A from B の型をとる動詞**です。中でも、**B に *doing*** がくると、**「S は A が～するのを妨（さまた）げる」**という意味になります。**from が分離**の意味なので、A と *doing* を分離させることから**「A が～するのをやめさせる」**の意味になります。**prevent, stop, keep, prohibit, hinder を見たら、A from *doing* の型を予測**して、「A が～するのを妨（さまた）げる」と理解しましょう。特に prevent は S と A from *doing* に因果関係を作って、「S のせいで A が～できない」となります。SV A from B 型の「分離」系をまとめます。

point SV A from B 型をとる動詞(1)「分離」系

動詞の型	意味
prevent A from *doing*	Aが～するのを妨(さまた)げる
stop A from *doing*	
keep A from *doing*	
prohibit A from *doing*	
hinder A from *doing*	

(2)の「**区別**」系の動詞に進みます。

● **SV A from B** 型(2)「区別」系の例文

❶ The use of fire distinguishes humans from other animals.
火の使用は人間を他の動物と区別するものだ。

❷ He doesn't know right from wrong.
彼は善悪の区別がつかない。

❸ It is difficult to tell a genuine pearl from a fake one.
本物の真珠と偽物を区別するのは難しい。

❶～❸の動詞はすべて **SV A from B の型をとる動詞**で、from の分離の意味から**区別の意味**が生まれます。A と B を分離させることで、区別ができるということです。上から順に、**distinguish A from B, know A from B, tell A from B** で、すべて「**A を B と区別する**」という意味になります。この 3 つの動詞を見たら、後ろに A from B の型を予測して、すべて「区別する」と理解しましょう。SV A from B 型の「区別」系をまとめます。

point SV A from B 型をとる動詞(2)「区別」系

動詞の型	意味
distinguish A from B	A を B と区別する
know A from B	
tell A from B	

§2 SV A of B 型

Intro quiz 空所に入るのはどっち？

Two men robbed her (　　　) all her money.
二人の男性が彼女から全財産を奪った。

① from　　　② of

rob A of B「A から B を奪う」から②が正解です。「奪う」の意味から、分離の from で①としたくなりますが、②の**略奪**の意味をもつ **of** が正解です。この略奪の of は**元々つながりのあるものを奪う場合に使います。**例文の of 前後の her と all her money には「彼女がお金を所有している」というつながりがあります。**SV A of B 型の動詞**は、(1)「**略奪**」系、(2)「**伝達**」系の 2 パターンがあります。(1)から見ていきましょう。

● SV A of B 型(1)「略奪」系の例文

❶ The man robbed the woman of all her money.
その男性はその女性からすべてのお金を奪い取った。

❷ They deprived him of his power.
彼らは彼から権力を奪い取った。

❸ My husband relieved me of my anxiety.
夫が私の不安を解消してくれた。

❹ The doctor cured the patient of his disease.
医者が患者の病気を治した。

❶が **rob A of B「A から B を奪う」**で、**金品などを無理やり奪う**ときに使います。❷が **deprive A of B「A から B を奪う」**で、**権力や自由など目に見えないものを奪う**文脈でよく使います。❸が **relieve A of B「A から B を取り除く」**で、**不安などを取り除く**文脈で使います。❹が **cure A of B「A の B を治す」**で、**病気を奪う**ので「**治す**」になります。SV A of B 型の(1)「略奪」系をまとめます。

point SV A of B 型をとる動詞(1) 「略奪」系

動詞の型	意味
rob A of B	A から B を奪う
deprive A of B	
relieve A of B	A から B を取り除く
cure A of B	A の B を治す

(2)に進みましょう。すべての動詞が **SV A of B の型**をとり、**「伝達」系の動詞**です。

● **SV A of B** 型(2) 「伝達」系の例文

❶ He informed me of the date of the party.
彼は私にパーティーの日付を知らせてくれた。

❷ His picture reminds me of his father.
彼の写真を見ると、私は彼の父親を思い出す。

❸ I have to convince him of the decision.
私は彼にその決定を納得させなければいけない。

❹ He warned me of the dangers of smoking.
彼は私に喫煙の危険を警告してくれた。

❶が **inform A of B「A に B を知らせる」**で、**情報を伝達**しています。❷が **remind A of B「A に B を思い出させる」**で、**思い出を伝達**しています。❷のように、remind は、「写真」や「歌」などの**無生物主語**と引き合って「この写真を見ると」、あるいは「この歌を聴くと A は B を思い出す」のように使います。❸が **convince A of B「A に B を納得させる」**で、**納得する形**で情報を伝達しています。最後が❹ **warn A of B「A に B を警告する」**で、**警告を伝達**しています。SV A of B 型の(2)「伝達」系の動詞をまとめます。

point SV A of B 型をとる動詞(2) 「伝達」系

動詞の型	意味
inform (notify) A of B	A に B を知らせる
remind A of B	A に B を思い出させる
convince (persuade) A of B	A に B を納得させる
warn A of B	A に B を警告する

§ 3 SV A with B 型

Intro quiz 空所に入るのはどっち？

Bees provide us ( ) honey. ① for ② with

provide A with B＝provide B for A「**A に B を与える**」と覚えているだけでは、正解を迷ってしまうかもしれません。provide A with B は、**with**「**〜を持って**」から「**B を持った A にする**」**が元の意味**です。すると **B は**「**持てるもの**」**なのでモノがきて、A には人がくる**とわかります。クイズは、honey というモノが後ろにきているので、②が正解です。クイズの英文の意味は、「ミツバチはハチミツをもたらしてくれる」となります。

SV A with B 型には、(1)「**与える**」系、(2)「**つなげる**」系の 2 パターンがあります。(1)から見ていきます。

● **SV A with B 型(1)「与える」系の例文**

❶ Cows provide us with milk. 牛はミルクを私たちにもたらしてくれる。

❷ They supplied villagers with food and drink.
彼らは村人たちに飲食物を与えてくれた。

❸ Her boss presented her with first prize.
彼女の上司は彼女に最優秀賞を与えた。

❹ I furnished the kitchen with a dishwasher.
私は台所に食洗器を取り付けた。

❶は **provide A with B**「**A に B を与える**」で、give のように直接物を与えるより、**その物を使える状況を与える**文脈で使います。❷は **supply A with B**「**A に B を与える**」で、「**必需品を定期的に長期間**」与える文脈で使います。❸は **present A with B**「**A に B を与える**」で、特に**高価なものを与える**文脈で使います。❹は **furnish A with B**「**A に B を備え付ける**」で、名詞の furniture「家具」からわかるように、**家具などを備え付ける文脈**で使います。**equip** もほぼ同じ意味で、同じ型をとります。SV A with B 型の(1)「与える」系をまとめます。

point　SV A with B 型をとる動詞(1)「与える」系

動詞の型	意味
provide A with B	A に B を与える
supply A with B	
present A with B	
furnish (equip) A with B	A に B を備え付ける

次は **SV A with B の型**をとり、(2)の「**A を B につなげる**」の意味になる動詞です。

● SV A with B 型(2)「つなげる」系の例文

❶ Many people associated London with fog.
多くの人がロンドンと言えば霧を連想した。

❷ We should combine theory with practice.
私たちは理論を実践と結びつけるべきだ。

❸ He compared the translation with the original.
彼は翻訳を原作と比較した。

❶は **associate A with B**「**A を B とつなげて考える**」です。「ロンドンを霧とつなげて考える」ことから「ロンドンから霧を**連想する**」です。**link, connect も同じ意味で同じ型をとります。**❷は **combine A with B**「**A を B と結びつける**」で、**A を B とつなげて新たなものを作ります。**❸は **compare A with B**「**A を B と比較する**」です。**A を B とつなげて考えること**で、共通点などを考えることを比較するといいます。SV A with B 型の(2)「つなげる」系をまとめます。

point　SV A with B 型をとる動詞(2)「つなげる」系

動詞の型	意味
associate (link／connect) A with B	A を B とつなげる
combine A with B	
compare A with B	A を B と比較する

§4 SV A for B 型

Intro quiz 空所に入るのはどっち？

He blamed his failure (　　　) me.　彼は失敗したことで私を責めた。

① for　　② on

blame A for B＝blame B on A「**A を B で責める**」と丸暗記しているだけでは、どちらが正解かわからなくなります。blame A for B の型は頻出ですが、**理由の for** なので B に理由がくる場合に使います。クイズでは、me がきているので理由とはならず、②が正解になります。**SV A for B 型**は、⑴「**理由**」系、⑵「**交換**」系の 2 パターンです。まずは①から見ていきます。いずれの文も **SV A for B の型**をとり、**for が理由**を表します。

● SV A for B 型⑴「理由」系の例文

❶ I thank you for your support.
あなたの支援に感謝しております。

❷ I praised him for helping his wife.
私は彼を妻の手伝いをしていることでほめた。

❸ Her parents blamed her for failing the exam.
彼女の親は彼女を試験に落ちたことで責めた。

❹ He apologized to his teacher for being late.
彼は先生に遅刻したことを謝罪した。

❶は **thank A for B**「**A に B（という理由）で感謝する**」です。❷は **praise A for B**「**A を B（という理由）でほめる**」です。「ほめる」の反対の「責める」もこの型をとって、❸ **blame A for B**「**A を B（という理由）で責める**」です。**criticize** もほぼ同じ意味で同じ型をとります。「責める」と同じ文脈の **punish**「**罰する**」もこの型をとります。❹が **apologize to A for B**「**A に B（という理由）で謝罪する**」です。apologize の場合は、謝罪相手の前に to が入ることに注意しましょう。SV A for B 型の⑴「理由」系をまとめます。

point SV A for B 型をとる動詞(1)「理由」系

動詞の型	意味
thank A for B	A に B で感謝する
praise A for B	A を B でほめる
blame (criticize) A for B	A を B で責める
punish A for B	A を B で罰する
apologize to A for B	A に B で謝罪する

次に(2)の「交換」系の動詞に進みます。いずれの動詞も、**SV A for B の型**をとり、**for が交換**の意味をもつ表現です。

● **SV A for B** 型(2)「交換」系の例文

❶ I exchanged my cell phone for a new one.
私は携帯電話を新しいものと交換した。

❷ You should substitute butter for margarine.
あなたはバターをマーガリンの代わりに使うべきだ。

❸ I mistook his daughter for his son.
私は彼の娘を息子と間違えた。

❶は **exchange A for B「A を B と交換する」**です。❷は **substitute A for B「A を B の代わりに使う」**です。代わりに使うとは、A を B と交換して使うことなので、**交換の for** を使います。❸が **mistake A for B「A を B と間違う」**です。SV A for B 型の(2)「交換」系をまとめます。

point SV A for B 型をとる動詞(2)「交換」系

動詞の型	意味
exchange A for B	A を B と交換する
substitute A for B	A を B の代わりに使う
mistake A for B	A を B と間違う

§5 SV A as B 型

Intro quiz 空所に入るのはどっち？

We regard him (　　　) a good leader.
私たちは彼を良いリーダーとみなしている。

① as　　　② to

regard A as B「A を B とみなす」から、①が正解です。ここでの as は前後をイコールで結ぶので、クイズの例文では him＝a good leader の関係になることを確認しましょう。SV A as B 型は、regard を含む⑴「**A＝B**」系、⑵「**S＝B**」系の２パターンです。⑴のグループから見ていきましょう。どの動詞も **SV A as B の型**をとり、「**A を B とみなす**」の意味になる動詞です。

● SV A as B 型⑴「A＝B」系の例文

❶ The students regard him as a good teacher.
生徒たちは彼を良い先生とみなしている。

❷ Many people think of him as a great singer.
多くの人が彼を偉大な歌手とみなしている。

❸ We looked on American culture as a melting pot.
私たちはアメリカ文化を人種のるつぼとみなしていた。

❶は **regard A as B「A を B とみなす」**の意味です。この as はイコールの関係を表し、A＝B になります。❷は **think of A as B「A を B とみなす」**です。これも A＝B の関係になり、him＝a great singer になります。❸が **look on A as B「A を B とみなす」**です。on を強めて、upon が使われることもあります。かつてのアメリカは、多様な人種がいることから、**melting pot「人種のるつぼ」**と言われていました。るつぼとは、物質が溶けるほど熱する底の深い皿ですが、いろいろな人種が溶け合って均質になるようなニュアンスがありました。ところが昨今は、それぞれの人種ごとに小さな街を作り独自の文化をもちながら、トマト、キャベツ、レタスのようなそれぞれの野菜が個性を失うことなく、全体としておいしい味になるようにと **salad bowl「サラダボウル」**と言われるようになりました。**see, view** なども同じ型をとり、同じ意味になります。SV

A as B 型の(1)「A＝B」系をまとめます。

point SV A as B 型をとる動詞(1)「A＝B」系

動詞の型	意味
regard A as B	A を B とみなす
think of A as B	
look on (upon) A as B	
see A as B	
view A as B	

(2)の「**S＝B**」系の動詞に進みます。**SV A as B 型**は、ほとんどが(1)の A＝B 系で、S＝B 系は例外として、以下の 2 つの動詞をおさえましょう。

● SV A as B 型(2)「S＝B」系の例文

❶ Your dream strikes me as impossible.
あなたの夢は私には不可能に思える。

❷ He replaced me as leader of our team.
彼は私と代わってチームのリーダーになった。

❶は **strike A as B「A に B という印象を与える」**です。SV A as B 型の動詞の例外で、A＝B とはならずに、S＝B の関係になります。❶では Your dream＝impossible になります。❷は **replace A as B「A と代わって B になる」**です。S＝B の関係で、②では He＝leader になります。

point SV A as B 型をとる動詞(2)「S＝B」系

動詞の型	意味
strike A as B	A に B という印象を与える
replace A as B	A と代わって B になる

§6 SV A to B 型

Intro quiz 空所に入るのはどっち？

You should (　　　) yourself to any situation.
① adopt　　② adapt

まず adopt と adapt を区別します。adopt は opt「選ぶ」に着目して、「採用する」です。一方で、**adapt** は **apt**「**適した**」**に着目**して、「**適した状態にする**」=「**合わせる**」です。adapt A to B「A を B に合わせる」で、A に *oneself* が入ると「自分自身を B に合わせる」=「B に適応する」になるので、正解は②です。この文の意味は、「どんな状況にも適応すべきだ」となります。**SV A to B 型**は、(1)「**方向**」系、(2)「***oneself***」系、(3)「**因果**」系の 3 つです。(1)から見ていきます。

● SV A to B 型(1)「方向」系の例文

❶ You should apply your skills to business.
あなたは自分の技能を仕事に応用すべきだ。

❷ He attached a message to the flowers.
彼は花にメッセージを添（そ）えた。

❸ You expose your family to secondhand smoke.
あなたは家族を副流煙にさらしている。

❶は **apply A to B**「**A を B に応用する**」、❷は **attach A to B**「**A を B に取り付ける**」です。message を flowers に「付ける」=「添（そ）える」となります。❸は **expose A to B**「**A を B にさらす**」です。ex「外に」+pose「置く」=「さらす」です。どれも、「**B の方へ**」という**向き**を指しています。SV A to B 型の(1)「方向」系をまとめます。

point SV A to B 型をとる動詞(1)「方向」系

動詞の型	意味
apply A to B	A を B に応用する
attach A to B	A を B に取り付ける
expose A to B	A を B にさらす

(2)の「***oneself***」系に進みます。

● SV A to B 型(2) 「***oneself***」系の例文

❶ I have to adjust myself to new surroundings.
私は新しい環境に適応しなければいけない。

❷ He devoted himself to education.
彼は教育に専念した。

❶は **adjust A to B**「**A を B に合わせる**」で、A に *oneself* を入れて「自分自身を B に合わせる」＝「**B に適応する**」となります。adapt も同じ意味で同じ型をとります。❷が **devote A to B**「**A を B に捧げる**」で、A に *oneself* が入って、「自分自身を B に捧げる」＝「**B に専念する**」です。SV A to B 型の(2)「*oneself*」系をまとめます。

point SV A to B 型をとる動詞(2) 「*oneself*」系

動詞の型	直訳	意味
adjust (adapt) *oneself* to B	自分自身を B に合わせる	B に適応する
devote *oneself* to B	自分自身を B に捧(ささ)げる	B に専念する

最後に、(3)の「因果」系です。「**A（結果）を B という原因に求める**」が根底の意味です。

● SV A to B 型(3) 「因果」系の例文

I owe my success to my friend.　私がうまくいったのは友人のおかげだ。

owe A to B の A がプラスの結果なら「**A（結果）は B のおかげだ**」で、A がマイナスの結果なら「**A は B のせいだ**」となります。**attribute** も同じ意味で同じ型をとります。

point SV A to B 型をとる動詞(3) 「因果」系

動詞の型	意味
owe (attribute) A to B	A は B のおかげだ（せいだ）

SV A into B 型

下線部と同じ意味はどっち？

They turned the house into their office.

① take ② change

SV A into B 型は、⑴「**変化**」系、⑵「**説得**」系の2パターンです。クイズは **turn A into B「A を B に変える」**で、⑴のグループなので正解は②になります。英文の訳は「彼らはその家をオフィスに変えた」です。change も **change A into B「A を B に変える」**という使い方があります。では⑴のグループを具体的に見ていきます。

● SV A into B 型⑴「変化」系の例文

❶ He turned his anger into motivation.
彼は怒りをモチベーションに変えた。

❷ She translated English stories into Japanese.
彼女は英語の物語を日本語に翻訳した。

❸ I put my idea into practice.
私はアイデアを実行に移した。

この into は「**変化の into**」と言って、「A が B に変化する」という意味が根底に流れています。⑴のグループは、B に名詞が入る形です。❶は **turn A into B「A を B に変える」**です。❷は **translate A into B「A を B に翻訳する」**で、A の言語を B の言語に変化させます。❸は **put A into practice「A を実行に移す」**という熟語で、A が変化して practice「実行される状態」になります。SV A into B 型の⑴「変化」系をまとめます。

point SV A into B 型をとる動詞⑴「変化」系

動詞の型	意味
turn A into B	A を B に 変える
translate A into B	A を B に 翻訳する
put A into practice	A を 実行に移す

続いて、⑵のグループに進みます。**SV A into B の B に *doing*** をとり、すべて「**A を説得して〜させる**」の意味になります。この into も変化の意味で、「〜しなかった A が変化して〜するようになる」、つまり「A を説得して〜させる」という意味になります。

● **SV A into B 型⑵「説得」系の例文**

❶ I talked my father into buying a video game.
私は父を説得してテレビゲームを買ってもらった。

❷ I talked her out of going to the party.
私は彼女を説得してパーティーに行かせなかった。

❸ I persuaded my son into believing that story.
私は息子を説得してその話を信じ込ませた。

❶が **talk A into *doing*「A を説得して〜させる」**です。talk は本来自動詞ですが、この表現だけ他動詞です。into で変化を表し、「買ってくれなかった父が変化してテレビゲームを買ってくれた」になります。❷の「**A を説得して〜させない**」の場合は、into を **out of「〜から外れて」**にして、**talk A out of *doing*** とします。「彼女を説得してパーティーに行かせない」となります。❸は **persuade A into *doing*「A を説得して〜させる」**です。talk と同様に、**persuade A out of *doing*「A を説得して〜させない」**もあります。

point SV A into B 型をとる動詞⑵「説得」系

動詞の型	意味
talk（persuade）A into *doing*	A を説得して〜させる
talk（persuade）A out of *doing*	A を説得して〜させない

チェック問題

1. **We want our children to (　　　) right from wrong.**

① know　② make　③ take　④ turn

(中央大)

2. **This picture (　　　) me of my grandfather.**

① shows　② draws　③ paints　④ reminds

(大東文化大)

3. **It is important to (　　　) children for the little steps they take toward their goals.**

① lead　② praise　③ punish　④ teach

(中央大)

4. **Americans today do not regard Coca-Cola merely (　　　) a soft drink.**

① to　② with　③ as　④ for

(桜美林大)

5. **Helen's parents prohibited her (　　　) staying out after nine o'clock.**

① from　② to　③ out of　④ toward

(昭和女子大)

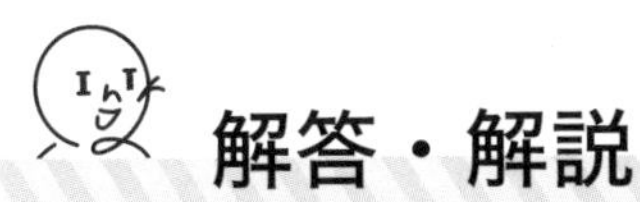

解答・解説

1. ① 私たちは自分の子どもに善悪の区別をしてもらいたい。

know A from B「A を B と区別する」より①が正解。**区別の from。**

2. ④ この写真を見ると、私は祖父を思い出す。

remind A of B「A に B を思い出させる」より④が正解。

3. ② 子どもたちが目標に向かって進む小さな歩みをほめることが重要だ。

praise A for B「A を B でほめる」から②が正解。③も **punish A for B「A を B で罰する」**と同じ型をとるが、文脈上おかしいので不正解。

4. ③ 現代のアメリカ人は、コカ・コーラを単なる飲み物とはみなしていない。

regard A as B「A を B とみなす」から、③が正解。

5. ① ヘレンの親は、彼女が 9 時以降に外出するのを禁止した。

prohibit A from *doing*「A が〜するのを禁止する」から①が正解。**分離の from。**

横断英文法③

因果関係で横断する

英語の世界では、「ある原因があってこういう結果に至る」という**因果関係**がとても重視されます。これまでにいくつか因果関係を表す文を学習しているので、横断して見ていきます。

◆ SVO to *do* 型をとる「～させる」系の動詞の例文

① His talk caused me to laugh.
彼の話で私は笑ってしまった。

② Further experience will lead you to see what life is like.
さらに経験を積むことで、人生がどのようなものかがわかるだろう。

まず、**cause O to *do*「O に～させる」**も主語と O to *do* に**因果関係**を作ることができます。例文①では、His talk が原因で、me to laugh「私が笑う」という結果に至ります。続いて例文②も、**lead O to *do*「O に～させる」**で、主語と O to *do* に**因果関係**を作ります。Further experience が原因で、you to see what life is like「人生がどのようなものかがわかる」という結果に至ります。次の例文に進みましょう。

◆ SVO to *do* 型をとる「ネクサス」系の動詞の例文

③ His help enabled me to finish the job.
彼が助けてくれたおかげで、私はその仕事を終えられた。

④ This card allows you to stay at the hotel for free.
このカードのおかげで、そのホテルに無料で宿泊できる。

enable O to *do* は**無生物主語**と引き合って、**「S が原因で O が～できる」**と**因果関係**を作ることができます。たいていは**プラスの結果をもたらす原因**なので、③のように**「S のおかげで」**とすると、きれいに訳すことができます。続いて、④の **allow O to *do*** は人を主語にとると、**「O が～するのを許す」**ですが、モノを主語にとると、**「S のおかげで O が～できる」**と、主語と O to *do* に因果関係を作り、enable に近い意味になります。次の例文に進みます。

◆ SV A from B 型 「分離」系の例文

⑤ The heavy rain prevented us from leaving home.
ひどい雨のせいで、私たちは外出できなかった。

prevent O from *doing* も**無生物主語**と引き合って**因果関係**を作ることができます。enable と反対で、**マイナスの結果をもたらす原因**なので、例文⑤のように「**S のせいで O は～できない**」と訳します。その他にも因果関係を作ることのできる代表例を紹介します。

◆「因果関係」を作る例文その 1：主語が原因で目的語が結果

⑥ This medicine will make you feel better.
この薬を飲めば、元気になるだろう。

⑦ Smoking contributed to his cancer.
タバコのせいで彼はガンになった。

⑧ His laziness led to his failure.
彼は怠け者だったせいで、失敗した。

⑨ Poverty brings about many social problems.
貧困のせいで多くの社会問題が起こる。

⑩ The fire resulted in many injuries.
火事のせいで多くの人がケガをした。

⑥のように**無生物主語と make の第 5 文型**が引き合うと、「**S のおかげで O が C になる**」と**因果関係**を作ることができます。⑦は **contribute to**「**～に貢献する**」という熟語です。しかし、例文⑦に当てはめると、「タバコが彼のガンに貢献した」というおかしな訳になってしまいます。**contribute to が主語と to 以下に因果関係を作る**ことをおさえておくと、ガンというマイナスの結果を引き起こすので、「タバコのせいで彼はガンになった」となります。

続いて、⑧～⑩の **lead to, bring about, result in** はすべて「**～を引き起こす**」の訳で、**主語と目的語に因果関係**を作ります。よって、「**主語が原因で、目的語という結果になる**」という訳を基本に、**プラスの結果**ならば「**主語のおかげで**」、**マイナスの結果**ならば「**主語のせいで**」と訳せるようにしましょう。次の例文に進みます。

◆「因果関係」を作る例文その２：主語が結果で目的語が原因

⑪ His illness comes from his living environment.
彼の病気は生活環境のせいだ。

⑫ The damage resulted from an earthquake.
その破損は地震が原因だった。

⑬ His success was attributed to his parents.
彼の成功は両親のおかげだった。

⑪は come from を「〜からやってくる」とすると、「彼の病気は彼の生活環境からやってくる」となり、「病気がやってくる」という主語と述語の対応が不自然でおかしな訳になってしまいます。**come from が主語と目的語に因果関係を作る**ことがわかれば「彼の病気は生活環境が原因だ」、かつマイナスの結果なので、「彼の病気は生活環境のせいだ」と訳すことができます。⑫の **result from も因果関係を作る**ので、「主語は目的語が原因だ」と訳すことができます。

続いて、⑬は **A be attributed to B** で「**A（という結果）は B が原因だ**」から、「**A は B のおかげだ**」と因果関係を作ることができます。元々は attribute A to B「A を B のせいにする」という表現で、受動態になると、A be attributed to B となります。**come from, result from, be attributed to** は例文その１と違って、**主語が結果で目的語が原因の因果関係**なので、「**主語（という結果）は、目的語が原因だ**」を基本の訳としておさえておきましょう。

「因果関係で横断する」のまとめ

「因果関係」を作る表現その１：主語が原因で目的語が結果

- □ cause O to *do*／lead O to *do*／enable O to *do*／allow O to *do*／prevent O from *doing*
- □ 無生物主語＋make O C
- □ contribute to／lead to／bring about／result in

「因果関係」を作る表現その２：主語が結果で目的語が原因

- □ come from／result from
- □ be attributed to

時制　前編

文法用語の説明

時　制

いつやったのか、いつ起きたのかを表すルールです。**現在時制**と**過去時制**があります。

現在時制

現在を中心に過去と未来にも及び、日本語の「今」より広い範囲を表します。現在の習慣などを表します。

過去時制

現在と切り離された過去を表す時制です。昨日のことや～年前のことを示し、具体的に過去のいつかを示すことが重要になります。

未来表現

主に **be going to** や **will** を使って「これから先」のことを示す表現です。正確には、時制ではないので、未来表現と言います。

完了形

その行為が終わったことを示す表現です。現在完了形、過去完了形、未来完了形などがあります。**have＋過去分詞（p.p.）**で表すのが基本です。

現在完了形

現在を基準に、**過去から迫る**イメージです。**have（has）p.p.** で表します。例えば、「今までに 3 回ハワイに行ったことがある」のような文脈で使います。

過去完了形

過去を基準に、**過去のさらに過去から迫る**イメージです。**had p.p.** で表します。例えば、「教室に着いたら、すでに授業は終わっていた」のような文脈で使います。

未来完了形

未来の一点を基準に、**それより以前から迫る**イメージです。**will have p.p.** で表します。例えば、「来年の 4 月には札幌に住んで 5 年になるだろう」のような文脈で使います。

進行形

その行為が続いていることを示す表現です。現在進行形・過去進行形・未来進行形があります。be 動詞＋*doing* で表すのが基本です。

動作動詞と状態動詞

動作動詞が walk, run のような動きを表す動詞のことを言うのに対して、**状態動詞**は resemble「似ている」、belong「所属している」のように状態を表す動詞のことを言います。

現在進行形

現在を基準にある行為が継続している様子を表す表現です。be 動詞＋*doing* で表します。例えば、「今公園を走っている最中だ」のような文脈で使います。

過去進行形

過去を基準にある行為が継続している様子を表す表現です。was (were) *doing* で表します。例えば、「そのとき、テレビを見ている最中だった」のような文脈で使います。

未来進行形

未来を基準にある行為が継続している様子を表す表現です。will be *doing* で表します。例えば、「明日の 3 時は会議に出ている最中だろう」のような文脈で使います。

現在時制

Intro quiz 英語でなんて答える？

あなたは大学生。留学先のアメリカでカフェに入ると、その場で知り合いになった別のお客さんから、What do you do？と聞かれました。

① I am drinking coffee. ② I am a university student.

クイズのWhat do you do？は現在時制ですが、「今何をしているの？」という意味ではないので、①は不正解になります。**現在時制は昨日・今日・明日と繰り返しするもの**を表すので、**What do you do（for a living）？**は「あなたは（生活のために）昨日、今日、明日と繰り返し何をしているの？」＝「**お仕事は何ですか？**」になります。よって、②が正解です。現在時制が表せるものは⑴**現在の習慣**、⑵**現在の状態**、⑶**不変の真理**、⑷**確定未来**の4つになります。例文で、1つずつ見ていきましょう。

● 現在時制⑴ 現在の習慣の例文

I walk to my school every day. 私は毎日学校まで歩いて行く。

⑴の**現在の習慣**は、**日常的に毎日、毎朝やること**です。例文のように毎日学校まで歩いて行く、毎朝公園を散歩するといった表現を動詞の現在形で表します。⑵に進みます。

● 現在時制⑵ 現在の状態の例文

I like taking pictures. 私は写真を撮ることが好きだ。

⑵の**現在の状態**は、例えば**職業、住所、趣味**などを表すときに使います。自分の職業はI am ～．として、～に職業を入れます。次に、住所もI live in ～．と現在時制で～に地名を入れます。そして、趣味もI like ～．と現在時制にして、～には例文のようにtaking picturesなどを入れます。⑶に進みます。

● 現在時制(3)　不変の真理の例文

The sun rises in the east.　　太陽は東から昇る。

(3)の**不変の真理**とは、**いつの時代も変わらないルール**のことです。「太陽は東から昇る」、「水は 100 度で沸騰する」、「地球は太陽の周りを回る」といったときに現在時制を使います。(4)の**確定未来**に進みます。

● 現在時制(4)　確定未来の例文

The train bound for Osaka leaves at nine.　　大阪行きの電車は 9 時に発車する。

(4)の**確定未来**は、電車の発車時間や飛行機の出発時間などのように、**確定している未来の内容は、未来表現を使わずに現在時制で表すことができる**というものです。

上記の 4 つをまとめて見ると、現在時制の本質が見えてくるはずです。クイズで紹介したように、現在時制は、**昨日・今日・明日と安定して、変わらないもの**を表します。(1)の例文でも、**昨日も今日も明日も**学校まで歩いて行き、(2)の例文でも、**昨日も今日も明日も**私は写真を撮ることが好きです。(3)の例文も**昨日も今日も明日も**安定して、太陽は東から昇ります。(4)の例文も、大阪行きの電車は**昨日も今日も明日も**安定して 9 時に発車します。

現在時制のまとめ

□ **現在時制で表せるもの**

(1) **現在の習慣**　(2) **現在の状態**　(3) **不変の真理**　(4) **確定未来**

□ **現在時制の本質**

⇒ **昨日・今日・明日と安定して変わらないもの**を表す !!

§2 過去時制

Intro quiz 英語でなんて言う？

友達にお金を貸してと頼まれたけど、どこかで財布を無くしてお金を持っていません。

① I lost my wallet.　　② I have lost my wallet.

過去時制は現在とは切り離されていることを意味します。一方で、**現在完了形は過去から現在へのつながりがある**ものです。クイズの文では、「財布を無くして今も無いんだ」と、過去に財布を無くしてそれが現在に影響を与えているので、現在完了形の②が正解です。過去時制は、(1) **過去の習慣**、(2) **過去の動作**、(3) **過去の状態**を表します。例文で１つずつ見ていきましょう。**現在と切り離されている感じ**をつかんでください。

● 過去時制(1)　過去の習慣の例文

I often ate pizza when I was young.　　私は若い頃よくピザを食べた。

過去の習慣を表す動詞の過去形の例です。often「よく」や usually「たいてい」といった頻度を表す語句と一緒に使用します。現在時制の現在の習慣が、過去時制では過去の習慣となっただけです。若い頃はよく旅をした、高校生の頃はよくサッカーをしたと、現在とは切り離されています。

● 過去時制(2)　過去の動作の例文

I left the office an hour ago.　　私は１時間前にオフィスを出た。

過去の動作を表す例です。**現在形と違って、このように過去に一回行った動作にも過去形を使用することができます。**上の例文では、１時間前にオフィスを出たという単発の過去の動作を過去形で表しています。昨日焼き肉を食べたとか、昨日野球をしたとか、１週間前に映画を観たなど、現在とは切り離されています。

● 過去時制(3)　過去の状態の例文

I was very tired yesterday.　　私は昨日とても疲れていた。

現在形の現在の状態がそのまま過去に当てはまる**過去の状態**を表します。昨日とても疲れていた、昨日すごくうれしかった、あのときとても腹が立ったなどを過去形で表します。

ここまでを整理すると過去形の大切な要素が見えてきます。(1)〜(3)をそれぞれ I often ate pizza. や I left the office. や I was very tired. といった表現にすると、**やや違和感のある英語**となってしまいます。なぜなら、すべての文に「いつピザを食べたの？」、「いつオフィスを出たの？」、「いつ疲れていたの？」と疑問が生まれてしまうからです。

以上からわかる通り、過去形を使う際には、**基本的に過去のいつなのかを具体化する表現が必要**になります。過去のいつなのかを具体的に示す表現とセットで過去形を使うようにすると、より英語らしい表現になります。

過去時制のまとめ

□ **過去時制で表せるもの**

(1) **過去の習慣**　(2) **過去の動作**　(3) **過去の状態**

□ **過去のいつなのかを具体的に示す表現**が必要 !!

- **昨日**　⇒ **yesterday**
- **〜前**　⇒ **〜 ago**（a while ago「ちょっと前」／an hour ago「1 時間前」／three days ago「3 日前」など）
- **前の〜** ⇒ **last 〜**（last week「先週」／last month「先月」／last year「昨年」）
- **〜な時** ⇒ **when S V**（when I was young「若い頃」／when I was in university「大学生の頃」／when I was in junior high school「中学生の頃」など）

§3 未来表現

Intro quiz 英語でなんて言う？

「そうだ！ 京都に行こう」

① I will visit Kyoto. ② I am going to visit Kyoto.

未来表現は、(1) **will** と(2) **be going to** と(3) **現在進行形**を使って表すことができます。クイズの例文のような**その場での思い付きは will** を使って表現するので、正解は①です。**be going to は出張の予定などあらかじめ決まっている未来を表す**のに使います。1つずつ例文で見ていきましょう。

● 未来表現(1) will の例文

I will go to Kyoto. そうだ！ 京都に行こう。

例えば、**その場で思い付いて**、「そうだ！ 京都に行こう」と言うときは、(1)のように、I will go to Kyoto. とします。クイズのように I will visit Kyoto. でもオーケーです。

● 未来表現(2) be going to の例文

I am going to (go to) Kyoto. 私は京都に行く予定だ。

一方で、**出張や前から予定を立てている旅行などの場合**は、(2)のように、I am going to go to Kyoto. です。この場合 go to を省略して、現在進行形の I am going to Kyoto. とすることも可能です。その理由を下で説明します。

● 未来表現(3) 現在進行形の例文

I am leaving for Hawaii tomorrow morning. 明日の朝ハワイに出発する。

英語で未来を表すもう1つの表現に**現在進行形**があります。例えば「いつ旅行に出発しますか」と聞かれて、「明日の朝に出発します」と返すときは、現在進行形を使えばいいのです。では、なぜ現在進行形で未来のことを表せるのでしょうか。それは話し手の中で、明日の朝ハワイに出発することが**すでに進行中だから**です。なぜ進行中と言えるかというと、**明日の旅行のための準備をすでに始めているから**です。例えばその準備とは、**手帳やスケジュール帳にその予定を記録する**だけで構いません。あるいは、**その旅行のためにチケットを手配する、荷物の準備をする**などをしていれば、もう完全に旅行への行動が進行中と言えます。

続いて、**will と be going to の使い分け**を紹介します。will と be going to はどちらを使ってもいい場面がほとんどなのですが、一部どちらかしか使えない場面もあります。下の例文をご覧ください。

● **will** しか使えない例文

The phone is ringing. I will answer it.
電話が鳴っているから、私が出る。

● **be going to** しか使えない例文

There are a lot of rain clouds. It's going to rain.
たくさん雨雲が出ている。雨が降りそうだ。

上の例文のような、まさに**その場での思い付きには will がふさわしく**、be going to はふさわしくありません。一方で、下の例文のように、**雨雲が出てきて、それを基に客観的に雨が降りそうだと予測する場合は、be going to を使うほうがふさわしく**なります。

未来表現のまとめ

(1) **will は主観的な表現、その場での思い付き**によく使われる

(2) **be going to は客観的な表現**なので、**予定や客観的な判断基準がある場合**によく使われる

(3) **現在進行形**は、旅行の準備など**未来に向けた何かしらの行動が始まっている**場合には、未来のこととして表すことが可能

§4 時と条件の副詞節

Intro quiz その1 空所に入るのはどっち？

If it (　　　) tomorrow, I will stay at home. 明日雨なら家にいるよ。

① rains　② will rain

時と条件の副詞節内では、未来のことであっても will を使わないで現在形を使うという重要ルールが存在します。時と条件というのは、例えば when や if のようなものを指し、**副詞節とは SV を含む意味のカタマリで、それ全体で副詞の働きをするものを意味します。**クイズの例文のように、if 節の中身が未来の内容でも will を使わずに現在形を使うので、正解は①になります。

時と条件の副詞節を作る接続詞をまとめます。

● 時の副詞節を作る接続語

when「～とき」／while「～する間」、before「～前」／after「～後」／until「～まで」、by the time「～ときまでには」、as soon as「～するとすぐに」、every time「～するたびに」など

● 条件の副詞節を作る接続語

if「もし～なら」／unless「～しない限り」、once「一度～すると」など

続いて、時と条件の副詞節の応用編です。次の問題をご覧ください。

Intro quiz その2 空所に入るのはどっち？

I don't know when he (　　　) back.

私は彼がいつ帰ってくるのかを知らない。

① comes　② will come

when が作る意味のカタマリの中で、彼が帰ってくるのはこれから先の話なので、② will come としそうですが、**時と条件の副詞節内では未来のことも will を使わずに現在形**なので、①としたいところです。しかし、実はこの問題は例外的に②が正解で、when の作る意味のカタマリでも will を使えるのです。

ここで、ルールの名前を思い出してください。時と条件の**副詞節**では未来のことでも will を使わずに現在形というルールですが、これが適用されるには「**副詞**」節でなければいけません。クイズその 1 の英文は副詞節ですが、その 2 では when 以下が know の目的語なので、**名詞節**にあたります。よって、時と条件の副詞節のルールは適用されないため、本来の時制に沿って、これから先のことなので will を使います。

もっとも、if や when が名詞節で使われる場合は、know などの目的語か、ask O_1 O_2「O_1 に O_2 を尋ねる」の O_2 で使われることが多いので、覚えておきましょう。

時と条件の副詞節のまとめ

- □ **時と条件の副詞節＝when や if などが作る SV を含む意味のカタマリで、副詞の働きをするもの**
- □ **この中では未来のことであっても現在形で表す**
- □ **時の副詞節は when／by the time／as soon as、条件の副詞節は if** などがある。when 節や if 節が動詞の目的語になるなどして**名詞節を作る**際には、このルールは適用されない

§5 時制の一致

Intro quiz 空所に入るのはどっち？

My teacher said that the earth (　　　　) around the sun.
先生が地球は太陽の周りを回っていると言った。

① goes　　　　② went

時制の一致とは、**最初の動詞の時制（主節の動詞）に that 節内の動詞の時制を合わせること**を言います。上のクイズでは最初の動詞が said なので、that 節内の動詞も時制の一致から②の went としたいところです。しかし、本章の §1 現在時制で学んだように、「地球は太陽の周りを回っている」ことは**不変の真理なので現在形**で表します。よって、正解は①となります。続いて、次の英文をご覧ください。

● 時制の一致の例文

❶ He says that it is his house.　　彼はそれが自分の家だと言っている。
↓
❷ He said that it was his house.　　彼はそれが自分の家だと言った。

最初の動詞の says が過去形の said に変わると、時制の一致により、that 節内の動詞も is から was に変わります。次の英文に進みます。

● 時制の一致の例文

❸ He says that it was his house.　　彼はそれが自分の家だったと言っている。
↓
❹ He said that it had been his house.　　彼はそれが自分の家だったと言った。

❸では元々 was を使っていましたが、❹で says が said に変わるので、was が時制の一致により had been に変わります。

時制の一致のまとめ

□ **最初の動詞（主節の動詞）の時制に that 節内の時制を合わせる**
⇒ **不変の真理は常に現在形を使う**ので、このルールの適用外であることに注意

チェック問題

1. **A：What do you (　　　) for a living ?**
   B：I run a restaurant.
   ① do　② have　③ make　④ take
   (京都産業大　改)

2. **My elementary school teacher said that the earth (　　　) round.**
   ① be　② had been　③ were　④ is
   (松山大)

3. **I (　　　) my wallet yesterday.**
   ① am lost　② lost　③ was losing　④ will lose
   (畿央大)

4. **Mr. Lee wasn't able to attend today's meeting, but he (　　　) the results tomorrow morning.**
   ① is going to be knowing　② will be knowing
   ③ will have known　④ will know
   (愛知学院大)

5. **Give me a call when you (　　　) your homework.**
   ① finish　② finished　③ will finish　④ will have finished
   (日本女子大)

解答・解説

1. ① A:「お仕事は何をしていますか。」B:「レストランを経営しています。」

What do you do for a living ? は、**「お仕事は何ですか？」** の意味になる。for a living が省略されて、What do you do ? も同じ意味でよく使われる。

2. ④ 私の小学校の先生が地球は丸いと言っていた。

「地球は丸い」は**不変の真理なので、現在時制で表現する。**よって、④が正解。時制の一致の影響を受けないことに注意。

3. ② 私は昨日財布を無くした。

yesterday があることから、過去形の②が正解。③は、「無くそうとしている最中だ」の意味になるので、不適。

4. ④ リーさんは今日の会議に参加できなかったが、明日の朝その結果を知るだろう。

tomorrow morning から未来を表すとわかる。**know は通常進行形では使わない**ので、③と④が正解の候補。③の未来完了形を使う場面ではないので、未来表現の④が正解。

5. ① 宿題を終えたら私に電話してください。

when が作っているカタマリは時の副詞節なので、この中ではこれから先のことも現在形で表す。よって①が正解。

時制　後編

§1 現在完了形

Intro quiz 空所に入るのはどっち？

I (　　　) my key.　　カギを無くした。

① lost　　② have lost

少し意地悪な問題ですが、両方正解になります。というのも、「カギを無くしたけど、今は見つかった」なら**現在と切り離されている**ので、過去形の①が正解です。一方で、「カギを無くしてしまって、今も困っている」なら**過去から現在へのつながりがある**ので、現在完了形の②が正解です。現在完了形は**過去から始まって現在まで続く**イメージが大切になります。**have と過去分詞**で表します。本書では過去分詞（past participle）を略して p.p. とも呼びます。現在完了形には、⑴**継続用法**（過去から今まで〜し続けている）、⑵**経験用法**（過去から今までに〜したことがある）、⑶**完了・結果用法**（過去に〜し終えて今に至る）の3用法があります。⑴から見ていきましょう。

● 現在完了形⑴　継続用法の例文

I have lived in Tokyo for five years.　　私は5年間東京で暮らしている。

⑴の例文のように、**過去のあるときから今までずっと〜し続けている**ことを表すときに現在完了形を使います。これを**継続用法**と言います。**since**「〜以来」や **for**「〜の間」がこの用法ではよく使われます。

● 現在完了形⑵　経験用法の例文

He has been to Hokkaido twice.　　彼は北海道に2度行ったことがある。

⑵のような、**過去から今までに何かをしたことがある、あるいは一度も〜したことがないとき**にも**現在完了形**を使います。これを**経験用法**と言います。**twice**「2回」、〜 **times**「〜回」や **never**「一度も〜したことがない」といった表現と相性が良い用法になります。⑶**完了・結果用法**に進みます。

● 現在完了形⑶ 完了・結果用法の例文

He has gone to Hokkaido. 彼は北海道に行ってしまった（だから今はいない）。

私自身、初めて現在完了形を学習したときに、この⑶**完了・結果用法**がいまいちピンとこなかった記憶があります。その理由は、他の用法と違ってこの用法だけ、**一文で説明するのは無理がある用法だから**です。例えば、冒頭のクイズの②のようにI have lost my key.「私はカギを無くしてしまった」は、**カギを無くしてしまったので、今とても困っている**といった**過去にやったことが今に影響を与えている**ニュアンスがあります。

⑶の例文は、⑵の経験用法と比較すると、より理解が深まります。⑵は、**今までに北海道に2度行ったことがあることを伝えているだけ**です。一方で、⑶は「彼は**北海道に行ってしまっているので、この場に彼はいないよ**」と**過去にやったことが今に影響を与えている**ニュアンスがあります。ちなみに、この用法では、**just**「**ちょうど**」や**already**「**すでに**」といった表現がよく使われます。

まとめると、**現在完了形**は、⑴**過去から今までずっと続けている**とき、⑵**過去から今までに何かをしたことがある**とき、そして⑶**過去にやったことが今に影響を与えている**ときに使用することができます。すべて**過去から始まったことの影響が現在まで続いています**。

現在完了形のまとめ

⑴ **継続用法**＝過去から今まで〜し続けている
⑵ **経験用法**＝過去から今までに〜したことがある
⑶ **完了・結果用法**＝過去に〜し終えて今に至る
⇒ **過去から始まって現在まで続く**イメージ!!

§2 過去完了形

Intro quiz 空所に入るのはどっち？

I (　　　) in bed for three hours when she returned.

彼女が戻ってきたとき、私は3時間ベッドで寝ていた。

① have been　　　② had been

for three hours から現在完了形と思って、①を正解としてはいけません。**現在完了形はあくまで現在が基準**です。クイズでは、when she returned と**過去が基準になっているので過去完了形**の②が正解です。現在完了形が過去から始まって現在へと続くものだったのが、**過去完了形**の場合は、**過去のある時点よりさらにさかのぼった過去から始まって、過去へと続く**イメージです。図で示すと、両者の違いがよりわかりやすくなります。

point 現在完了形と過去完了形の違い

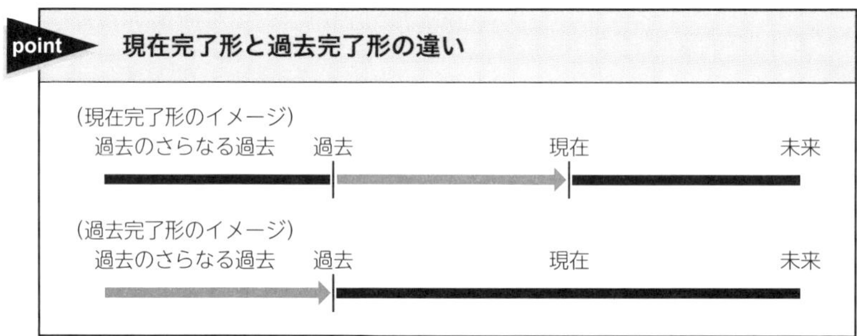

現在完了形は過去が現在に影響を与えていたのに対して、**過去完了形は過去のさらに過去が、過去に影響を与えている**ことになります。では、例文を1つずつ見ていきましょう。

● 過去完了形の継続用法の例文

I had been reading a book for two hours when he came back.
彼が戻って来たとき、私は2時間本を読んでいた。

この例文のように、**彼が戻ってきたのが過去であり、それより2時間前はさらなる過**

去なので、過去完了形の出番になります。これは現在完了形でいう**継続用法**にあたるものです。

● 過去完了形の経験用法の例文

I had never been abroad before I graduated from college.
大学を卒業するまで、海外に行ったことがなかった。

また、この文のように「大学を卒業するまで、海外に行ったことがなかった」と言いたいときも、過去完了形の出番になります。**大学を卒業したのがすでに過去のことですが、その時点でもっと前を振り返り海外に行ったことがないので、過去完了形**になります。これは現在完了形でいう**経験用法**です。

● 過去完了形の完了用法の例文

The party had already finished when I arrived.
私が着いたとき、すでにパーティーは終わっていた。

最後も、**その場所に着いた時点ですでに過去で、パーティーの終わりはさらにそれより過去になるので、過去完了形**を使います。これは現在完了形でいう**完了用法**にあたるものです。

これまで見てきたように、過去完了形は、基本は現在完了形が現在を基準としていたものが、**過去を基準にしたものになる**だけです。しかし、過去完了形にしかない用法が１つだけあります。それは、**大過去**といって**過去の基準より単純に過去に起きたこと**を指すものです。そこには、過去の一点から過去へのつながりは特に意識しません。

● 過去完了形の大過去の例文

I lost my bag which my father had bought for me.
私は父が買ってくれたカバンを無くしてしまった。

例えば、上の文のように、**カバンを無くした過去の基準時よりも、父が買ってくれたのが単純にさらに過去**といったときです。

過去完了形のまとめ

過去完了形は、**過去のさらなる過去が、過去に影響**する !!

未来完了形

Intro quiz 空所に入るのはどっち？

If I visit the U.S. again, I (　　　) there three times.
もう一度アメリカに行くと、3回目になる。

① will go　　② will have been

「もう一度アメリカに行く」のはこれから先の話なので、主節には**未来表現の will** を使います。一方で、そのアメリカに行った時点でそれ以前から数えると3回目なので、**完了形の経験用法**にあたります。このような場合には**未来完了形の will have p.p.** を使うので、②が正解です。**未来完了形**は、**未来の一点を基準**に**それより以前からの影響を受けている**ことを表します。現在完了形が現在を基準としているのに対して、**未来完了形は未来を基準**としています。**will have p.p.** の形で表します。では、例文を1つずつ見ていきましょう。

● 未来完了形の継続用法の例文

I will have lived in Sapporo for three years next April.
次の4月で、札幌に3年間住んでいることになる。

例えば、上の例文は、**次の4月という未来の一点を基準**に**それより以前の3年前から札幌に住んでいる**ことになります。よって**未来完了形**を使用します。これは現在完了形でいう**継続用法**になります。

● 未来完了形の経験用法の例文

I will have been to the U.K. twice if I go there again.
イギリスに再び行けば、2回目になる。

次に、この例文も、**イギリスに再び行くという未来の一点が基準**で、**それより以前を含めると2回行くことになる**という内容です。よって未来完了形を使用します。これは現在完了形でいう**経験用法**になります。

● 未来完了形の完了用法の例文

I will have finished my homework by tomorrow.
明日までには宿題を終えているだろう。

最後の例文も、**明日という未来の一点を基準**にして、**それより以前に宿題を終えている**ので、**未来完了形**を使用します。これは現在完了形でいう**完了・結果用法**です。

未来完了形のまとめ

未来完了形は、**未来の一点を基準にそれより以前から影響**を受ける !!

ここまで見てくると、現在完了形・過去完了形・未来完了形と、完了形すべてに共通するつながりが見えてくるはずです。実は**過去完了形も未来完了形**も、**現在完了形を応用したもの**なのです。現在完了形は、**過去から始まって現在まで続く**イメージでした。よって、**現在を基準に過去からスタート**します。それを、**過去のある時点を基準にさらにさかのぼった過去からスタート**とすると**過去完了形**になり、**未来を基準にそれより以前からスタート**とすれば**未来完了形**になるのです。

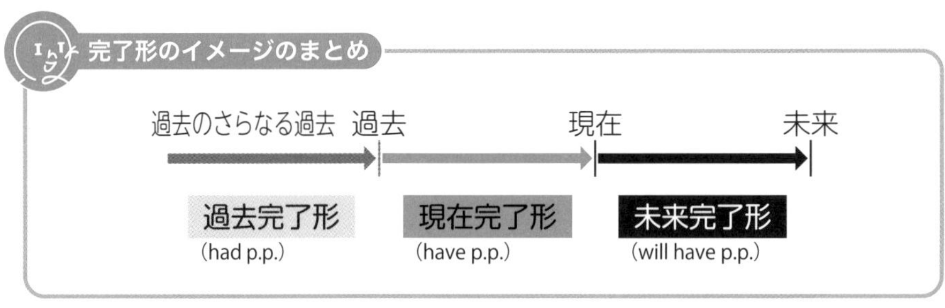

§4 進行形

Intro quiz その1 空所に入るのはどっち？

When he called me, I (　　　) a shower.

彼が電話してきたとき、私はシャワーを浴びていた。

① took　　② was taking

クイズの例文は、「シャワーを浴びている最中に電話がかかってきた」という状況です。よって、過去進行形の②が正解です。①は過去形なので、過去の習慣や過去の行為を表しますが、どちらも文脈に合いません。習慣的にシャワーを浴びていた話ではないし、電話の瞬間に一度シャワーを浴びたのでもありません。進行形には、(1) **現在進行形**、(2) **過去進行形**、(3) **未来進行形**の3パターンがあります。1つずつ例文で確認していきましょう。

● 進行形(1)　現在進行形の例文

I am watching TV now.　　私は今テレビを見ている最中だ。

現在進行形は、**今やっている最中のこと**を表すことができます。第4章 §1で扱った現在時制は昨日・今日・明日にまたがる時制ですが、**現在進行形は「今この瞬間」を表すことができる表現**です。

● 進行形(2)　過去進行形の例文

I was taking a shower at that time.
私はそのときシャワーを浴びている最中だった。

現在進行形を過去に当てはめると、**過去進行形**になります。「**過去のある時に〜している最中だった**」という表現です。漠然とした過去ではなくて、「**明確な過去の一点**」**が必要**です。be 動詞を過去形にして was (were) *doing* とセットで使います。

● 進行形(3)　未来進行形の例文

I will be attending the meeting at this time next week.
私は来週の今頃、会議に参加している最中だろう。

続いて、現在進行形を未来に当てはめると、**未来進行形**になります。**未来のある時に〜している最中だ**ということを表す表現です。**will be *doing*** の形を使います。こちらも過去進行形と同様に、**具体的な未来の一点が必要**になります。次に、**通常**は**進行形にはしない動詞**を見ていきます。

● 通常進行形にしない動詞の例文

❶ I know his father very well. 私は彼の父親をとてもよく知っている。

❷ She resembles her sister. 彼女は姉に似ている。

進行形は「〜している最中」から、「**〜している最中でまだ終わっていない**」というニュアンスがあります。ここから、**進行形にできない動詞の本質**が見えてきます。「まだ終わっていない」の言葉からも、**進行形は必ずその終わりがあるものにしか使用しません**。ですから、**やめようと思ってもすぐには終えられないものは進行形にはできない**のです。❶の know「知っている」や❷の resemble「似ている」という状態は、**やめようと思ってもすぐには終えられない**ので、終わりが必要な進行形には通常できません。

point 通常進行形にはしない動詞

- **状態動詞**（resemble／belong to「所属している」、live「住んでいる」など）
- **心理を表す動詞**（like／love／want／know／believe など）
- **感覚動詞**（see／hear／feel／smell「においがする」、taste「味がする」など）

　→ **やめようと思ってもすぐにはやめられないものは、進行形にできない!!**

続いて、次の文はどう訳したらいいでしょうか。

● 終わりに向かう途中の進行形の例文

The cherry blossoms in the park are dying.

この文は、「公園の桜の花が死んでいる」では全然意味が通じません。まず be dying は die の進行形ですが、die は花に使うと「死ぬ」ではなく「**枯れる**」と訳します。次に「公園の桜の花が枯れている」もまだおかしいところがあります。「枯れている」では「枯れてしまった」ともとれるので、誤解を生んでしまうためです。be dying をどう訳すかがポイントです。be dying は「枯れる」という**終わりに向かう途中**を表すので、「**枯れかけている**」と訳します。このように進行形は「**〜している最中**」から、**終わりに向かう途中**を表すことができます。ですから、上の文は「**公園の桜の花が枯れかけている**」と訳すのが正解です。次の文に進みます。

● 非難の意味を込められる進行形の例文

My son is always watching TV after dinner.
私の息子は夕食後いつもテレビを見てばかりいる。

進行形は、always などの頻度を表す副詞と一緒に使用して、**非難や賞賛といった感情を込めて使用**することができます。よく目にするのは、**be always *doing*** で「**いつも〜してばかりいる**」と非難を示す表現です。この用法も、現在進行形に always などを使って「いつも〜してばかりいる」とすることで、**今の一時的な動作ではなくていつものことなんだと強調**して、非難やいらだちのニュアンスを込めています。次のクイズに進みます。

Intro quiz その2 空所に入るのはどっち？

I (　　　) at the company for five years.
私は5年間その会社で働いている。

① have worked　　② have been working

for five years に着目すると、「5年間ずっと働いている」という**現在完了形の継続用法**だとわかります。**継続用法では、状態動詞を除いて完了進行形を使う**ので、②が正解です。**現在完了進行形は have been *doing*** で表します。**過去完了進行形は had been *doing***、**未来完了進行形は will have been *doing*** です。完了形の3用法の中で**継続用法を使う場合に完了進行形**を使います。

● 完了進行形の例文

❶ I have been reading a book since this morning.
朝からずっと本を読んでいる。

❷ I had been watching TV for two hours when she came back.
彼女が戻ってきたとき、私は2時間テレビを見ていた。

例文❶、❷のように、**継続用法は通常、完了進行形**にします。もっとも、未来完了進行形は will have been *doing* からわかる通り、重たい表現になるのであまり使用しません。また、継続用法の中でも know や live など動詞が進行形となじまない場合に、have p.p. とします。次の例文をご覧ください。

● 現在完了形で動詞が進行形になじまない例文

I have known him since I was a university student.
私は大学生の頃からずっと彼を知っている。

know のように、通常進行形で使わない動詞は、現在完了形の継続用法であっても、have p.p. の形で使います。

進行形のまとめ

- □ 進行形は、**ある行為が継続中であること**を示す表現。**現在進行形**（am／are／is *doing*）、**過去進行形**（was／were *doing*）、**未来進行形**（will be *doing*）がある。現在進行形は今この瞬間にやっている最中、過去進行形は過去の一点に何かをやっている最中、未来進行形は未来の一点に何かをやっている最中であることを表す
- □ 進行形は行為が継続中であることを示すので、状態を表す **resemble**「似ている」、**belong to**「所属している」などは基本的に**進行形では使用しない**
- □ die の進行形の **be dying** は**終わりに向かう途中**を表すので、「**死にかけている**」、「**枯れかけている**」と訳すことに注意
- □ **be always *doing*** とすると、「**いつも～してばかりいる**」と**非難の意味**を込めることが可能
- □ **完了形の継続用法は進行形にするのが一般的**で、**完了進行形**と言われる **have been *doing*** で表現する。know のような進行形になじまない動詞は通常通り have known と表現する

チェック問題

1. **Ken (　　　) in England for two years when the war broke out.**

   ① will have been　② has been　③ had been　④ would be

   (東京経済大)

2. **When I went back to the town I (　　　) eight years before, everything was different.**

   ① was leaving　② have left　③ had left　④ was left

   (大阪大谷大)

3. **Next Sunday Ichiro (　　　) in Kobe for a week.**

   ① has stayed　② stays　③ will stay　④ will have stayed

   (東北学院大　改)

4. **I had a fight with Jun and now we (　　　) to each other.**

   ① aren't speaking　② aren't spoken
   ③ aren't to speak　④ weren't speaking

   (慶應義塾大)

5. **I (　　　) TV when you called, and did not hear the phone ringing.**

   ① had watched　② have watched
   ③ was watching　④ would watch

   (立命館大)

解答・解説

1. ③ 戦争が起きたとき、ケンはイングランドに2年間滞在していた。

「戦争が起きたとき」という過去の時点より2年前から滞在していた文脈なので、過去完了形の③が正解。

2. ③ 8年前に離れた故郷に戻ってきたとき、何もかもが違っていた。

「故郷を8年前に離れた」のは、戻ってきた過去よりさらに過去なので、大過去の過去完了形である③が正解。

3. ④ 来週の日曜日でイチローは神戸に来て1週間になるだろう。

Next Sunday から未来表現の③か④に正解の候補を絞る。for a week から完了形の継続用法と判断して、④が正解。

4. ① ジュンと喧嘩をしたので、今お互いに口をきいていない。

now に着目して、**今も口をきいていない最中**なので、現在進行形の①が正解。

5. ③ あなたが電話したとき、テレビを見ている最中だったので、電話が鳴っているのが聞こえなかった。

when you called に着目して、過去を含む①、③、④が正解の候補。**電話した過去の一点でテレビを見ている最中だった**ことから、過去進行形の③が正解。

助動詞

文法用語の説明

助動詞

話し手の気持ちを表します。can, must, should などのことです。

助動詞の代用表現

例えば、助動詞である should の代わりに使える **ought to** のような表現のことです。

助動詞の重要表現

助動詞を用いた熟語のことです。**might as well A as B** や **would rather A than B** などのことです。

助動詞＋have p.p.

助動詞の後ろに have p.p. を置いて、**過去の推量や後悔を表す表現**です。must have p.p.「～したにちがいない」などがあります。

過去の推量

昔のことを想像して、どの程度の可能性があったかを考える表現を言います。「昨日～だったにちがいない」、「あのとき～だったかもしれない」などの表現です。

命令・要求・提案の that 節

命令する、要求する、提案するという意味の動詞の目的語に that 節をとると、この that 節内では**動詞の原形**か **should＋動詞の原形**を使うというルールです。

§1 基本助動詞

Intro quiz　その1　英語でなんて言う？

外国の人に京都の街はどうか？と聞かれて、「超おすすめ」と言いたいとき。

① You must go there.　　② You cannot go there.

①はどういう意味でしょうか。直訳だと「あなたはそこに行かなければならない」ですが、「そこに行かなきゃ！」⇒「ぜひ行ってみて！」のような**超おすすめ**のときに、must を使うことができます。よって、正解は①です。一方で、②の **cannot は must と正反対の表現**です。**must を 100%とするなら cannot は 0 %の表現**で、「**してはいけない**」、「**ありえない**」になります。must と cannot が正反対の表現であることを、下の表で確認してください。

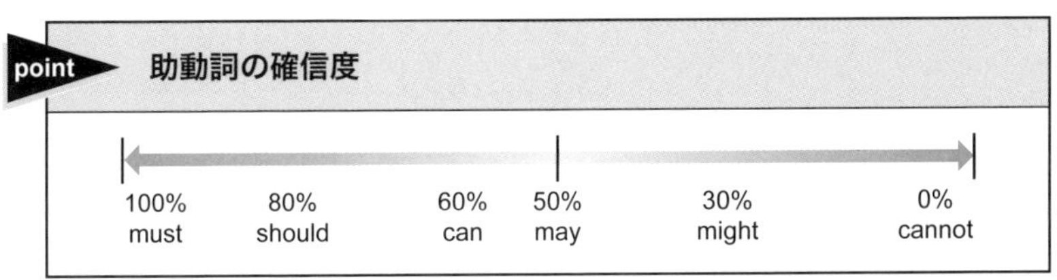

助動詞は、**話し手の気持ち**を表す can, must, should などのことを言います。後ろには**動詞の原形**を置きます。**100%に近い気持ちだと must**、**半信半疑なら may**、**ありえないと 0 %なら cannot** と使い分けます。ですから、助動詞の学習は、上の表のように must から cannot へと進めていくと、効率が良くなります。

助動詞の最初のポイントは、**すべての助動詞に 2 つの意味がある**ことです。よって、2 つのグループに分けて助動詞の意味を整理します。最初のグループが次ページの表のように**義務の意味**で、確信度が弱まると**義務から許可の意味**へと変わります。

point **助動詞の義務(許可)のグループ**

must	should	can	may	**might**	cannot
しなければならない	すべきだ	できる	してもよい	△	してはいけない

1つずつ例文を見ていきましょう。

● 助動詞　義務(許可)のグループの例文

❶ You must come home by eight o'clock.
あなたは8時までに帰宅しなければいけない。

❷ You should take a few days off.
あなたは数日休暇を取るべきだ。

❸ You may travel abroad alone.
あなたは一人で海外旅行に行ってもよい。

❶のように、must を義務の意味で使うと、**命令に近い強い意味**になります。親が怒って、子どもに絶対やりなさいというような状況です。続いて❷の should も強めの表現です。義務を伝えたいときは、主に should を使えば大抵(たいてい)の場合は十分でしょう。❸の may までくると、当初の**義務が弱まり許可の意味**になります。may は50%程度で、行ってもいいし、行かなくても構わないという表現になります。

might を上の表で△としたのは、might にも「してもよい」の意味もありますが、一般的に may を許可の「**してもよい**」で用い、might を第2のグループの「**かもしれない**」で使うことが多くなるからです。続いて、2番目のクイズに進みます。

Intro quiz その2　空所に入るのはどっち？

You (　　　) have a cold.　あなたは風邪をひいているかもしれない。
① may　　② might

may「かもしれない」を過去形にすると might ですが、意味はどう変わるのでしょうか。might になっても、日本語訳はやっぱり「かもしれない」のままになります。クイズは、実はどちらも正解です。**過去形になっても、過去の意味になるわけではありません**。パーセンテージで表すと、**may は50%程度の半信半疑**で、might は**30%程度**に確信度が弱まった表現になるだけです。ここでの過去形は第7章の仮定法と同様に**現実との距離感**を意味します。現実から距離が生まれて遠ざかるので、非現実的イメージが強くなり、**50%から30%程度の確信度に弱まります。**

助動詞の次のグループが**可能性**の意味です。100%の **must** だと「**ちがいない**」、80%の **should** だと「**はずだ**」、60%程度だと **can**「**ありうる**」になります。**may は半信半疑の 50%で**「**かもしれない**」、**might で少し弱まり 30%**の「**かもしれない**」、**cannot は**0%の「**ありえない**」です。

point 助動詞の可能性のグループ

must	should	can	may	might	cannot
ちがいない	はずだ	ありうる	かもしれない	かもしれない	ありえない

must から順に1つずつ例文を見ていきます。

● 助動詞　可能性のグループの例文

❹ You must be tired after your long flight.
あなたは長旅で疲れているにちがいない。

❺ It should stop snowing around noon.
昼頃には雪はやむはずだ。

❻ This problem can occur anywhere.
この問題はどこでも起こりうる。

❼ His answer cannot be right.
彼の答えが正しいはずがない。

これまで見てきたように、**must は 100%の確信度**で、**義務**だと「**しなければならない**」、**可能性**だと❹のように「**ちがいない**」となり、両方とも非常に強い意味になります。よって確信度がとても高いときに使用します。続いて、**should も約 80%と強めの表現**で、**義務**だと「**すべきだ**」、**可能性**だと❺のように「**はずだ**」となり、これも確信度の強い表現です。続いて、can の例文に進みます。**can は約 60%程度**の意味で、**義務（許可）**だと「**してもよい**」で、可能性だと❻のように「**ありうる**」です。**cannot** になると、0%になり、❼のように「**ありえない（はずがない）**」になります。

§2 助動詞の代用表現

Intro quiz 空所に入るのはどっち？

You (　　　) your homework yesterday.
あなたは昨日宿題を終えなければならなかった。

① must finish　　② had to finish

助動詞の代用表現とは、すでにやったように、will と近い意味で be going to を使用するといったものです。まずは **must の代用表現の have to** から紹介します。must に過去形はないので、「～しなければならなかった」は have to の過去形の had to を使います。よって、クイズの正解は②です。では助動詞の代用表現を 1 つずつ見ていきましょう。

● 助動詞の代用表現　ought to の例文

❶ You ought to stop smoking.　あなたは禁煙すべきだ。

助動詞は主観的表現で、**代用表現は客観的な表現**になります。❶は should の代用表現の **ought to**「すべきだ」です。should が主観的、ought to は客観的です。❶の例文のように、**健康のために禁煙すべきだというのは客観的で社会的な認識があります。**❷に進みます。

● 助動詞の代用表現　had better の例文

❷ You had better apologize to your boss.　あなたは上司に謝ったほうがよい。

should の代用表現で登場することもある **had better「したほうがよい」**です。特に you を主語にすると、❷のように**命令や警告するような文脈**で用います。親子や上司と部下、先生と生徒のような関係以外では使用しないほうが賢明でしょう。

● 助動詞の代用表現　be able to の例文

❸ He was able to pass the exam.　彼は試験に合格することができた。

❸は **can の代わりの be able to**「できる」です。例文❸のように、「できた」と過去形で使うときには注意が必要です。過去形でも、やはり **could は主観**で、**was able to は客観**を表します。それゆえ、could は「**主観的にできるとは思っているけれど実際にできたかどうかはわからない**」つまり、「**できる能力はあった**」となり、実際にそれをやったかどうかはわかりません。一方で、**was able to は客観的表現なので、「客観的にできた」**を意味することができるのです。よって、**過去に実際に「できた」ことは、could ではなくて客観的に「できた」ことを示す was able to を使いましょう。**

ここで1点注意が必要なのは、**助動詞は2つ同時に使えないという点です。**よって、「あなたはすぐに料理が上手になるよ」と言いたい場合、You will can cook well soon. とはできません。そんなときに**助動詞の代用表現が生きてきます。**ここでは can の代用表現 **be able to** を使って、**You will be able to cook well soon.** とすればオーケーです。最後の例文に進みます。

● 助動詞の代用表現　used to の例文

❹ I used to come here with my friends.　　私は友人たちとここによく来た。

would (often)「(以前は) よく〜したものだった」の代用表現が used to です。この **used to** には、「**以前はよくしていたが現在はやっていない**」**というニュアンス**があります。❹でも、「以前は来ていたが今は来ていない」というニュアンスがあります。**used to と would (often) の違い**は、前者が「以前していたが現在はしていない」という、**時の対比**のニュアンスがあるのに対して、後者にはそれがありません。また、**would (often) は動作動詞に**しか使えず、状態動詞には使えませんが、used to には特にそういった制約がありません。

助動詞の代用表現のまとめ

(1) **should の代わり＝ought to**「〜すべきだ」
had better「〜したほうがよい」
(2) **can の代わり＝be able to**「〜できる」
(3) **would (often) の代わり＝used to**「(以前は) よく〜した」

§3 助動詞の重要表現

Intro quiz　空所に入るのはどっち？

He (　　　) be tired after the exam.

彼は試験の後でたぶん疲れているのだろう。

① might　　　② may well

和訳が確信度の強い「たぶん～だろう」となっているので、30%程度の確信度の might は合いません。一方で、**may の 50%に well「十分に」(30%) を合わせると、80%程度の確信度**となり**「たぶん～だろう」**になるので、②が正解です。では、例文を 1 つずつ見ていきましょう。

● 助動詞の重要表現　may well の例文

❶ She may well be of fault.　　彼女に責任があるのだろう。

❷ You may well ask.　　あなたが尋ねるのももっともだ。

助動詞の重要表現には、例文❶・❷のように、**may well「たぶん～だろう」・「～するのももっともだ」**があります。may well の 2 つの意味は、元々の may の推量「かもしれない」と許可「してもよい」からきています。**well「十分に」を付けるとこの 2 つの意味が強くなります。**すると、**推量の意味は 50%程度の「かもしれない」が 80%程度に強まり「たぶん～だろう」**になります。**許可の意味は 50%程度の「してもよい」が 80%程度の「十分に～してもよい」**、すなわち**「～するのももっともだ」**になります。例文❸に進みましょう。

● 助動詞の重要表現　might as well A as B の例文

❸ You might as well talk to a brick wall as talk to him.
彼と話すのは、れんがの壁に話しかけているようなものだ。

次に、例文❸のように、**might as well A as B「B するのは A するようなものだ」**があります。**B に問題となる行為をあげて、それは A と同じくらいひどいよ**という文脈で使います。そこから、**「B するのは A と同じくらいひどい (だから意味がない)」**というニュアンスです。例文❸では、**彼と話しても意味がない**というメッセージが込められています。

● 助動詞の重要表現　**would rather A than B** の例文

❹ I would rather watch soccer than play it.
私はサッカーをするよりもむしろ観たい。

次に、例文❹の **would rather A than B「B するよりもむしろ A したい」**があります。**would が願望**「～したい」を表します。**rather A than B「B よりむしろ A」**を加えると、**would rather A than B「B するよりもむしろ A したい」**が完成します。

● 助動詞の重要表現　**would like to** の例文

❺ I would like to send you an e-mail.　あなたに1通メールを送りたいのですが。

want to「～したい」**を丁寧にしたのが would like to** です。**初対面や知り合って間もない相手にやりたいことを伝える場合**は、would like to を使うと良いでしょう。

助動詞の重要表現のまとめ

(1) **may well** ⇒ may の 50%＋well の 30%
　＝80%「**たぶん～だろう**」・「**～するのももっともだ**」

(2) **might as well A as B**
　⇒ A でも B でもどっちでも同じ、投げやりな表現

(3) **would rather A than B**
　⇒ **願望の助動詞 would**「～したい」＋**rather**「むしろ」
　＝「B するよりもむしろ A したい」

(4) **would like to**「～したい」

§4 助動詞の否定文と疑問文

Intro quiz 空所に入るのはどっち？

You (　　　) say that to her.
彼女にそんなこと言わなくてもよかったのに。

① must not　　② didn't have to

助動詞の否定文は、**助動詞の後ろに not** を置きます。注意が必要なのが、肯定文では意味が近い **must と have to の、否定形での意味の違い**です。**must not は禁止**を意味して「**～してはいけない**」です。一方で、**don't have to は不要**を意味して「**～しなくてもよい**」です。クイズの和訳は「言わなくてもよかった」なので、②が正解です。禁止の must not と不要の don't have to を例文❶、❷で確認してください。

● **must not と don't have to の例文**

❶ You must not travel alone.　あなたは一人で旅行してはいけない。

❷ You didn't have to do this work.　あなたはこの仕事をしなくてもよかったのに。

続いて、③に進みます。

● **will not「絶対に～しない」の例文**

❸ He will not listen to me.　彼は絶対に私の言うことに耳を傾けようとしない。

will の否定形 **will not** が「**絶対に～しない」という拒絶の意味**で使われることが重要です。will は元々とても強い意味で、否定形にすると、強い否定の意味になります。

● **Shall I ～？「～しましょうか」と Shall we ～？「～しませんか」の例文**

❹ Shall I **bring your bag ?** （私が）カバンをお持ちしましょうか。

❺ Shall we **dance ?** 一緒に踊りませんか。

続いて、助動詞の疑問文は、**助動詞＋主語＋動詞の原形～？**の語順です。shall を使った疑問文がとても重要です。❹のように、**Shall I ～？「（私が）～しましょうか」**と**手助けなどを申し出る**文脈で使用します。そして❺は、**Shall we ～？「一緒に～しませんか」**と**丁寧な勧誘**になります。Shall I ～？も、Shall we ～？もかなり丁寧な表現になります。

● **May I ～？「～してもよいですか」の例文**

❻ May I **help you ?** お手伝いしましょうか。

続いて、**May I ～？で許可を申し出る**丁寧な表現です。例えば、初対面で使う**「お名前を伺ってもいいですか」**という **May I have your name ?** や、❻のように、**援助の手を差し伸べるときや店員から客に使う「いらっしゃいませ」**に近い **May I help you ?** などがあります。

助動詞の否定文と疑問文のまとめ

(1)	**must not**	【禁止】	「～してはいけない」
	don't have to	【不要】	「～しなくてもよい」
(2)	**will not**	【拒絶】	「絶対に～しない」
(3)	**Shall I ～？**	【申し出】	「（私が）～しましょうか」
	Shall we ～？	【勧誘】	「～しませんか」
(4)	**May I ～？**	【許可】	「～してもよろしいですか」

助動詞＋have p.p.

Intro quiz　結局どっち？

You should have come to Hawaii.
①　ハワイに行った　　　②　ハワイに行かなかった

クイズの英文は、**should have p.p.「～すべきだったのに」**が使われていますが、これには「～すべきだったのに、なんでしなかったの」という意味が込められています。よって、クイズの英文は「あなたはハワイに来るべきだったのに（何で来なかったの）」となるので正解は②です。助動詞＋have p.p. は、「**過去の推量**」と「**過去の後悔や非難**」の2種類に分かれます。では、**過去の推量**から例文で見ていきましょう。

● **must have p.p.**「～したにちがいない」の例文

❶ He must have been angry then.　　彼はあのとき怒っていたにちがいない。

must は推量では「ちがいない」なので、**must have p.p.「～だったにちがいない」**です。❶のように、過去のことを、確信をもって伝える文脈で使います。②に進みます。

● **may have p.p.**「～したかもしれない」の例文

❷ I may have left my wallet on the train.
私は財布を電車に忘れてきたかもしれない。

次に、may は推量の意味では「かもしれない」なので、**may have p.p.「～したかもしれない」**です。❷のように過去のことを半信半疑で思い出す文脈で使います。

● **cannot have p.p.「～したはずがない」の例文**

❸ He cannot have arrived at school by nine.
彼は9時までに学校に到着したはずがない。

最後に、cannot は推量の意味では「はずがない」なので、**cannot have p.p.「～したはずがない」**です。例文❸のように、過去のことを絶対ありえないと思う文脈で使います。

助動詞＋have p.p. の2つ目の意味である**過去の後悔や非難**に進みます。

● **should have p.p.「～すべきだったのに」の例文**

❹ You should have told me about that.
あなたは私にそのことを話すべきだったのに。

❺ He need not have quit his job.
彼は仕事を辞める必要はなかったのに。

❹は **should have p.p.「～すべきだったのに」**となります。❹は「話すべきだったのに」→「なんで話してくれなかったの」という**過去の非難**を伝える文脈で使います。ought to have p.p. もほぼ同じ意味になります。一方で、❺は **need not have p.p.「～する必要はなかったのに」**で**過去の後悔**を表します。❺の文も、「辞めなくてもよかったのに辞めてしまってもったいない」という**過去の後悔**を表します。

助動詞＋have p.p. のまとめ

(1) **must have p.p.** 「～したにちがいない」
(2) **may have p.p.** 「～したかもしれない」
(3) **cannot have p.p.** 「～したはずがない」
(4) **should have p.p.**
(ought to have p.p.) 「～すべきだったのに」
(5) **need not have p.p.** 「～する必要はなかったのに」

§6 命令・要求・提案の that 節

Intro quiz その1 空所に入るのはどっち？

I suggested that we (　　　) somewhere for the weekend.
私は、私たちが週末どこかに行くことを提案した。

① went　　② go

空所の前が suggested と過去形なので、時制の一致から①を選んでしまいがちです。しかし、**命令・要求・提案を表す動詞の that 節では、動詞の原形か should＋動詞の原形を使う**というルールがあります。上のクイズの suggest「～を提案する」の that 節にもこのルールは適用されるので、正解は動詞の原形の②になります。**命令・要求・提案の that 節**を例文で見ていきましょう。

● 命令・要求・提案の that 節の例文

❶ The teacher ordered that the students **go** away.
その教師は、生徒たちに立ち去るように命令した。

❷ His health requires that he **exercise** more.
彼の健康状態から見て、彼はもっと運動する必要がある。

❸ He proposed that we **should stop** going out.
彼は、私たちが外出するのをやめるように提案した。

❶は **order「命令する」の目的語の that 節に、動詞の原形 go** が使われています。**命令・要求・提案の that 節**の注意点が、クイズのように**時制の一致や、三単現の s に影響を受けずに、動詞の原形を使用できる**点になります。❷は、**require「要求する」**の that 節内なので、動詞の原形を使います。that 節内の主語が he にもかかわらず、動詞の原形の exercise が使われています。「要求する」は他にも、**insist** や **demand** などがあります。ただし、insist は「主張する」の意味で使われると、このルールは適用されません。あくまで「要求する」の意味で使われた場合にこのルールが適用される点に注意しましょう。

続いて、❸は **propose「提案する」**の that 節なので、should stop が使われています。ちなみに、アメリカでは❶、❷のように動詞の原形が使われ、イギリスでは should＋動詞の原形が用いられる場合が多いようです。「提案」と近い文脈で、**recommend「勧める」**もこのルールが適用されます。

「命令・要求・提案」に加えて、**「依頼」**の意味の動詞も同様のルールが適用されます。**ask** や **request** などにもこのルールが適用されることに注意しましょう。

最後に、なぜこのルールが存在するのでしょうか。実は、**ネイティブはこの that 節を命令文と同じように**見ていることが理由です。命令文は、Do it at once.「すぐにそれをやりなさい」のように、動詞の原形から始まります。ルールをよく見てみると、**命令・要求・提案とすべて命令にかかわるもの**とわかります。「要求」は命令を少し弱くしたもの、「提案」はさらに命令を弱くしたもの、「依頼」も命令を相当弱くして丁寧にしたものになります。次のクイズに進みます。

Intro quiz その2　空所に入るのはどっち？

It is necessary that he (　　　) English.

彼が英語を勉強することは必要だ。

① learn　　② learns

三単現の s のついた②を正解としたいところですが、実際は①が正解になります。空所の前の形容詞の necessary に着目しましょう。この「彼が英語を勉強することは必要だ」は、**彼に対して「英語を勉強しなさい」という命令文の意味を含んでいる**ので、上記でやった**命令・要求・提案の that 節と同じルールが適用**されます。よって、正解は①になります。

necessary「必要だ」、**essential**「不可欠だ」、**imperative**「不可欠だ」、**important**「重要だ」といった形容詞をここでは**命令形容詞**と呼びます。これらの **that 節には動詞の原形か should＋動詞の原形**を使用します。その他にも、should の特別な用法をいくつか学びましょう。次の例文をご覧ください。

● 感情の **should** の例文

❹ It is natural that you should get angry.
あなたが怒るのも当然だ。

❺ Why should I know that ?
なぜ私がそんなことを知っているの？（＝私が知るはずがない）

上で紹介した命令形容詞とは別の用法になります。これは**感情の should** と言い、**驚きや怒りを表すときに should** を使います。特に日本語に訳出しません。❹のように、**natural**「当然だ」、**strange**「不思議だ」、**impossible**「ありえない」という**感情を表す形容詞の that 節に should＋動詞の原形を使う**というルールです。この場合、動詞の原形を単独で使用することは認められていないので注意しましょう。❺のように、**疑問詞の why** や **how** と一緒に用いて「どうして」と驚きを示す表現として**感情の should** を使うことがあります。

命令・要求・提案の that 節のまとめ

□ **「命令・要求・提案」の意味の動詞の that 節**では、
動詞の原形か **should＋動詞の原形**を使う
「**命令する**」の order／「**要求する**」の demand, require, insist／
「**提案する**」の suggest, propose, recommend／
「**依頼する**」の ask, request や、
命令形容詞（necessary, essential, important など）の that 節
にも、このルールが適用される

□ **感情の should** ⇒ 驚きや怒りなどの感情を表す形容詞の that 節や疑問詞の why や how と一緒に should を使う

チェック問題

1. **Miki and her family (　　　) out of town. I have called several times, but there is no answer.**

① could go　② must be　③ should go　④ would be

(南山大)

2. **He looks quite young. He (　　　) be over 50.**

① cannot　② may　③ must　④ ought to

(中京大)

3. **We (　　　) often play in the park when we were young.**

① can　② may　③ should　④ would

(大阪商業大　改)

4. **Kate lost her purse yesterday. She (　　　) it on the train.**

① must drop　② must have dropped
③ must have been dropping　④ must be dropping

(上智大)

5. **He may (　　　) be proud of his father.**

① well　② better　③ as　④ by far

(中央大)

解答・解説

1. ② ミキと彼女の家族は街の外にいるにちがいない。数回電話をかけたが、返事がない。

must「**〜にちがいない**」から、②が正解。

2. ① 彼はとても若く見える。50歳を超えているはずがない。

「**〜のはずがない**」を意味する① **cannot** が正解。他の選択肢では前の文の「かなり若く見える」ことと矛盾して、意味が通らない。

3. ④ 私たちは、若い頃よくその公園で遊んだ。

would（**often**）「**よく〜したものだ**」と過去の習慣を表す④が正解。

4. ② ケイトは財布を昨日無くしてしまった。電車に置き忘れたにちがいない。

「〜したにちがいない」は **must have p.p.** なので②が正解。

5. ① 彼が父を誇りに思うのももっともだ。

may well「**〜するのももっともだ**」から、①が正解。

横断英文法❹

動詞の原形で横断する

ここまで学習してきた内容で、「**動詞の原形**」は、**第 6 章 助動詞の §1 基本助動詞**と**§6 命令・要求・提案の that 節**で登場しました。今回はこの 2 つに加えて、**第 4 章の §4 時と条件の副詞節**の分野も合わせて横断的に見ていきます。キーワードは、**動詞の原形** =「**まだやっていない**」です。次の英文をご覧ください。

> ◆ 第 6 章 助動詞 §1 基本助動詞の例文
> You should take a few days off.　　あなたは数日休暇を取るべきだ。

should の後には、take という**動詞の原形**がきています。「**助動詞の後は動詞の原形**」というルールです。このルールは、中学の英語の授業で学ぶ基本ですが、なぜ助動詞の後は動詞の原形でなくてはならないのでしょうか。そこで、動詞の原形＝「**まだやっていない**」で解説してみます。should には「すべきだ」という意味があり、「何かをすべきだ」という表現は、「まだ行動に出ていない」ときに使うものです。例えば、You should do your homework.「あなたは宿題をやるべきだ」は、宿題を「**まだやっていない**」という前提で使います。つまり「**まだやっていない**」から、過去形や進行形などに活用される前の「**動詞の原形**」を使うのです。次の英文に進みます。

> ◆ 第 6 章 助動詞 §6 命令・要求・提案の that 節の例文
> His health requires that he exercise more.
> 彼の健康状態から見て、彼はもっと運動する必要がある。

require「要求する」を含む**命令・要求・提案を意味する動詞に続く that 節内では動詞の原形か should＋動詞の原形を使う**というルールです。これも「**まだやっていない**」というキーワードで説明できます。例えば、「彼はもっと運動することを要求される」という表現では、運動を「**まだやっていない**」状態なので、**動詞の原形**を使うのです。「運動するように命令した（order)」も、運動を「**やっていない**」状態なので、動詞の原形を使います。さらに、提案する（propose）場合も同じ理由から動詞の原形を使います。次の英文に進みます。

◆ 第 4 章 §4 時と条件の副詞節の例文

If it rains tomorrow, I will stay at home.　　明日雨なら家にいるよ。

when や if のような**時・条件を表す副詞節内では、未来のことでも現在形を使う**というルールがあります。次に、一見**動詞の原形**とは何も関係がないように思えますが、時と条件の副詞節の始まりともいうべき例文があるのでご紹介します。

"If love be blind, love cannot hit the mark."
「もし恋が盲目なら恋は的を射抜くことはできない」

この文は、シェークスピアの *Romeo and Juliet*『ロミオとジュリエット』の一節です。その昔、if が作る副詞節の中では動詞の原形が使われていました。上の例の If love be blind「もし恋が盲目なら」も、「**まだやっていない**（まだわからない）」から、動詞の原形を使っていたのだと思われます。

時・条件を表す副詞節内では、未来のことでも現在形を使うというルールの背景には諸説ありますが、その昔、**時・条件の副詞節で「まだわからない」から動詞の原形が使われていたものが、現代では現在形が使われるように転用された**のではないかという説があります。英語の歴史の中で、過去と現在の「つながり」を感じ取るのも、ロマンがあっていいものではないでしょうか。ちなみに、Do it at once.「すぐにそれをやりなさい」という**命令文**にも**動詞の原形**を使いますが、これも「**まだやっていない**」ですね。

今回は**助動詞の後ろ、命令・要求・提案の that 節、時と条件の副詞節**を、**動詞の原形**で横断して見てきました。「まだやっていない」という共通するニュアンスがあることがおわかりいただけたかと思います。

「動詞の原形で横断する」のまとめ

- □ 動詞の原形は**命令文、助動詞の後ろ、命令・要求・提案の that 節**、昔の**時と条件の副詞節**で使用
- □ 動詞の原形は「**まだやっていない（わからない）**」ときに使う

仮定法

文法用語の説明

仮定法

事実とは反する空想や願望を説明する表現です。If I were you, I would not say that.「もし私があなたなら、そんなことを言わないのに」のような文のことです。

仮定法過去

仮定法の時制の１つで、**現在の事実とは反する空想**を説明する表現です。If I were you, I would not say that. は、現在の空想なので、仮定法過去になります。

仮定法過去完了

仮定法の時制の１つで、**過去の事実とは反する空想**を説明する表現です。If I had worked harder then, I could have succeeded.「もしそのときもっと頑張っていたら、成功できていたのに」のような文のことです。

仮定法未来

これからもおそらくは起きないだろうという空想の表現です。If the war were to happen, what would happen?「万が一戦争が起きたら、どうなるだろうか」のような文のことです。

if 節

if 節とは、If I were you, I would not say that. の、If ～ you までのカタマリのことです。「もし私があなたなら」と１つの意味のカタマリを作り、この意味のカタマリを **if 節**と呼びます。

主　節

If I were you, I would not say that. の、I would ～ that. が文の中心となるので、これを**主節**と呼びます。

§1 仮定法の基本

Intro quiz 仮定法はどっち？

① If it rains tomorrow, I will stay at home.

② If I were you, I would not marry him.

仮定法とは、**事実とは異なる内容を表現する方法**です。①も②も if がありますが、①が**直説法**と言われる普通の文体で、②が**仮定法**と言われる**空想や願望を表す際の表現**です。つまり、どちらの文にも if があるので、もはや **if は仮定法の目印とは言えない**ことになります。クイズの答えは②になりますが、では①と②の文はどう違うのでしょうか。①は「明日雨が降るなら、家にいるよ」という意味で、明日雨が降る可能性は十分にあります。一方で、②の文は「私があなたなら、彼とは結婚しないだろう」という意味で、私があなたになるということはありえません。**直説法（普通の文体）は実現可能性が十分にあり**、一方で、**仮定法は空想の世界で、事実とは反する内容**を表します。では、例文で1つずつ見ていきましょう。

● 仮定法過去の例文

❶ If I were a bird, I could fly in the sky.　　私が鳥なら、空を飛べるのに。

例えば例文❶のように、「私が鳥なら、空を飛べるのに」という表現は、**私は鳥ではないので事実とは反する内容**となり、仮定法になります。クイズの②の文と仮定法過去の例文❶を照らし合わせるとわかりますが、**would や could という助動詞の過去形こそが仮定法の目印**なのです。

そして、仮定法には、大きく2つの時制があります。**仮定法過去**と**仮定法過去完了**です。**仮定法過去**は、**現在の空想や願望**であることを理解しましょう。例文❶も、現在の話で「私が鳥なら」と現在の空想や願望を表しています。

特徴は if ～ bird までの **if 節に過去形**を使い、if が含まれていないカタマリである**主節に、助動詞の過去形＋動詞の原形**を使います。**仮定法過去での be 動詞は were を使うのが一般的**なので注意が必要です。主語が I でも、通常は was ではなくて were を使います。普通の過去形ではないので、「空想の世界だよ！」という合図だと思ってください。

次に、**仮定法過去完了**は**過去の空想や願望**であることを理解しましょう。例文❷をご覧ください。

● 仮定法過去完了の例文

❷ If you had studied more, you would not have failed the exam.
もっと勉強していたら、あなたはその試験に落ちることはなかったでしょう。

「もっと勉強していたら」と過去の空想です。**if 節では過去完了形、主節では助動詞の過去形＋have p.p.** を使います。過去の空想なので、**過去形から 1 つ時制を古いほうにずらすことで、非現実的なイメージを出して、過去完了形**を使います。

なお、**if 節が仮定法過去完了で主節が仮定法過去**と時制がミックスされた表現があります。例えば、「あのとき～していたら、今頃は…だろうに」という表現です。

● 仮定法の if 節が仮定法過去完了で、主節が仮定法過去の例文

❸ If I had worked harder then, I would be successful now.
もしあのときもっと一生懸命働いていたら、今頃成功しているだろうに。

仮定法の基本のまとめ

	本来の時制	if 節の特徴	主節の特徴
仮定法過去	**現在**	**過去形**	**助動詞の過去形＋動詞の原形**
仮定法過去完了	**過去**	**過去完了形**	**助動詞の過去形＋have p.p.**

§2 I wish SV.

Intro quiz 「デートできない」のはどっち？

① I hope I will have a date with her.

② I wish I could have a date with her.

まずは、I wish SV. の訳「S が V することを望む」＝「S が V すればなあ」を理解します。続いて、①、②の文は一見すると同じように見えますが、上の文は直説法（普通の文）です。**I hope SV. は実現可能性があると思って**使います。一方で、**I wish SV. は無理だろうと思って**使います。よって正解は②です。現実とは離れた内容なので、**I wish の後ろは仮定法**で表します。では、例文を見て I wish SV. の表現の理解を深めていきます。

● I wish SV. の例文

❶ I wish I had more money.
もっとお金を持っていたらなあ。

❷ I wish I had studied more yesterday.
昨日もっと勉強していたらなあ。

❸ I wish I could travel with her.
彼女と旅行ができたらなあ。

❹ I wish I could have bought the house then.
あのときその家を買えていたらなあ。

仮定法をどこに使うかというと、I wish SV. の V のところです。ここに**本来の時制から 1 つ古い時制**を使います。❶のように**現在の空想なら過去形**、❷のように**過去の空想なら過去完了形**を使います。また、❸、❹のように **could＋動詞の原形**や **could have p.p.** が使われることもあります。

I wish SV. は基本「できないと思うこと」を表します。一方で、例文❺のような表現はどういう意味でしょうか。

● wish O_1 O_2 の例文

❺ We wish you a Merry Christmas.　　良いクリスマスをお過ごしください。

wish には、**wish O_1 O_2** で「**O_1 に O_2 を祈る**」の形で何かを**祈願**する場面で使うこともあります。これは実現可能性とは関係ありません。あくまで I wish SV ～ . や**名詞の wish が実現不可能な願いになるだけです。**続いて応用編です。❻の例文に進みます。

● If only ～ の例文

❻ If only I had more time!　　もっと時間があればなあ。

If や had という過去形から、仮定法の表現とわかるでしょう。**If only ～ !**「**～しさえすればなあ**」という仮定法の表現で、願望を表します。簡単に言うと、**I wish SV. を強めた表現が If only ～ !** になります。

ちなみに、**I wish SV. と If only ～ ! の表現**は、**仮定法の if 節だけを残して、主節を省略した表現**になります。❶は「お金を持っていたら（**欲しいものを買えるのに**）」、❷は「昨日もっと勉強していたら（**テストで良い点をとれたのに**）」、❸は「彼女と旅行できたら（**楽しいのに**）」、❹は「あのときその家を買っていたら（**もっと快適だったのに**）」、❻は「もっと時間があったら（**やりたいことができるのに**）」のように、主節を省略してもその内容を容易に想像できるでしょう。

I wish SV.「S が V すればなあ」のまとめ

- □ **I wish SV.**（V は**過去形／過去完了形／could＋動詞の原形／could have p.p.**）
- □ **If only ～ !** は I wish を強めた表現

§3 〜がなければ

Intro quiz 結局どっち？

If it had not been for his help, I would not have achieved my goal.

① 彼が助けてくれた　　② 彼は助けてくれなかった

仮定法で頻出の「**〜がなければ（なかったら）**」の表現には、**if it were not for** や **if it had not been for** があります。実際にあるものが仮になかったらどうなるだろうという文脈で使います。クイズでは **if it had not been for**「**〜がなかったら**」が使われているので、意味は「彼の助けがなかったら目標を達成できなかっただろう」となり、①の「彼が助けてくれた」が正解です。were という過去形、had not been という過去完了形に着目すると、**if it were not for が仮定法過去（現在の話）**、**if it had not been for が仮定法過去完了（過去の話）**とわかります。例文で1つずつ見ていきましょう。

● **If it were not for**「〜がなければ」／**If it had not been for**「〜がなかったら」の例文

❶ If it were not for water, we could not live.
水がなかったら、生きていけないよ。

❷ If it had not been for the rain, I would have been in time.
雨が降らなかったら、私は間に合っていただろうに。

❶のように、水がないのは**現在の空想**で、**仮定法過去**の表現です。一方で、❷は「雨が降らなかったら」という**過去の空想**で、**仮定法過去完了**の表現です。次に進みます。

● **without**／**but for**「〜がなかったら」の例文

❸ Without your help, I could not have won the prize.
あなたの助けがなければ、その賞を受賞できなかった。

❹ I wouldn't have finished the task but for your help.
あなたの助けがなかったら、その仕事を終えられなかった。

続いて、同意表現を覚えます。**without** や **but for は「～がなかったら」**です。時制を問わず、if it were not for, if it had not been for の両方の代わりに使うことができます。❹のように、後ろに置くことも可能なので覚えておきましょう。では次の例文に進みます。

● **with「～があったら」の例文**

❺ With more money, I would be happier now.
もっとお金があったら、今頃もっと幸せだろうに。

without「～がなかったら」の反対で、**with「～があったら」**も仮定法の表現として登場することがあります。次の例文に進みます。

● **if it were not for／if it had not been for の倒置の例文**

❻ Were it not for you, I could not live.
あなたがいなければ、私は生きていけない。

❼ Had it not been for him, I would have been in trouble.
彼がいなかったら、私は困っていただろう。

仮定法の if 節は、倒置されることがよくあります。ここでは、**if が消えて、疑問文の語順になっている**ことに注意しましょう。特に、「～がなかったら」の倒置は頻出です。if it were not for は **were it not for**、if it had not been for は **had it not been for** です。**倒置には常に何かしらの気持ちの高揚（こうよう）が伴う**ので、**人前での演説で感極まった場面**などに、この倒置を使うことがあります。例文❻を見れば、感極まった場面が簡単に想像できるでしょう。

「～がなければ（なかったら）」のまとめ

(1) **if it were not for ～ ,** ⇒ 仮定法過去（現在の空想）
(2) **if it had not been for ～ ,** ⇒ 仮定法過去完了（過去の空想）

□ 同意表現は **without／but for**
□ 倒置は(1) **were it not for ～** (2) **had it not been for ～**

§4 仮定法の重要表現

Intro quiz 結局どっち？

He talks as if I were a child.

① 実際は子ども　② 実際は子どもではない

as if ～ は文の後ろに置いて、**「まるで～かのように」**と訳します。**「実際にはそうではないのに、そのようにする」**というたとえ話で使います。よって、クイズの英文は「彼は、私が（子どもではないのに）まるで子どもであるかのように話す」なので、正解は②です。例文を１つずつ見ていきましょう。

● **as if ～「まるで～かのように」の例文**

❶ He behaves as if he were a king.
彼は、自分が王様であるかのようにふるまう。

❷ You looked as if you had seen a ghost.
あなたはまるでお化けを見たかのような表情だった。

as if ～は、**主節の動詞を基準にして～の時制をずらします。**つまり、❶では主節の動詞の「ふるまう」と as if 以下の「王様だ」は**同じ現在のことなので、as if ～の中は仮定法過去の were** になります。一方で、❷は主節の動詞 looked より**時制がずれる（その時の表情より前にお化けを見ている）ので、仮定法過去完了で had seen** とします。なお、as if は **as though** としてもほぼ同じ意味です。次の例文に進みます。

● **It is time SV.「S が V する時間だ」の例文**

❸ It is time you took a bath.　あなたはもうお風呂に入る時間だよ。
❹ It is about time you went to bed.　そろそろ寝る時間だよ。
❺ It is high time you ate dinner.　とっくに夕食を食べる時間だ。

続いて、❸の **It is time SV.「S が V する時間だ」**です。この It は時を表す it で、It's time for dinner.「夕食の時間だよ」と同じ使い方です。**まだやっていない行為を促す文脈で使うので、仮定法の表現**になります。これも仮定法なので、**V の時制を現在から１**

つずらして過去形にします。現在の話なので、**V は過去形以外は使いません**。また、time の前に about や high という形容詞が置かれることもあります。❹の **It is about time SV**. で「**そろそろ S が V する時間だ**」、❺の **It is high time SV**. 「**とっくに S が V する時間だ**」となります。次に進みます。

● 仮定法未来の例文

❻ If the sun were to disappear, what would happen ?
もし太陽がなくなったら、どうなるだろうか。

❼ If he should visit me, tell him I'm out.
万が一彼が訪ねてきたら、私は外出中だと伝えておいて。

仮定法の第 3 の時制として、**仮定法未来**があります。if 節中に **were to *do*** や **should** を使います。いずれも未来の話に使われて、were to *do* は、❻のように、**実現可能性が極めて低い内容**によく使います。また、❼のように、**まずないだろうけど万が一の場合に備えて**といった文脈では should を if 節に使います。この表現では、**主節に助動詞の過去形、助動詞の現在形、命令文**を使うことがあります。**助動詞の過去形を使った場合は仮定法の表現なので実現しない前提**となり、それ以外は仮定法ではないので可能性がある前提で表現します。

仮定法の重要表現のまとめ

(1) **as if**（**as though**）～「**まるで～かのように**」
⇒ 主節と同時なら仮定法過去、ずれるなら仮定法過去完了

(2) **It is**（**about**／**high**）**time SV.**
「(そろそろ、とっくに) S が V する時間だ」(V は過去形)

(3) If S **were to *do***, ～ .
⇒ **実現可能性が極めて低いと考える場合の表現**によく使う

(4) If S **should V**, ～ .
⇒ **実現可能性が少しだけあると考える場合の表現**によく使う

if 節の代用表現

結局どっち？

Ten years ago, I could have walked to that place.

① その場所まで歩ける　② その場所まで歩けない

クイズの英文を「10年前、私はその場所まで歩いて行けた」と解釈すると、①を選んでしまいがちです。しかし、この文の could に着目しましょう。**助動詞の過去形は仮定法の目印**になります。しかし、仮定法なのに if 節がありません。実はこの文では **Ten years ago**「10年前なら」**が if 節に相当する表現**なのです。よって、クイズの英文は「10年前なら、その場所まで歩いて行けたのに」となり、すなわち「今は歩けない」とわかるので、②が正解です。では、if 節の代わりになる表現を例文で見ていきましょう。

● if 節の代用表現(1) 副詞（句）の例文

❶ I studied hard last night; otherwise, I would have failed the exam.
私は昨晩一生懸命勉強した。さもなければ、試験に落ちていただろう。

クイズの英文では、**～ ago という副詞句が if 節の代わり**をしました。❶はクイズの英文と同様に、**副詞（句）が if 節の代わりになる表現**です。**otherwise「さもなければ」**は、前の文を打ち消して **if ～ not に相当**します。❶の otherwise は If I had not studied hard last night を意味しています。

● if 節の代用表現(2) 不定詞（句）の例文

❷ To hear him speak, you would take him for a Japanese person.
彼が話すのを聞けば、日本人と間違えてしまうだろう。

❷は、**不定詞句で if 節の代わりになる表現**です。hear の第5文型を使用して「彼が話すのを聞けば」の意味です。

● if 節の代用表現(3)　主語の例文

❸ A gentleman **would not say such a rude thing.**
紳士であるなら、そんな無礼なことは言わないだろう。

❸は、**主語が if 節の代わり**になる表現です。**A gentleman で「紳士ならば」**の意味です。主語が if 節の代用表現になるパターンには、**不定冠詞の a（an）＋名詞**で表現される場合が多く見られます。例文では、実際には紳士ではなく、無礼なことを言ってしまったという文脈なので、if はありませんが仮定法の表現です。

クイズの英文から、例文の❶〜❸に共通しているのは、やはり**助動詞の過去形**です。**助動詞の過去形⇒仮定法の合図⇒ if 節を探す**という思考回路を忘れないでください。その中で、**〜 ago や otherwise という副詞（句）、To hear him speak に代表される不定詞句、a＋名詞に代表される主語などが if 節を代用する**ことを覚えておきましょう。

if 節の代用表現のまとめ

(1) **副詞(句)**　⇒ **〜 ago／otherwise** など
(2) **不定詞(句)** ⇒ **To hear him speak** など
(3) **主語**　⇒ a＋**名詞**など

横断英文法⑤

過去形で横断する

「**過去形**」は、ここまで学習してきた内容では、**第 4 章 時制 前編の §2 過去時制**、**第 6 章 助動詞の §1 基本助動詞での might**、**第 7 章 仮定法の §1 仮定法の基本**で登場しました。この 3 つの分野の「過去形」は一見全く別物に見えますが、共通点を見出していきます。「過去」形という言葉から、昔のことを表すのは想像できますが、実は英語の過去形には、単に昔のことを表す以上に、たくさんの世界が詰まっています。では、英語の過去形の本質とは何か？ それは、「**距離がある**」ということです。上記の 3 つの分野を横断的に見ていきましょう。

◆ 第 4 章 時制 前編 §2 過去時制の例文

I often ate pizza when I was young.　私は若い頃よくピザを食べた。

この英文は ate からわかるように、過去形を使っているので、昔のことを表しています。これは通常の過去形の使い方ですが、「**距離がある**」という観点で改めて定義すると、**現在と「距離がある」**ので、過去形を使います。

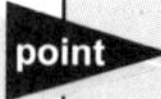

過去形の定義①＝現在と「距離がある」

⇒ 過去の時制を表す

次の英文に進みます。

◆ 助動詞の過去形の例文

Could you tell me the way to the station ?　私に駅への道を教えてくれますか？

ここでは could に着目します。could は確かに can の過去形ですが、日本語に過去の意味は表されてはいません。では一体この could は何を意味するのでしょうか？

英語の過去形 ＝「**距離がある**」で見ていきます。ここでの could は「**相手**」**と距離**があります。見ず知らずの人から近い距離で馴れ馴れしく話されると、少し失礼に感じることはありませんか？ 英語の現在形がまさにそのイメージで、can を使っても間違いではありませんが、少し馴れ馴れしい印象を与えてしまいます。そこで could の登場です。過去形を使い「**相手**」**と距離を作る**ことで、**丁寧な印象を伝える**ことが可能になります。初対面や頼みごとをするような場面では、過去形を使って、丁寧さを伝えたほうがふさわしいことがあります。

過去形の定義②＝相手と「距離がある」
⇒ 丁寧さを伝えられる

次の英文に進みます。

◆ 第 6 章 助動詞 §1 基本助動詞の Intro quiz その 2 の例文

You might have a cold.　　あなたは風邪をひいているかもしれない。

第 6 章の助動詞 §1 で説明したように、この might は may の過去形ですが、単純に昔のことを意味するわけではありません。過去形を使って**現実と距離**を置くことで**非現実性を強め**、may では 50%程度だった確信度が might になると 30%程度に弱まるということでした。

最後の英文です。

◆ 第 7 章 仮定法 §1 仮定法過去の例文

If I were a bird, I could fly in the sky.　　私が鳥なら、空を飛べるのに。

この were は過去形ですが、訳を見ればわかるように、過去の意味は表しません。では、仮定法での過去形は何を意味するのでしょうか。英語の過去形＝「**距離がある**」で見ていきます。この were のような仮定法の過去形は、「**現実**」**と距離**があります。「現実」と距離があると、**非現実的イメージ**を伝えることができ、まさに仮定法の空想の世界に、過去形はとてもふさわしい表現となります。前述の **might と同じ発想になります。**

過去形の定義③＝現実と「距離がある」
⇒ 非現実的イメージを伝えられる

今回は**過去形**を使って、**時制、助動詞の過去形、仮定法を横断的に**見ていきました。

「過去形で横断する」のまとめ

□ 過去形＝何かと「距離」がある

⑴ **過去時制の過去形** ＝ 現在と距離がある
⑵ **丁寧さを伝える過去形** ＝ 相手と距離がある
⑶ **非現実的イメージの過去形** ＝ 現実と距離がある

チェック問題

1. **If she (　　　) a little harder, she would have passed the exam.**

   ① is studying　② has studied　③ studies　④ had studied

   (亜細亜大)

2. **It is high time the children (　　　) to bed.**

   ① to go　② went　③ going　④ gone

   (関西学院大)

3. **(　　　) your help, I couldn't have finished this work. Thank you very much.**

   ① But for　② In addition to　③ In spite of　④ Owing to

   (青山学院大)

4. **I wish she (　　　) to the same school I went to.**

   ① goes　② has gone　③ is going　④ had gone

   (学習院大)

5. **That child is smart; he talks (　　　) he were a grown-up.**

   ① instead of　② so　③ if　④ as if

   (東京経済大)

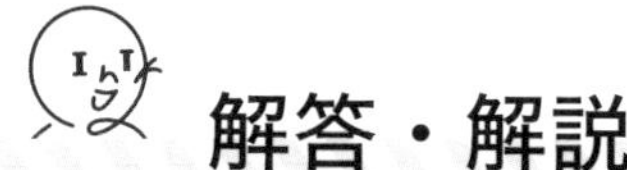

解答・解説

1. ④ 彼女はもうちょっと熱心に勉強していたら、その試験に合格したのに。

仮定法過去完了の表現。**if 節は過去完了形**で、**主節は助動詞の過去形＋have p.p.** なので④が正解。

2. ② 子どもたちはもう寝る時間だ。

It is high time SV.「もう S が V する時間だ」の表現。**V には過去形**がくるので②が正解。

3. ① あなたの助けがなかったら、私はこの仕事を終えられなかった。本当にありがとう。

but for「〜がなかったら」より①が正解。**without** も同じ意味の表現。

4. ④ 私は彼女が私と同じ学校に通っていたらと思う。

I wish SV.「S が V だったらなあ」という仮定法の表現。**V の時制は現在なら過去形、過去なら過去完了形を使う**ので、④が正解。

5. ④ その子どもは賢い。まるで大人であるかのように話をする。

as if 〜「まるで〜かのように」という仮定法の表現なので、④が正解。

受動態

文法用語の説明

受動態【じゅどうたい】

「れる・られる」と主語が行為を受ける表現のことです。The window was broken.「窓が割られてしまった」のような文を指します。動詞の部分を be 動詞＋p.p. で表すのが特徴です。

能動態【のうどうたい】

受動態と反対で、主語がある行為をする通常の文体を指します。I often watch a soccer game.「私はよくサッカーの試合を観る」のような文のことです。

群動詞【ぐんどうし】

動詞と前置詞をセットで 1 つの動詞とみなす表現のことです。speak to「～に話しかける」、laugh at「～を笑う」、take care of「～の世話をする」などがあります。

受動態の基本

point　受動態の作り方

能動態　Someone stole my bag.　誰かが私のカバンを盗んだ。

1. 能動態の目的語を主語にする ⇒ 2. 動詞を be 動詞＋p.p. にする ⇒
3. 主語を by と合わせて後ろにもってくる（この場合、省略可）

↓

受動態　My bag was stolen (by someone).　私のカバンが(誰かに)盗まれた。

受動態を作る手順は、まず、1. **目的語を主語に**します。上の文で言うと、my bag が目的語ですが、受動態の文では主語になります。続いて、2. **動詞を be 動詞＋p.p.** の形にします。上の例では、stole が was stolen に変化します。最後に、3. **主語を by と**

セットで後ろに置きます。もっとも、この文では by 以下は省略することができます。

実はこの by 以下の省略こそが、受動態を使用する大きな理由の 1 つになります。受動態は、**誰がその行為をやったのかがわからないときなどによく使う**ので、元々の主語 someone を省略します。**何かを盗まれて犯人がわからない**場合などに、受動態がよく使われます。下の文もご覧ください。

● 受動態で **by** 以下を省略する場合の例文

❶ Many books are sold at that store.　多くの本があの店で売られている。

❷ Stars can be seen here at night.　ここでは夜に星が見える。

❶の文では、誰が本を売っているのでしょうか。当然、**お店の店員さん**であることは言うまでもありません。一方で、❷の英文は誰が星を見るかというと、**話し手を含めた一般の人**です。❶・❷のように**主語を言うまでもない場合**や、**一般人を指す場合**に受動態を使うことが好まれ、同時に by 以下を示さないのが普通になります。では、**受動態であえて by 以下を置くケース**はどのようなものになるでしょうか。次の例文をご覧ください。

● 受動態であえて **by** 以下を置く場合の例文

❸ The window was broken by a young boy.　その窓を割ったのは幼い少年だよ。

❸のように、**主語をあえて強調したいとき**には by 以下を置きます。犯人が特定されていない状況で、目撃者がいて犯人を伝えたい状況が思い浮かぶはずです。**受動態では基本的には by 以下を置かない、置く場合は強調している重要なメッセージ**と理解できます。

受動態の基本のまとめ

1. 能動態の**目的語を主語**にする ⇒ 2. **動詞を be 動詞＋p.p.** にする

⇒ 3. **主語を by と合わせて後ろ**にもってくる（よく省略される）

□ by 以下をあえて置く場合は、強調したいとき‼

§2 第４・第５文型の受動態

空所に入るのはどっち？

I was made (　　　) there alone.　　私はそこに一人で行かされた。

① go　　② to go

難しい受動態の文は元々の能動態を想定します。クイズの英文も、主語を仮に He と補うと、受動態の主語は能動態の目的語なので、He made me go there alone. となります。**make O *do* をそのまま受動態**にすると、①のように I was made go となり、**どれが動詞かわからなくなってしまいます**。go はあくまで C の役割なので、**動詞ではないよ！という合図のために②の to go とする**のが正しい形です。正しい英文は、**I was made to go** there alone. になります。§1の受動態は第３文型を想定して説明しましたが、この §2 では**第４文型、第５文型の受動態**を扱います。例文で見ていきましょう。

● 第４文型の受動態の作り方の例文

My wife gave me a nice tie.　　私の妻が私に素敵なネクタイをくれた。

S　V　O_1　O_2

❶ me を主語に ⇒ ❷ gave を be 動詞＋p.p. に ⇒ ❸ a nice tie はそのまま ⇒ ❹ My wife を by とセットで後ろに！

I was given a nice tie by my wife.　　私は素敵なネクタイを妻にもらった。

どのような受動態であろうと共通しているのが、❶ **能動態の O を主語にもってくる**ことと、❷ **動詞を be 動詞＋p.p.** にすることです。❶でも、まずは **O_1 にあたる me を主語にもってきて**、I とします。続いて、**gave を be 動詞＋p.p.** にして was given にします。ここが第４文型の受動態の特徴ですが、**O_2 にあたる a nice tie はそのまま**にします。最後に**主語の My wife を by とセットで後ろに回して完成**です。O_2 を主語にもってくると不自然な文になる場合があるので、まずは O_1 を主語にもってくるパターンをおさえましょう。

続いて、第５文型を受動態にします。

● 第５文型の受動態の作り方の例文

We call this type of flower rose. 私たちはこの種の花をバラと呼んでいる。
S V O C

❶ this type of flower を主語に ⇒ ❷ call を be 動詞＋p.p. に ⇒ ❸ rose はそのまま ⇒ ❹ We を by とセットで後ろに回すが一般人なので省略

This type of flower is called rose. この種の花は、バラと呼ばれている。

第５文型の受動態も、まずは❶ **O にあたる this type of flower を主語**に移動します。続いて❷ **call を be 動詞＋p.p. にして is called** にします。ここまではどの受動態でも同じです。次に、❸ **C にあたる rose はそのまま**にします。**最後に主語の We を by とセットで後ろに回しますが、この主語は一般人なので省略**します。

まとめると、第４文型や第５文型は、第３文型の受動態と同様に、能動態の目的語を主語にして、動詞を be 動詞＋p.p. にしますが、**第４文型の O_2 や第５文型の C がそのまま残ること**が第３文型とは異なるプロセスになります。

第４・第５文型の受動態のまとめ

(1) C に原形不定詞をとる第５文型の受動態
　（例）S **make O *do* ⇒ O be made to *do***（by S）とする
(2) 第４文型（SVO_1O_2）の受動態⇒ **O_1 be p.p. O_2 by S**
(3) 第５文型（SVOC）の受動態 ⇒ **O be p.p. C by S**

§3 いろいろな受動態

Intro quiz 空所に入るのはどっち？

This bridge is (　　　).　　この橋は、建設されている最中だ。

① been building　　② being built

受動態と助動詞・完了形・進行形がミックスされた表現を見ていきます。クイズの英文は、「建設されている最中だ」から、**受動態と進行形をミックスした形**を使います。その場合は必ず**完了形や進行形を先頭にもってきて、その後ろに受動態**を使います。進行形（be *doing*）＋受動態（be p.p.）となることから、be を *doing* にして being として、**be being p.p.** が「**〜されている最中だ**」となります。よってクイズの正解は②で、is being built が正しい形です。①の is been building では be 動詞＋p.p. の is been が先頭にきているので、誤った表現になります。それでは、様々な受動態を例文で見ていきましょう。

● 完了形の受動態の例文

My PC has been repaired.　　パソコンを修理してもらった。

次に、受動態の文に完了形のニュアンスを加えたいときはどうすればよいでしょうか。**完了形（have p.p.）と受動態（be p.p.）の組み合わせ**なので、受動態の be を p.p. の形にすると been になります。よって、**完了形の受動態は have been p.p.** になります。My PC is repaired. を完了形にすると、My PC has been repaired. になります。次の文に進みます。

● 助動詞の受動態の例文

My report must be finished by noon.
レポートを昼までに終わらせなければならない。

例えば、My report is finished by noon. という文に助動詞の must「しなければならない」を加えたい場合は、どうしたらよいでしょうか。**助動詞は後ろに動詞の原形**を伴うので、must の後ろを be finished とする必要があります。**助動詞＋be p.p.** と覚えておきましょう。

受動態の応用編の例文です。

● 能動受動態の例文

This expensive car sells well.　この高級車はよく売れる。

動詞の中には、**形は能動態でも受動態の意味を表す**ことができるものがあり、これを**能動受動態**と言います。上の例文をご覧ください。本来 sell は後ろに目的語である売るものを伴って、「〜を売る」となります。例えば、I sold this expensive car for $100,000.「私はこの高級車を 10 万ドルで売った」のように使います。それが、上の例文のように、売るものが主語にきて、**形は能動態で意味が受動態**となることから、**能動受動態**と呼ばれます。この文の well のように、能動受動態においては、副詞を伴うのが普通です。他にも、**read「読める」**、**cut「切れる」**、**cook「料理される」**などに同じ用法があります。

いろいろな受動態のまとめ

(1) 進行形の受動態 ⇒ **be being p.p.**
(2) 完了形の受動態 ⇒ **have been p.p.**
(3) 助動詞の受動態 ⇒ **助動詞＋be p.p.**
(4) 能動受動態 ⇒ 形は能動態でも意味が受動態になる
(sell／read／cut／cook など)

群動詞の受動態

Intro quiz その1 空所に入るのはどっち？

I was (　　　) by a stranger.　私は見知らぬ人に話しかけられた。

① spoken　② spoken to

群動詞とは、**2語以上で1つの動詞とみなすもの**を言います。例えば、**speak to**「**〜に話しかける**」、**laugh at**「**〜を笑う**」、**take care of**「**〜の世話をする**」などです。これらの群動詞を受動態にすると、ある問題が出てきます。例えば、クイズのように「私は知らない人に話しかけられた」と英語で表現するとき、①のようにI was spoken by a stranger. としてしまいがちですが、どこがおかしいかわかりますか？

元々の能動態をイメージすると謎が解けます。いつもの受動態を作る手順を逆にします。**by 以下を主語**にもってきて、**動詞を元の形**に戻して、**受動態の主語を能動態の目的語**にすると、A stranger spoke me. が能動態の文です。この文ではっきりと文法的に誤りなのが、spoke me という表現です。**speak は後ろに目的語をとるときは、基本的に to などの前置詞が必要**なのです。よって、クイズの正解は②となります。

● 群動詞の受動態の例文(1)

I was spoken to by a stranger.

このように、冒頭で示した**群動詞の受動態**は、**前置詞をセットで忘れないようにする**のが最大のポイントです。続いて、laugh at の受動態も見ていきましょう。2問目のクイズです。

Intro quiz その2 空所に入るのはどっち？

I was (　　　) everybody in the class.　私はクラスのみんなに笑われた。

① laughed by　② laughed at by

上の文の能動態を考えてみましょう。受動態の by 以下が能動態の主語、受動態の主語が能動態の目的語なので、Everybody in the class laughed at me. になります。laugh は「〜を笑う」の意味では、**通常 at を置いて、その対象を後ろに置く**ものです。「あざ笑う」というニュアンスなので、**標的の at** を置きます。よって、laugh at とセットで使うことが正しいので、正解は②になります。

● 群動詞の受動態の例文(2)

I was laughed at by everybody in the class.

受動態にしたときに前置詞を忘れないように注意する表現が、**be spoken to** や **be laghed at** です。それぞれ be spoken to の to、be laughed at の at を忘れずにつけましょう。下の例文でも、**be taken care of** の of は忘れがちなので気をつけましょう。

● 群動詞の受動態の例文(3)

My baby is taken care of by my mother.　私の赤ん坊は母が面倒を見ている。

群動詞の受動態のまとめ

□ 前置詞を忘れずに！

(1) be spoken **to** by　「〜に話しかけられる」
(2) be laughed **at** by　「〜に笑われる」
(3) be taken care **of** by　「〜に世話をされる」

その他の群動詞の受動態

(4) be looked up **to** by　「〜に尊敬される」
(5) be looked down **on** by　「〜に軽蔑される」

§5 by 以外で表す受動態

Intro quiz 空所に入るのはどっち？

He is known (　　　) many people in his school.
彼は学校中の人に知られている。

① for　　　② to

受動態は、通常 be 動詞＋p.p. by 〜 ですが、例外的に **by 以外で表すこと**があります。①の **be known for** の for は**理由を表し**、後ろに有名である理由がくるので、この文にはあてはまりません。一方で、②の **be known to**「**〜に知られている**」は、to の到達のイメージから、**主語の名前が to 以下に知れ渡る**という意味なので、②が正解です。このように、**by 以外で表す受動態**を見ていきましょう。

● by 以外で表す受動態の例文

❶ The actor is known to everyone.　その俳優はみんなに知られている。
❷ My car was covered with snow.　私の車は雪で覆われていた。
❸ Many people were killed in the war.　多くの人が、その戦争で亡くなった。

❶ **be known to** は、**主語の名前が to 以下に知れ渡っている**という文脈で使います。他にも、**be known for**「**〜で知られている**」、**be known as**「**〜として知られている**」などがあります。続いて、❷ **be covered with**「**〜で覆われている**」は、**家や車が雪で覆われている**のような文脈で使います。最後に **be killed in**「**〜で亡くなる**」です。**交通事故や災害、戦争などで亡くなる**文脈で使います。

by 以外で表す受動態のまとめ

(1) **be known to**「〜に知られている」／**be known for**「〜で知られている」
　be known as「〜として知られている」
(2) **be covered with**「〜で覆われている」
(3) **be killed in**「〜で亡くなる」

チェック問題

1. **When I went abroad, my wallet (　　　).**
   ① steal　② steals　③ stole　④ was stolen
   (同志社大)

2. **On his way home, Taro was (　　　) a stranger.**
   ① spoken at　② spoken to by　③ spoken by　④ spoken with by
   (千葉工業大)

3. **Anne Frank is well known (　　　) the diary she kept while in hiding.**
   ① at　② for　③ in　④ to
   (文教大)

4. **I was made (　　　) for a long time.**
   ① wait　② to wait　③ waiting　④ waited
   (千葉工業大)

5. **No foreign language (　　　) without patience and effort.**
   ① can be mastered　② cannot master
   ③ cannot be mastered　④ can master
   (名城大)

解答・解説

1. ④ 海外に行ったとき、私は財布を盗まれた。

「財布が盗まれた」のような**受動態は be 動詞＋p.p. で表す**ので、④が正解。

2. ② 家に帰る途中に、タロウは見知らぬ人に話しかけられた。

be spoken to by「～に話しかけられる」より②が正解。

3. ② アンネ・フランクは隠れている間につけた日記でよく知られている。

be known for「～で知られている」より②が正解。**理由の for。**

4. ② 私は長い間待たされた。

make O *do* の形を受動態にすると O′ **be made to *do*** になるので、②が正解。

5. ① どんな外国語も忍耐と努力なしでは習得できない。

助動詞の受動態は、助動詞＋be p.p. になるので、①が正解。

不定詞

文法用語の説明

不定詞

to＋動詞の原形で表します。**動詞の役割をこえて、名詞・形容詞・副詞の働きをするものです。**I want **to be** a lawyer.「私は弁護士になりたい」の **to be がそう**です。

不定詞の3用法

不定詞を3つに分類した**名詞的用法・形容詞的用法・副詞的用法**のことです。

名詞的用法

不定詞をS・O・Cで使う用法で、「～すること」という意味です。I want to be a lawyer. の to be のことです。

形容詞的用法

名詞を修飾する用法で、基本的に名詞の後ろに置きます。「～するための」という意味です。I want something to drink.「私は飲み物がほしい」の to drink のことです。

副詞的用法

不定詞で動詞を修飾する用法で、「～するために」という意味です。I went abroad to study English.「私は英語を勉強するために留学した」の to study ～ のことです。

§1 名詞的用法

Intro quiz 空所に入るのはどっち？

I like (　　　) abroad with my family.　私は家族と海外旅行をすることが好きだ。

① travel　　② to travel

不定詞は、**to＋動詞の原形**の形で、動詞の役割を飛びこえて、**名詞、形容詞、副詞の働きができるもの**です。クイズのように「私は家族と海外旅行をすることが好きだ」と英語で表したいときに、①を使って、I like travel abroad. とはできません。**travel は単独では動詞**なので、like の**目的語で使うことはできない**のです。そこで、不定詞の to travel とすると、**動詞の役割をこえて名詞の働き**をして、**like の目的語になることができる**のです。

● 不定詞　名詞的用法の例文

❶ I like to travel abroad with my family.

❷ To take a rest is important.
休みを取ることは重要だ。

⇒ It is important to take a rest.

❸ My dream is to be a lawyer.
私の夢は弁護士になることだ。

❹ I think it important to tell her the truth.
私は彼女に真実を言うことが重要だと思う。

不定詞は 3 種類あり、**名詞的用法「～すること」**、**形容詞的用法「～するための」**、**副詞的用法「～するために」**があります。この §1では、名詞的用法を見ていきます。名詞的用法は、名詞の性質上**文中の S・O・C で使用**します。❶の文では、to travel abroad with my family「家族と海外旅行をすること」と O で使われています。

❷は、**不定詞の名詞的用法を S** として使っています。ただし通常は、❷の下の文のように形式主語の it を置いて、不定詞を後ろに回すほうが英語らしい表現になります。

❸では、**不定詞の名詞的用法をC**で使っています。

形式主語のitが大活躍するもうひとつのパターンが**第5文型の目的語**です。第5文型の目的語に不定詞は置けないので、❹のように、**形式目的語のitを置いて不定詞を後ろに回します。**

名詞的用法のまとめ

(1) Sで使う ⇒ **形式主語のit**に注意！
(2) Oで使う ⇒ **形式目的語のit**に注意！
(3) Cで使う

§2 形容詞的用法

Intro quiz その1 空所に入るのはどっち？

I found a place (　　　).　　私は住む家を見つけた。

① to live　　② to live in

不定詞の形容詞的用法は、**名詞＋to *do***の形で、**「～する（ための）名詞」**という訳になり、**形容詞の役割で前の名詞を修飾**します。**形容詞的用法で重要なのは、名詞と（to） *do* の関係性**です。クイズのように、a place と live は目的語と動詞の関係で結ばれているので、live の後ろに a place をもってくるには、前置詞 in が必要になります。live in a place をイメージすると、「住む家」は a place to live in とわかるので、②が正解になります。それでは、例文を１つずつ見ていきましょう。

● 不定詞　形容詞的用法(1)　OV 関係の例文

❶ I have a friend (O′) to help (V′).　　私には助けるべき友人がいる。

形容詞的用法では、前の名詞との関係が３パターンあります。(1) **目的語と動詞（OV）関係**になるもの、(2) **主語と動詞（SV）関係**になるもの、(3) 前後が**イコールになる同格関係**になるものがあります。❶では、a friend と help の関係は、「助けるべき友人」と、目的語と動詞の OV 関係になります。文の V と O ではないので、V′ O′ とそれぞれ記します。２問目のクイズに進みましょう。

Intro quiz その2 空所に入るのはどっち？

I need something (　　　).　　書くものが必要だ。

① to write on　　② to write with

クイズのようにどの前置詞を使うかは動詞と目的語の関係によります。例えば **something to write with** と **something to write on** では、全く異なるものになります。

前者は **with**「**〜を使って**」**なのでペンを意味**しており、後者は **on**「**〜の上に**」**なので、紙などを意味している**とわかります。よって、クイズは①、②両方正解で、文脈により使い分けます。次に進みます。

● 不定詞 形容詞的用法⑵ SV 関係の例文

❷ I need a friend to help me. 私は自分を助けてくれる友人を必要としている。
(a friend = S′, to help = V′, me = O′)

❷の文では**名詞と不定詞の関係**は、a friend helps me なので、**SV 関係**になります。最後の⑶**同格関係**に進みます。

● 不定詞 形容詞的用法⑶ 同格関係の例文

❸ He has the ability to communicate well with others.
彼には、他人と上手にコミュニケーションをとる能力がある。

the ability to *do*「〜する能力」で the ability と communicate 〜 はイコールの**同格関係**になります。ability「能力」の中身を to 以下で説明している表現です。同格の不定詞と相性が良い表現をまとめます。

point 同格表現

the ability to *do*	〜する能力
the opportunity to *do*	〜する機会
the way to *do*	〜する方法
the time to *do*	〜する時間

形容詞的用法のまとめ

⑴ **名詞と *do* が OV 関係**（目的語と動詞の関係）
⑵ **名詞と *do* が SV 関係**（主語と動詞の関係）
⑶ **名詞と *do* が同格関係**（イコールの関係）

副詞的用法

英語でなんて言う？

アメリカ人と初めて会っておしゃべり。帰り際になんて言う？

① Nice meeting you.　　② Nice to meet you.

①の **Nice meeting you.「あなたに会えてうれしかった」**は、**別れのとき**に使う表現です。２人の人間が別れを惜しんでハグしている状況です。Nice meeting you. は、**動名詞なので過去に意識**が向いています。**お会いして今までお話できて楽しかったです**といったメッセージです。よって正解は①になります。

一方で、②の Nice to meet you.「あなたに会えてうれしい」は、**初対面**のときに使う表現です。初対面の２人が握手している状況です。Nice to meet you. は、**不定詞なのでこれから先に意識**が向いています。**あなたとお会いして、これからお話できるなんて素敵ですね**といったメッセージです。元々文頭の It is が省略された表現で、to meet は**不定詞の名詞的用法「〜すること」**という表現です。それでは、１つずつ例文を見ていきます。

● 不定詞　副詞的用法(1)「目的」の例文

❶ He is saving money to buy a house.　彼は家を買うために、お金を貯めている。

不定詞の副詞的用法は「**〜するために**」が基本の訳で、**目的**を表します。**不定詞と動詞で目的と手段の関係**になります。例文❶も to buy a house「家を買うために」という目的と、is saving money「お金を貯めている」という手段の関係になります。次の例文に進みます。

●「目的」を強調する例文

❷ I returned home in order to have a short sleep.
私は少し眠るために家に戻った。

不定詞の副詞的用法で、**目的を強調したいとき**は、「**〜するために**」という **in order**

to や **so as to** を使います。普通の不定詞では何的用法か、それからその中のどんな表現かを考える必要がありますが、この両者を使うと目的だとはっきり伝えることができます。例文❷でも、「少し眠る」という目的のために、「家に戻る」という手段をとっています。「少し眠る」という目的を強調したいので、in order to を使います。次へ進みます。

● 不定詞　副詞的用法(2)「感情の原因」の例文

❸ I was very glad to hear the news.　私はその知らせを聞いてとても嬉しかった。

glad に対する**感情の原因**を表して、「**〜して**」と訳します。**手前に「嬉しい」、「驚いた」などの感情表現**があり、**その理由を不定詞の to *do*** で表します。例文❸でも、I was very glad「とても嬉しかった」と**感情表現があるので、英語の世界では後ろにその感情の理由を続ける**のが普通になります。次の例文に進みます。

● 不定詞　副詞的用法(3)「判断の根拠」の例文

❹ You were careless to leave your wallet on the train.
電車に財布を忘れるなんて、あなたは不注意だった。

最後は、**判断の根拠**で「**〜するなんて**」と訳します。**前に何らかの判断を下す表現**があり、**その根拠を不定詞の to *do*** で表します。例文❹も、**careless**「不注意だ」という**判断があり、その後ろにそう判断する根拠を不定詞**で述べています。不定詞の副詞的用法は、ほとんどが目的です。それ以外の場合は、**前に happy や glad などの感情表現があることに注意**しましょう。

副詞的用法のまとめ

(1) **目的**「〜するために」⇒ 強調する場合は **in order to／so as to**
(2) **感情の原因**「〜して」
(3) **判断の根拠**「〜するなんて」

§4 結果用法

Intro quiz 適切な訳はどっち？

He woke up to find himself on a bed.

① 彼は目覚めたらベッドで横になっていた。

② 彼はベッドで横になるために目覚めた。

不定詞の副詞的用法の**結果用法**を見ていきます。②の日本語には違和感を覚えたのではないでしょうか。事実、「ベッドで横になるために目覚めた」は、目的と手段の関係ではありません。よって、正解は①です。結果用法は、目的とは異なって、返り読みをせずに英語の語順通り**左から右に読み進めていく**ことができます。不定詞の一旦手前で切って、「**その結果～**」と理解します。日本語に訳すときはあえて「その結果」と入れないほうが自然な訳になることが多いでしょう。それでは例文を見ていきます。

● 不定詞　副詞的用法　結果用法の例文

❶ He grew up to be a famous singer.
彼は成長して、（その結果）有名な歌手になった。

❷ He lived to be one hundred.
彼は 100 歳まで生きた。

❸ I awoke this morning to find myself on a bench.
今朝目覚めたら、ベンチの上に寝そべっていた。

まずは、**grow up to be**「**成長して（その結果）～になる**」です。❶のように、「成長して偉大な人になった」という文脈でよく使います。次に、❷ **live to be**「**生きて（その結果）～になる**」です。たいていは、「生きて～歳になった」＝「**～歳まで生きた**」となり、90 歳や 100 歳まで長生きしたという文脈で使います。❸はクイズの例文と同様に、**wake up**（**awake**）**to find *oneself***「**目覚めたら～している（とわかる）**」です。次の例文に進みます。

● 不定詞 副詞的用法 結果用法の例文

❹ He studied hard, only to fail the exam.
彼は一生懸命勉強したが、試験に落ちてしまった。

❺ She left his home never to return.
彼女は家を離れて、二度と戻らなかった。

結果用法の代表例は、❹と❺の **only to *do*** と **never to *do*** になります。特に、**手前にカンマ(,)を置く**と、そこで文が切れるので「その結果〜」というニュアンスがよく出ます。❹は **only to *do***「**(結果として)〜しただけだった**」です。「一生懸命頑張ったが、失敗に終わった」という逆接の文脈でよく使います。❺が **never to *do***「**(結果として)二度と〜しなかった**」です。例文のように、「どこかに行ってしまって、二度と帰ってこなかった」という文脈で使います。

結果用法は、「(〜したけど)**意外にも!**」といったニュアンスがあります。例文❶〜❺でも、順に「**意外にも!** 有名な歌手になった」、「**意外にも!** 100歳まで生きた」、「**意外にも!** ベンチで寝ていた」、「**意外にも!** 試験に落ちた」、「**意外にも!** 戻ってこなかった」といったニュアンスを確認できるでしょう。

結果用法のまとめ

(1) **grow up to be** 「成長して〜になる」
(2) **live to be** 「生きて〜になる」
(3) **wake up (awake) to find *oneself*** 「目覚めたら〜している(とわかる)」
(4) **only to *do*** 「〜しただけだった」
(5) **never to *do*** 「二度と〜しなかった」

§5 不定詞の重要表現

Intro quiz その1 下線部と同じ意味は？

We are to meet at six tomorrow.

① are going to　　② are unlikely to

不定詞の重要項目の１つに、**be to 不定詞**があります。**予定・義務・可能・意志・運命**を表すという用法です。**be to 不定詞の本質**とは、文脈によっていろいろな助動詞の代わりができることであり、一言でいうと**万能助動詞**と言える優れものになります。クイズの英文は、tomorrow があることからも《予定》を表す表現とわかり、①が正解になります。「私たちは明日の６時に会う予定だ」という意味です。この文の **be to 不定詞は be going to の代わり**をしています。**be to 不定詞**の《予定》以外の用法を確認していきます。

● be to 不定詞の例文

❶ You are not to leave this room.《義務》
あなたはこの部屋を出てはいけない。

❷ My wallet was not to be found anywhere.《可能》
私の財布はどこにも見つからなかった。

❸ If you are to succeed in the business, you should work harder.《意志》
仕事で成功したいなら、あなたはもっと一生懸命働くべきだ。

❹ I was never to return to my hometown.《運命》
私は二度と故郷に帰ることはなかった。

❶は《義務》の意味で **should の代わり**をしています。You を主語にとった否定文が多くなります。❷は《可能》の意味で **can の代わり**です。否定文で was not to be found (seen)「見つからなかった」のように受動態の形が多くなります。❸は《意志》の意味で、**will の代わり**です。if 節で you を主語にする形が多くなります。❹は《運命》の意味で、**shall の代わり**です。

このように be to 不定詞は**万能助動詞**と言って、文脈により**様々な助動詞の代わりができること**がわかります。では、次のクイズに進みます。

Intro quiz その2 青色の表現のすべてに共通する意味は？

I didn't know what to say at that time.
私はそのとき何を言うべきかがわからなかった。

We don't know when to leave here.
私たちはいつここを離れるべきかがわからない。

I don't know how to open this box.
私はこの箱をどう開けるべきかがわからない。

① can ② should

続いて、**疑問詞＋to不定詞**です。クイズの英文では、**what to *do*「何を〜すべきか」**、**when to *do*「いつ〜すべきか」**、**how to *do*「どのように〜すべきか」**と、**すべてにshould「〜すべきだ」の意味が込められて**います。よって、クイズの正解は②になります。ちなみに、**how to *do*「どのように〜すべきか」**は意訳されて**「〜する方法」**の意味でよく使われます。他にも、**which to *do*「どちらを〜すべきか」**や**which＋名詞＋to *do*「どの名詞を〜すべきか」**、**where to *do*「どこに〜すべきか」**があります。次のクイズです。

Intro quiz その3 下線部は不定詞の何的用法？

The river is dangerous to swim in. この川は泳ぐには危険だ。

① 副詞的用法 ② 形容詞的用法

to swimは①の副詞的用法になります。これは**副詞的用法の中でも形容詞修飾**と言い、**「〜するには（〜するのに）」**という意味です。副詞を修飾することもあります。

● 不定詞 副詞的用法 形容詞修飾の例文

He is hard to please. 彼は気難しい。

この場合も、**不定詞の副詞的用法の形容詞修飾**で、直訳では「彼は喜ばすのが難しい」＝**「彼は気難しい」**になります。この特徴は、⑴**難易形容詞（difficult, hard, dangerous, easyなど）があり**、⑵**不定詞の目的語が欠けている**ことがあげられます。クイズや例文でもdangerous「危険だ」、hard「難しい」が使われており、to swim in

や to please の目的語が欠けています。この目的語に対応するのは文の主語です。

● **too ～ to …「～すぎて…できない」の例文**

This question is too difficult to solve.　この問題は難しすぎて解くことができない。

too ～ to …「～すぎて…できない」の表現です。実は、これも to … は不定詞の副詞的用法形容詞修飾で「～するには」の意味です。元々が「…するには～すぎる」から意訳されて、「～すぎて…できない」となったものです。次に進みます。

● **「とても～で…」・「…するには～」の例文**

・He is kind enough to help you.　彼はとても優しいのであなたを助けてくれる。

・He is so kind as to help you.　彼はあなたを手伝ってくれるほど優しい。

形容詞（副詞）＋enough to … と **so ～ as to …** の表現です。頭から訳すと**「とても～なので…」**で、後ろから訳すと**「…するほど（十分に）～」**となります。注意点は、この enough は副詞なので**形容詞や副詞を後ろから修飾している**点です。それに対して、例えば I didn't have enough money to buy that car.「その車を買うのに十分なお金がなかった」では、enough が形容詞なので前から money を修飾します。

不定詞の重要表現のまとめ

□ **be to 不定詞**

⇒ **万能助動詞**（be going to／should／can／will／shall の代わり）

□ **疑問詞＋to 不定詞**

⇒ すべてに **should の意味がある**（**what to *do***「何を～すべきか」／**when to *do***「いつ～すべきか」／**how to *do***「どのように～すべきか」＝「～する方法」など）

□ **副詞的用法の形容詞修飾「～するには」**

⇒ 難易形容詞があることと、不定詞の目的語が欠けていること

□ **too ～ to …「～すぎて…できない」**

⇒ 元々「…するには～すぎる」の意味

□ **「とても～なので…（…するほど～）」**

⇒ **形容詞（副詞）＋enough to …、so ～ as to …**

§6 不定詞の慣用表現

Intro quiz 空所に入るのはどっち？

All you have to do is finish your homework.
＝You have（　　　）to finish your homework.
① only　　② been

all は「～するすべては…だ」と使われると、「～するのは…だけだ」と **only と同じ意味**で使うことができます。クイズの英文も、**All you have to do is（to）*do* ～.「あなたがすべきすべてのことは～することだ」**＝**「あなたは～しさえすればよい」**となって、**You have only to *do* ～.** とイコールになります。よって、正解は①です。「あなたは宿題を終わらせておけばよい」ということです。この構文は All が名詞で「すべてのこと」を意味し、all と you の間の関係代名詞が省略されています。is の後ろの to *do* の to は省略されることもあります。では、例文で不定詞の慣用表現を 1 つずつ確認していきましょう。

● 不定詞の慣用表現の例文(1)

❶ He had no choice but to work for the company.
彼はその会社で働かざるをえなかった。

❷ He never fails to call me when he needs money.
彼はお金が必要になると必ず私に電話をしてくる。

❶は **have no choice but to *do*「～せざるをえない」**です。**choice が「選択肢」、そして前置詞の but「～以外に」**から**「～以外に選択肢がない」＝「～せざるをえない」**になります。❷は **fail to *do*「～しない」に否定語の never** が合わさって、**never fail to *do*「～しないことは決してない」**＝**「必ず～する」**になります。次に進みます。

● 不定詞の慣用表現の例文(2)

❸ To tell the truth, I don't drink alcohol at all.
実を言うと、お酒を全く飲まない。

❹ To begin with, you should apologize to her.
まず初めに、あなたは彼女に謝るべきだ。

❺ It had been raining, and to make matters worse, it began to snow.
雨がずっと降っていて、さらにひどいことに、雪も降り始めた。

❻ Needless to say, this article is not true.
言うまでもなく、この記事は真実ではない。

❸ **to tell the truth**「**実を言うと**」は、to tell you the truth「あなたに真実を言うと」の you が省略された表現です。似たような表現の **to be frank with you** は frank「率直な」と対象の with「～に対して」から、「**率直に言うと**」になります。❹は **to begin with**「**まず初めに**」です。❺は **to make matters worse** で、make の第 5 文型と matters「状況」が合わさって「状況をさらにひどくすると」＝「**さらに悪いことに**」となります。❻は **needless to say**「**言うまでもなく**」です。**to say nothing of** も同じ意味です。他にも、**strange to say**「**不思議なことに**」などがあります。

不定詞の慣用表現のまとめ

- □ **All you have to do is (to) *do* ～.** (＝You have only to *do* ～.)「～しさえすればよい」
- □ **have no choice but to *do*** 「～せざるをえない」
- □ **never fail to *do*** 「必ず～する」
- □ **to tell the truth** (≒to be frank with you)「実を言うと（率直に言うと）」
- □ **to begin with** 「まず初めに」
- □ **to make matters worse** 「さらにひどいことになると」
- □ **needless to say** (＝to say nothing of)「言うまでもなく」
- □ **strange to say** 「不思議なことに」

チェック問題

1. **Jane tried her best only (　　　) fail again.**

   ① as　　② that　　③ with　　④ to

   (福岡大)

2. **(　　　) to say, the rice crop in this area depends on the weather in August.**

   ① Nothing　　② Necessary　　③ Needless　　④ Anything

   (駒澤大)

3. **The wall wasn't (　　　) dogs out.**

   ① high enough to keep　　② so high as keep
   ③ higher than to keep　　④ so high that can keep

   (関西外国語大)

4. **The girl was so kind (　　　) me to the station.**

   ① as to take　　② for taking　　③ in order to　　④ that it takes

   (日本女子大)

5. **For the first time in his life, Mike didn't know what (　　　).**

   ① do　　② to do　　③ done　　④ doing

   (京都産業大)

解答・解説

1. ④ ジェーンは最善を尽くしたが、再び失敗してしまった。

only to *do*「〜しただけだった」より④が正解。結果の不定詞。

2. ③ 言うまでもないが、この地域のコメの収穫は、8月の天気に左右される。

needless to say「言うまでもないが」から、③が正解。

3. ① その壁は犬を閉め出すほどの高さはなかった。

形容詞（副詞）＋enough to …「…するほど十分（形容詞）だ」より①が正解。④は so 〜 that …の that 以下には SV の文構造が必要なので不正解。

4. ① その女の子はとても親切で、私を駅まで送ってくれた。

so 〜 as to …「とても〜なので…」より①が正解。④は that 以下の it が不明なので不正解。

5. ② 人生で初めて、マイクは何をすべきかがわからなかった。

what to *do*「何を〜すべきか」より②が正解。

動名詞

§0 文法用語の説明

動名詞

動詞の原形に -ing を付けます。動詞の役割をこえて、名詞の働きをするものです。I like playing video games.「私はテレビゲームが好きだ」の playing のことです。

動名詞と不定詞の違い

動名詞と不定詞の名詞的用法は、意味が「～すること」で、双方とも名詞のカタマリを作ります。どういう違いがあるかを学んでいきます。

§1 動名詞の役割

Intro quiz 空所に入るのはどっち？

(　　　) video games is fun.　　テレビゲームをすることは楽しい。

① Play　　② Playing

動名詞は「**～すること**」という意味で、**動詞の原形に ing を付けた形**です。これにより、動詞の役割を飛びこえて、名詞の働きをすることで、**文の S、O、C になる**ことができます。クイズでは、①のように Play という動詞を原形のまま文頭に置いて、さらに後ろに is を置くことはできません。一方で、②のように**動名詞にすれば、主語の役割をする**ことができます。名詞との違いは、動名詞は動詞の性質をもっているので、クイズの英文のように video games と後ろに**目的語を置く**ことができます。それにより、**名詞のカタマリを作る**ことができます。次に、動名詞を目的語で使う例文をご覧ください。

● 動名詞を目的語で使う例文

❶ I like playing video games.　　私はテレビゲームをすることが好きだ。
S V O

playing が動名詞で、playing video games までの名詞のカタマリを作り、文中の **O の役割**をしています。次の文に進みます。

● 動名詞を補語で使う例文

❷ My hobby is playing video games.　私の趣味はテレビゲームをすることだ。
S V C

動名詞の playing が games までの名詞のカタマリを作り、**文中の C の役割**をしています。ここまで読んでくださった方々は、**動詞の性質により、動名詞が目的語を置くことができる**のなら、**主語を置くこともできるのでは**？と思われた人もいるはずです。実は、動名詞の主語を置くことは可能です。次の例文をご覧ください。

● 動名詞の主語を使った例文

❸ His parents don't like his（him）going outside at night.
S V O
彼の親は、彼が夜外出することが好きではない。

❸のように、**動名詞の前に所有格か目的格を置く**ことで、動名詞の主語を示すことが可能です。**動名詞の主語**は所有格か目的格と書きましたが、正式には**所有格**を使います。ではなぜ目的格が使用されるかというと、**動名詞のカタマリが動詞の目的語の位置に置かれた場合、動詞の後ろになるので**、目的格の形が認められるようになってきました。現在では、むしろこの形のほうがよく見られます。次の例文に進みます。

❹ His crying at that time surprised us.
そのとき彼が泣いたので、私たちは驚いた。

動名詞の主語が目的格で表現できるのは、その動名詞が文の目的語として使用されているときだけです。❹のような**動名詞が主語で使われる場合**は、**所有格だけが認められて、目的格は認められません。**

動名詞の役割のまとめ

(1) 名詞のカタマリを作って、文の **S、O、C になる**
(2) 動詞の性質を生かして目的語や主語を置くこともできる
(3) 動名詞の主語は動名詞の前に**所有格か目的格の形**で置く

§2 動名詞と不定詞の違い

Intro quiz その1 空所に入るのはどっち？

I am good at (　　　) baseball.　私は野球をするのが得意だ。
① to play　② playing

ここまで学習してきた方々は、**不定詞の名詞的用法と動名詞がとても似ている**と思ったでしょう。意味は両方とも「**〜すること**」、役割は両方とも、**名詞のカタマリを作りS・O・Cになれること**です。両者の違いは、**前置詞の後ろに置けるか置けないか**です。**動名詞は前置詞の後ろに置くことができますが、不定詞は認められません**。よって、クイズの英文では、前置詞 at の後ろに①の不定詞は認められず、②の**動名詞**が正解になります。次のクイズに進みます。

Intro quiz その2 空所に入るのはどっち？

My hobby is (　　　) pictures.　私の趣味は写真を撮ることだ。
① to take　② taking

続いて、動名詞と不定詞の根本的な違いは、その時間の意識です。同じ「〜すること」でも、**動名詞は「今までやっていたこと（過去のこと）」を指す傾向があり、不定詞は「これからすること（未来のこと）」**を指す傾向があります。クイズその2の**hobby「趣味」は既にやっていること**なので、②の**動名詞**を使います。

hobby「趣味」に関しては、少し注意が必要です。クイズその2のように、My hobby is *doing* 〜. は自己紹介などに非常に使いやすい表現なのですが、厳密に言うと、**hobby は日本語でいう趣味とは少し異なります**。hobby は**ある程度の技術や知識を要するもの**を指し、スポーツ、切手収集、写真、絵画などを指します。ですから、My hobby is taking pictures. とは言えても、通常 **My hobby is watching TV. とは言いませ**

ん。その場合は、I like watching TV. と言えばいいのです。

そうすると、そもそも日本語の感覚で相手の趣味を聞きたいときは、What's your hobby? よりも、**What do you do for fun?** のほうが適切になります。第4章（時制前編）の§1で学んだ What do you do for a living? の a living が fun「楽しみ」になった表現です。**「あなたは楽しみのために昨日・今日・明日と何をしますか？」**なので、**「趣味は何ですか？」**となるのがわかりますね。**あるいはシンプルに、What do you like doing? としても良いでしょう。**次のクイズに進みます。

Intro quiz　その3　空所に入るのはどっち？

My dream is (　　　) abroad.　私の夢は海外で生活することだ。
① to live　　② living

クイズその2「趣味」とは逆に、クイズその3 **dream「夢」はこれからやること**なので、未来を表す**不定詞**のほうが適切です。よって正解は①です。これからは、**趣味は動名詞、夢は不定詞**と使い分けると、一段上のレベルで英語を使用することができるでしょう。**動名詞と不定詞の主な違い**を表にまとめます。

動名詞と不定詞の違いのまとめ

	前置詞の後ろに置けるか	過去	未来
動名詞	○	○	×
不定詞（名詞的用法）	×	×	○

§3 動名詞・不定詞をOにとるV

Intro quiz その1 結局どっち？

Remember to return my book to me.
① 本をもう返した　② まだ本を返していない

動名詞と不定詞の両方を目的語にとれる動詞の代表例に、**remember「覚えている」**と**forget「忘れる」**があります。rememberから見ていきます。**remember *doing*** は、**動名詞が過去のイメージ**なので、「**(過去に)～したことを覚えている**」です。一方で、**remember to *do*** は、**不定詞が未来のイメージ**なので、「**(これから)～することを覚えている**」です。すると、クイズの英文はremember to *do* を使っているので、「(これから)本を私に返すのを覚えておいて」となるので、正解は②になります。あらためて、remember *doing* とremember to *do* を例文で確認していきましょう。

● 動名詞と不定詞の違い(1) **remember** の例文

❶ I remember locking the door when I left my house.
家を出たときにドアに鍵をかけたのを覚えている。

❷ Remember to lock the door when you leave.
外出時に、忘れずにドアの鍵をかけておいて。

remember *doing* は**動名詞が過去のイメージ**なので、❶のように「**～したことを覚えている**」になります。一方で、**remember to *do*** は、**不定詞が未来のイメージ**なので「**(これから)～することを覚えている**」です。正確には、remember to *do* は、「**忘れずに～する**」と使います。❷でも、「外出時に、ドアに鍵をかけるのを覚えておいて」＝「外出時に、忘れずにドアに鍵をかけておいて」となります。次のクイズです。

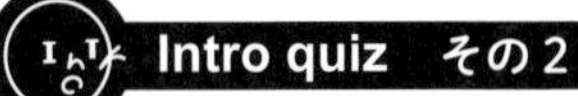

Intro quiz　その2　結局どっち？

I'll never forget spending time in Sapporo.

① 札幌に行った　　② まだ札幌に行っていない

forget *doing* は、**動名詞が過去のイメージ**なので、「**(過去に) ～したことを忘れる**」です。よって、クイズその2は「札幌で過ごしたことを決して忘れないでしょう」となるので、①が正解です。一方で、**forget to *do* は、不定詞が未来のこと**なので、「**(これから) ～することを忘れる**」です。例文で2つの表現を見ていきましょう。

● 動名詞と不定詞の違い(2)　forget の例文

❸ I'll never forget meeting you last year.
昨年あなたと出会ったことを忘れないでしょう。

❹ Don't forget to finish your homework.
宿題を終えるのを忘れないで。

❸・❹のように **forget *doing*** は否定文で「**過去に～したことを忘れない**」、**forget to *do*** は **Don't forget to *do* と否定の命令文で「(これから) ～することを忘れないで」**という文脈でよく使われます。他にも、regret や try も目的語に動名詞と不定詞をとることが可能です。

動名詞・不定詞をOにとるVのまとめ

(1) **remember to *do***「～することを覚えている」
⇒ 命令文で「～するのを覚えておいて」
remember *doing*「～したことを覚えている」

(2) **forget to *do***「～することを忘れる」
⇒ 否定の命令文で「～するのを忘れないで」
forget *doing*「～したことを忘れる」

(3) regret to *do*「～することを後悔する」＝「残念ながら～する」
regret *doing*「～したことを後悔する」

(4) try to *do*「～しようとする」
try *doing*「試しに～してみる」

§4 動名詞しか O にとらない V

Intro quiz 空所に入るのはどっち？

I enjoy (　　　) movies every day.　私は毎日映画を観るのが楽しみだ。
① watching　② to watch

ここまで**動名詞の時間的イメージは過去**と説明してきました。一方で、クイズのように「～するのを楽しむ」といったような**動詞と同時進行で起こっているようなこと**は、何で表したらよいのでしょうか。時間軸で大きく分けると、**未来は不定詞、過去は動名詞**ですが、**現在進行で起こっている同時**を表す際には、**動名詞**を使います。よって、クイズの正解は①で、enjoy の目的語は動名詞をとって **enjoy *doing*** 「**～して楽しむ**」となります。

point 未来・現在進行（同時）・過去の使い分け

過去	**現在進行（同時）**	未来
動名詞（*doing*）	**動名詞（*doing*）**	不定詞（to *do*）

それでは例文で、動名詞と引き合う**同時**の意味をもつ動詞を見ていきましょう。

● 動名詞しか O にとらない動詞(1)【同時】の例文

❶ I enjoy listening to music every day.
私は毎日音楽を聴くのが楽しみだ。

❷ He practices skiing every winter.
彼は毎年冬にスキーの練習をしている。

❸ We're considering going on a trip next summer.
私たちは来年の夏に旅行に出かけようかと考えている。

❹ I imagine traveling abroad this spring.
今年の春に海外旅行に行くのを想像する。

❶のように、**enjoy *doing*「〜して楽しむ」**は「**楽しむこと」と *doing* が同時**に行われるので、enjoy の O には動名詞を使います。そして、❷のように **practice「練習する」も練習と *doing* は同時**なので、**動名詞を O** にとります。❸・❹のように **consider「〜するのを考慮する」**、**imagine「〜するのを想像する」**も頭の中で同時に進行しているので、動名詞を使います。**look forward to「〜するのを楽しみにする」**も、**楽しみにすることと、「〜する」という頭の中の考えや想像が同時に進行**しているイメージです。次のグループ【中断】に進みます。

● 動名詞しか O にとらない動詞(2) 【中断】の例文

❺ He gave up smoking last month. 彼は先月タバコを吸うのをやめた。

❻ I finished doing my homework last night. 私は昨晩宿題を終えた。

❼ I stopped smoking because of my health. 私は健康のためにタバコをやめた。

上の❺〜❼のように、**give up「やめる」**、**finish「終える」**、**stop「終える」といった中断のイメージの動詞**も、**O に動名詞をとります**。次のグループに進みます。

● 動名詞しか O にとらない動詞(3) 【逃避】の例文

❽ I narrowly escaped being drowned.
私はかろうじておぼれ死ぬのをまぬがれた。

❾ I missed taking the pills last night.
私は昨晩その薬を飲み忘れた。

❿ She avoids walking alone at night.
彼女は夜に一人で歩くのを避けている。

⓫ Would you mind opening the door ?
ドアを開けてくださいますか。

⓬ I cannot help laughing aloud.
大声で笑わずにはいられない。

⓭ You should put off buying a new house.
新しい家を買うのを延期すべきだ。

⓮ I am opposed to beating a child.
私は子どもを叩(たた)くことに反対だ。

動名詞を目的語にとる最後のグループが**逃避**の意味をもつ動詞です。逃避とは、「逃げる」と「避ける」に分けられるので、まずは「逃げる」から見ていきましょう。❽の**escape「〜から逃げる」**も、逆に❾の**miss「〜を逃す」**も両方とも目的語に動名詞をとります。続いて、「避ける」のグループには、❿の**avoid「避ける」**、⓫の**mind「嫌がる」**や、⓬の**help「避ける」**などがあります。⓫は、**Would you mind opening the door? という一種の依頼表現**で、「あなたは窓を開けるのが嫌ですか？」＝「**窓を開けてくださいませんか**」となります。それから、⓬は**cannot help *doing*「〜せざるをえない」**という熟語です。この help は「避ける」の意味なので目的語に動名詞をとり、「〜することを避けられない」＝「〜せざるをえない」になります。

「避ける」から広がり、⓭の**put off「延期する」**も目的語に動名詞をとります。同じ意味の**postpone「延期する」**、**delay「遅らせる」**も目的語に動名詞をとります。また、「避ける」から⓮の**be opposed to「〜に反対する」**や**object to「〜に反対する」**も目的語に動名詞をとります。

動名詞しか O にとらない V のまとめ

(1) **同時**（enjoy／practice／consider／imagine／look forward to など）
(2) **中断**（give up／finish／stop など）
(3) **逃避**（escape／miss／avoid／mind／help／put off／postpone／delay／be opposed to／object to など）

不定詞しかOにとらないV

Intro quiz 空所に入るのはどっち？

I promise (　　　) your house someday.
私はいつかあなたの家を訪れることを約束する。

① visiting　　② to visit

今まで見てきたように、**不定詞の時間的イメージは、未来（これからやること）が基本**になります。そのイメージから、クイズのように **promise「約束する」の目的語は、これからすることなので、不定詞と引き合います**。よって正解は②となります。では、不定詞を目的語にとる《未来》のイメージの動詞を見ていきましょう。

● 不定詞しか O にとらない動詞(1) 《未来》の例文

❶ I plan to study abroad next year.　私は来年留学する計画を立てている。
❷ He promised to spend less money.　彼はお金を節約することを約束した。

❶のように、**plan「計画する」の目的語も、これからやることなので、不定詞と引き合います**。クイズの英文と同様に、❷の **promise「〜することを約束する」**も同様です。次のグループに進みます。

● 不定詞しか O にとらない動詞(2) 《決意》の例文

❸ I decided to travel abroad alone.　私は一人で海外旅行をすることに決めた。
❹ He determined to accept the offer.　彼はそのオファーを受けようと決心した。

次に、❸の **decide「決める」**といった**決意の動詞も目的語に不定詞をとります**。❹の **determine** も **decide** とほぼ同じ意味で、**不定詞と引き合います**。続いて、3番目のグループです。

● 不定詞しかOにとらない動詞(3)《願望》の例文

❺ I hope to visit the country again.　私は再びその国を訪れることを希望します。

❻ I would like to sleep in this room.　私はこの部屋で眠りたい。

これから**何かをやりたいといった願望を表す文脈でも目的語に不定詞を使います**。例文❺のような **hope「希望する」**や、**want「望む」も不定詞と引き合います**。**want やそれを丁寧にした**例文❻の **would like も不定詞と引き合います**。最後に、**不定詞を目的語にとる**、例外的に**後ろ向きな意味の動詞**を紹介します。下の文をご覧ください。

● 不定詞しかOにとらない動詞(4)《マイナスイメージ》の例文

❼ He refused to attend the meeting.　彼は会議に参加することを拒んだ。

❽ Don't hesitate to ask me.　遠慮なく私に尋ねてください。

❼・❽の **refuse「拒絶する」**と **hesitate「ためらう」**のことです。もっとも、**「拒絶する」**や**「ためらう」**とは**「これから〜すること（＝未来）」なので、不定詞を目的語にとる**ことはすんなりと理解できるでしょう。他にも **fail「〜しない」**も不定詞を目的語にとります。

point　不定詞しかOにとらない動詞

(1) **未来**（promise／plan など）

(2) **決意**（decide／determine など）

(3) **願望**（hope／want／would like／wish など）

(4) **マイナスイメージ**（refuse／hesitate／fail など）

§3〜5では、動名詞・不定詞をOにとる動詞、動名詞しかOにとらない動詞、不定詞しかOにとらない動詞を学んできたので、ここでまとめておきます。

動名詞・不定詞を O にとる V のまとめ

remember／forget／regret／try など

動名詞しか O にとらない V のまとめ

(1) **同時**（enjoy／practice／consider／imagine／look forward to など）
(2) **中断**（give up／finish／stop など）
(3) **逃避**（escape／miss／avoid／mind／help／put off／postpone／delay／be opposed to／object to など）

不定詞しか O にとらない V のまとめ

(1) **未来**（promise／plan など）
(2) **決意**（decide／determine など）
(3) **願望**（hope／want／would like／wish など）
(4) **マイナスイメージ**（refuse／hesitate／fail など）

動名詞と不定詞を O にとる動詞は、**remember とその反対の forget**、この 2 つをしっかりとおさえて、**動名詞の過去志向**と**不定詞の未来志向**で使い分ける。そして、**動名詞しか O にとらない動詞**は、**同時を意味する enjoy や look forward to**、**中断の give up, finish や**、**逃避の escape, avoid, mind** などを中心におさえる。最後に**不定詞しか O にとらない動詞**は、**未来志向の promise, plan**、**決意を表す decide, determine**、**願望の hope** や例外的な**マイナスイメージの refuse, hesitate** などを中心におさえる。

§6 動名詞の慣用表現

空所に入るのはどっち？

I am used to (　　　) in Tokyo.　私は東京での暮らしに慣れている。
① living　② live

このクイズは、英語ができる人ほど悩んでしまう問題でしょう。助動詞の重要表現で、**used to**「**以前は〜したものだった**」と**過去の習慣**を表す表現があります。しかし、このクイズでは am used to という表現なので、異なるものとわかります。このクイズは **be used to *doing***「**〜することに慣れている**」と動名詞を使う表現で、正解は①になります。「〜に対して used（使用した）状態になる」＝「〜することに慣れている」と考えます。**be accustomed to *doing*** もほぼ同じ意味で動名詞を使うので、覚えておきましょう。他のよくある**動名詞の慣用表現**を例文で見ていきます。

● 動名詞の慣用表現の例文(1)　理解する

❶ There is no telling what will happen in the future.
未来に何が起こるかはわからない。

❷ It is no use crying over spilt milk.
こぼれたミルクを嘆いても意味がない（＝覆水盆に返らず）。

❸ It goes without saying that honesty is the best policy.
正直が一番なのは言うまでもない。

❹ When it comes to speaking English, he is better than me.
英語を話すことになると、彼は私より上手だ。

❶〜❹では、なぜそうなるのかを理解したうえで暗記しましょう。❶は元々 **There is no way of *doing*** の way of が省略されて、「**〜する方法はない**」＝「**〜できない**」となった表現です。続いて❷は、**形式主語の it が crying 以下の動名詞を指して、use は**名詞で「**役に立つこと**」です。**It is no use *doing***「**〜しても無駄だ**」になります。❸は、**状況の it** で「**〜を言わなくても状況は進む**」＝「**〜は言うまでもない**」になりま

す。**needless to say**「**言うまでもないが**」と同じ意味の表現です。❹は **it がその場の話題**を指して、「**話題が〜にやってくると**」＝「**〜することになると**」の **when it comes to *doing*** となります。次のグループに進みます。

● 動名詞の慣用表現の例文(2)　前置詞絡み

❺ I feel like singing together.
私は一緒に歌いたい気分だ。

❻ The city is worth visiting.
その都市は訪れる価値がある。

❼ On arriving home, he took a bath.
家に着くとすぐに、彼は風呂に入った。

❺〜❼は、すべて前置詞に関係する動名詞の慣用表現です。❺の **feel like *doing*** は、実は **like が前置詞**「**〜のような**」の意味なので、「**〜のような気分だ**」＝「**〜したい気がする**」となります。❻の **be worth *doing***「**〜する価値がある**」も、実は **worth が前置詞**なので後ろは名詞か動名詞がきます。❼の **on *doing***「**〜するとすぐに**」は、on の接触のイメージから、❼では、arriving と took a bath の行為が接触しているので、「着くとすぐに風呂に入った」となります。ちなみに **in *doing*** になると、範囲がもう少し広がって、「**〜する際に**」となります。次のグループに進みます。

● 動名詞の慣用表現の例文(3)　勧誘・提案表現

❽ What do you say to taking a walk ?
散歩するのはどうですか。

❾ How（What）about going to a movie ?
映画を観るのはどうですか。

❽・❾は動名詞を使った勧誘・提案表現です。❽は **What do you say to *doing*?**「**〜することに対してあなたは何を言いますか**」＝「**〜するのはどうですか**」と、何かを提案する表現になります。

続いて、❾は日常会話でも頻出の表現で、How do you feel about *doing*？「あなたは～することに関してどう感じますか」や What do you think about *doing*？「あなたは～することに関してどう思いますか」の、それぞれ do you feel と do you think が省略されて、**How about *doing*？**、**What about *doing*？「～するのはどうですか」**という提案表現になりました。

動名詞の慣用表現のまとめ

- □ **be used (accustomed) to *doing*** 「～することに慣れている」
- □ **There is no *doing* ～.** 「～できない」
- □ **It is no use *doing* ～.** 「～しても無駄だ」
- □ **It goes without saying that ～.** 「～は言うまでもない」
- □ **when it comes to *doing* ～,** 「～することになると」
- □ **feel like *doing*** 「～したい気がする」
- □ **be worth *doing*** 「～する価値がある」
- □ **on *doing* ～,** 「～するとすぐに」
- □ **What do you say to *doing* ～?** 「～するのはどうですか」
- □ **How (What) about *doing* ～?** 「～するのはどうですか」

チェック問題

1. **He thanked her for (　　　) him with the homework.**

　① help　② helped　③ helpful　④ helping

（立教大）

2. **She always enjoys (　　　) novels at home.**

　① to read　② read　③ reading　④ reads

（大阪経済大）

3. **I promise (　　　) to you as often as I can.**

　① write　② to write　③ writing　④ am writing

（学習院大）

4. **If you have any questions or concerns about your trip abroad, please don't (　　　) to ask me.**

　① refuse　② cease　③ afford　④ hesitate

（関西学院大）

5. **This book is well worth (　　　).**

　① read　② for reading　③ in reading　④ reading

（青山学院大）

解答・解説

1. ④ 彼は彼女に宿題を手伝ってくれたことで感謝した。

前置詞 for の後ろなので名詞か動名詞を置く。him という**目的語を置くには動名詞でなければいけない**ので、④が正解。**thank A for B「A に B で感謝する」**もおさえる。

2. ③ 彼女はいつも家で小説を読むのを楽しんでいる。

enjoy は動名詞を目的語にとる動詞なので、③が正解。

3. ② できる限り多くあなたに手紙を書くことを約束します。

promise は不定詞を目的語にとる動詞なので、②が正解。**as 〜 as S can「できる限り〜」**の表現もおさえる。

4. ④ 今回の海外旅行に質問や不安がありましたら、遠慮なく私にお尋ねください。

don't hesitate to *do*「遠慮なく〜する」より④が正解。

5. ④ この本は非常に読む価値がある。

be worth *doing*「〜する価値がある」より④が正解。**worth が前置詞なので、後ろは名詞か動名詞を置く。**

横断英文法❻

名詞句で横断する

英文を読むということは、**意味のカタマリ**、すなわちどこからどこまでが 1 つの意味の単位になっているかを認識して読み進めることを意味します。英文の意味のカタマリを**句**・**節**と呼びます。**英文の意味のカタマリの中でも SV を含まないもの**を**句**と呼び、そして**節とは SV を含むもの**を指します。句と節をさらに品詞ごとに分けると、**名詞句・名詞節**、**形容詞句・形容詞節**、**副詞句・副詞節**となります。ここでは、**名詞句**に焦点を当てて、見ていきます。

本書で名詞句は、**第 9 章 §1 不定詞の名詞的用法**と **§5 不定詞の重要表現**（**疑問詞 + to 不定詞**）、**第 10 章 §1 動名詞の役割**で登場しました。この 3 つの分野を横断的に見ていきましょう。

◆ 第 9 章 §1 不定詞の名詞的用法の例文

① I like to travel abroad with my family.　私は家族と海外旅行するのが好きだ。
S V O

② To take a rest is important.　休憩を取ることは重要だ。
S V C

③ My dream is to be a lawyer.　私の夢は弁護士になることだ。
S V C

①は to travel abroad with my family が名詞句を作り、文の O になっています。②は To take a rest が 1 つの名詞のカタマリ（名詞句）で、文の S になっています。③は to be a lawyer で名詞句を作り、文の C です。この名詞句の目印となるのが、**不定詞の名詞的用法**です。次の英文に進みます。

◆ 第 9 章 §5 疑問詞＋to 不定詞の例文

I don't know how to open this box.　私はこの箱の開け方がわからない。
S V O

how to open this box で名詞句を作り、文の O になっています。この文の名詞句の目印は、how to open の**疑問詞＋to 不定詞**です。how to *do*「〜する方法」になります。次に進みます。

◆ 第 10 章 §1 動名詞の役割の例文

④ Playing video games is fun. テレビゲームをすることは楽しい。
S V C

⑤ I like playing video games. 私はテレビゲームをすることが好きだ。
S V O

⑥ My hobby is playing video games. 私の趣味はテレビゲームをすることだ。
S V C

④は Playing video games が名詞句を作り、文の S になっています。同様に、⑤は playing video games が文の O になっています。⑥は playing video games が文の C です。これらの文の名詞句の目印となるのが、playing の**動名詞**です。

句と節の理解は、4 技能の中でもとりわけ Reading で絶大な力を発揮します。今回は**名詞句**によって、**不定詞の名詞的用法**、**疑問詞＋to 不定詞**、**動名詞**の 3 分野を横断的に見ていきました。その他にも、**名詞節で横断する**は p.382、**形容詞のカタマリで横断する**は p.367、**副詞節で横断する**は p. 276、**副詞句で横断する**は p. 370 で見ていくので、楽しみにしてください。

「名詞句で横断する」のまとめ

☐ 名詞句を作るのは、**不定詞の名詞的用法**、**疑問詞＋to 不定詞**、**動名詞**の 3 つ

☐ この 3 つを見たら、**名詞のカタマリ**を意識する

第11章

分　詞

文法用語の説明

分　詞

動詞の役割をこえて**形容詞の働き**をするものです。**現在分詞**と**過去分詞**があります。

現在分詞

動詞の原形に ing をつけたものです。能動「〜する」・進行「〜している」の意味で、形容詞の役割をします。

過去分詞

break-broke-broken の broken のように動詞の変化の 3 番目のものです。本書では p.p. と呼んでいます。受動「れる・られる」や完了「〜した」の意味です。

後置修飾

the baby sleeping in the bed「ベッドで眠っている赤ん坊」の sleeping 〜 bed のように、**後ろから前の名詞を説明する働き**のことです。

感情動詞

surprise「**驚かせる**」、please「**喜ばせる**」、bore「**退屈させる**」といった感情にかかわる動詞の総称です。

分詞構文

接続詞や共通の主語を省略して、現在分詞や過去分詞を使った構文のことです。Seeing his parents, he ran away.「親を見て、彼は逃げた」のような文のことです。

付帯状況の with

with の後ろに O・C という文の要素を 2 つ置いて、**文の前後にある状況を加える表現**です。**with O C**「O を C しながら」のように訳します。

名詞を修飾する分詞

Intro quiz 空所に入るのはどっち？

(　　　) countries　　発展途上国

① developing　　② developed

分詞には、**現在分詞**と**過去分詞**があります。**現在分詞は動名詞と形は同じ**で、動詞の原形に ing をつけたものです。過去分詞は come-came-come の最後の come のように、動詞の変化の 3 番目のものです。p.p. という記号で表します。クイズの表現は、「発展している国」と**能動・進行の意味**を込めたいので、現在分詞の① developing が正解になります。一方で、②の **developed と過去分詞を使うと完了の意味**をもち、**developed countries**「**発展した国**」＝「**先進国**」となります。まとめると、**現在分詞には能動「～する」・進行「～している」の意味**があり、**過去分詞は受動「～される」・完了「～した」**の意味になり、**形容詞の役割**をして、名詞を修飾します。

● 現在分詞の後置修飾の例

the baby sleeping in the bed　　ベッドで眠っている赤ん坊

分詞が単独で名詞を修飾する場合は、developing countries のように**前から修飾**します。一方で、**分詞が修飾語句を伴って名詞を修飾する場合、後ろから修飾**します。上の表現のように、sleeping に in the bed が合わさっている場合は、後ろに置いて、the baby sleeping in the bed となります。

名詞を修飾する分詞のまとめ

分詞
- → 現在分詞（*doing*）⇒ **能動・進行**の意味
- → 過去分詞（p.p.）⇒ **受動・完了**の意味

＊分詞の単独修飾：**前から** ⇔ 分詞＋α で修飾：**後ろから**

補語で使用する分詞

Intro quiz 空所に入るのはどっち？

He sat (　　　) by his daughters. 彼は自分の娘に囲まれて座っていた。

① surrounding　② surrounded

分詞は、名詞を修飾する以外に、**補語(C)で使用する**ことがあります。まず初めに、第2文型（SVC）の補語で使用される場合です。クイズの英文は、sit C「C の状態で座る」という第2文型です。SVC で分詞を使用する場合は、**S と能動の関係（「S が～する」）なら現在分詞、受動の関係なら過去分詞（p.p.）**を使います。クイズでは、He と surround の関係は、「彼は囲まれる」という受動の関係なので、過去分詞の② surrounded が正解です。次の英文に進みます。

● 第5文型の C で分詞を使う例文

❶ I heard someone calling my name. 誰かが私の名前を呼ぶのが聞こえた。
(I = S, heard = V, someone = O, calling = C)

続いて、第5文型（SVOC）のパターンです。**O と C が能動なら現在分詞、受動なら過去分詞（p.p.）**を使います。❶は、someone と call が「誰かが呼んでいる」と**能動の関係なので、現在分詞の calling** にします。次のパターンに進みます。

● 付帯状況の with の例文

❷ My father sat on the sofa with his eyes closed.
父は目を閉じたままソファーに座っていた。

❸ He listened to me with his arms folded.
彼は腕を組んだまま私の言うことを聞いていた。

❹ She talked over a cup of coffee with her legs crossed.
彼女は足を組んだままコーヒーを飲みながら話をしていた。

❺ You shouldn't speak with your mouth full.
口に物を入れて話すべきではない。

次は、**付帯状況の with** です。**付帯状況の with** とは、**with の後ろに O と C という文の要素を 2 つ置いて、文の前後にある状況を加える表現**です。**with O C「O を C しながら」**のように訳します。付帯状況の with も、**O と C が能動なら現在分詞、受動なら過去分詞（p.p.）**を使います。

❷でも、his eyes と close が「彼の目が閉ざされる」と受動の関係なので、過去分詞の closed にします。❸は **with *one's* arms folded「腕を組んだままで」**です。fold は「折る」という意味で、「腕が折りたたまれる」と受動の関係なので過去分詞の folded とします。❹は **with *one's* legs crossed「足を組んだままで」**です。cross は「交差する」という意味で、「足が交差される」と受動の関係なので過去分詞の crossed にします。

❺は付帯状況の with の C に **full「いっぱいだ」**という形容詞が入るパターンです。付帯状況の with の頻出表現を下にまとめます。

point **付帯状況の with の頻出表現**

with *one's* eyes closed	目を閉じたままで
with *one's* arms folded	腕を組んだままで
with *one's* legs crossed	足を組んだままで
with *one's* mouth full	口にいっぱい物を入れて

補語で使用する分詞のまとめ

(1) 第 2 文型（SVC）の補語
⇒ S と C が**能動なら現在分詞、受動なら過去分詞**

(2) 第 5 文型（SVOC）の補語
⇒ O と C が**能動なら現在分詞、受動なら過去分詞**

(3) 付帯状況の with OC
⇒ O と C が**能動なら現在分詞、受動なら過去分詞**

§3 感情動詞の分詞

Intro quiz 空所に入るのはどっち？

I was (　　　) to hear that.　私はそれを聞いて驚いた。

① surprising　② surprised

私たち日本人と英語圏の人たちとでは、感情に対する姿勢が 180 度異なることがあります。例えば、日本語では感情がひとりでに生じるととらえますが、英語では感情は何かの原因によって引き起こされると考えます。よって、**日本語では感情を抱く主体が「驚く」と表現できても、英語では感情を抱く主体は「驚かされる」と受動態で表す**ので、クイズの正解は②になります。では、例文で 1 つずつ見ていきましょう。

● 感情動詞が第 2 文型で使われる例文

❶ I was excited about the result of the game.
私はその試合の結果に興奮した。

❷ This movie was exciting to us.
この映画は、私たちには興奮するものだった。

excite が **「興奮させる（わくわくさせる）」**という感情動詞です。❶のように**感情を抱く主体が主語にくると過去分詞**に、❷のように**感情を生む原因が主語にくると現在分詞**にします。次の文に進みます。

● 感情動詞が第 5 文型で使われる例文

❸ I found his class interesting.
私は、彼の授業を面白いと思った。

❹ I found his class boring.
私は、彼の授業が退屈だと思った。

interest「**興味を抱かせる**」と、反対の **bore**「**退屈させる**」も感情動詞です。第5文型の C で分詞が使われると、**O が感情主体ならば過去分詞**で、**感情原因ならば現在分詞**を使います。❸はいずれも O が his class で感情の原因なので現在分詞の interesting, boring を使います。

● 感情動詞が名詞修飾で使われる例文

❺ a satisfying result　納得のいく結果

❻ the disappointed young man　失望した若者

satisfy「**満足させる**」と、反対の **disappoint**「**失望させる**」も感情動詞です。分詞にして**名詞を修飾する場合**は、その**名詞が感情の原因ならば現在分詞で**、**感情の主体ならば過去分詞**を使います。❺の表現は result が感情の原因なので現在分詞の satisfying とします。一方で、❻の young man は感情の主体なので過去分詞の disappointed とします。

point 感情動詞の一覧

「ショック・驚き」系	shock「ショックを与える」、surprise（astonish／amaze）「驚かせる」など
「喜び・楽しみ・わくわく」系	please（delight）「喜ばせる」、amuse「楽しませる」、excite「わくわくさせる」など
「興味」系 ⇔「退屈」系	interest「興味をもたせる」⇔ bore「退屈させる」
「満足」系 ⇔「失望」系	satisfy「満足させる」⇔ disappoint「失望させる」

感情動詞の分詞のまとめ

- □ **感情を抱く主体（たいていは人）を主語にすると受動態（過去分詞）**で表現する
- □ **感情を引き起こす原因が主語の場合は能動態（現在分詞）**で表現する
- □ SVC・SVOC・名詞を修飾する分詞は、それぞれ S・O・名詞を基準に考える

§4 分詞構文の基本

Intro quiz 空所に入るのはどっち？

(　　　) from space, the earth looks round. 宇宙から見ると地球は丸く見える。

① Seeing　　　② Seen

分詞構文では、**現在分詞や過去分詞を使って接続詞や共通の主語を省略して表します。分詞とSとの関係が能動なら現在分詞、受動なら過去分詞**を使います。クイズでは、Sのthe earthとseeは「地球が見られる」と受動の関係なので過去分詞の②が正解です。

分詞構文について、例文で確認していきましょう。

● 分詞構文の例文

❶ Seeing her parents, she ran away.
親を見ると、彼女は逃げ出した。

❷ He studied hard, becoming a lawyer.
彼は一生懸命勉強して、（そして）弁護士になった。

❸ She, surprised at the scene, wasn't able to say a word.
彼女はその光景に驚いて、言葉を発することができなかった。

❶は**分詞のカタマリが文頭にくるパターン**です。**文頭の分詞構文**は、**理由**「～ので」か**時**「～して」「～すると」で訳します。❷は**分詞のカタマリが文尾にくるパターン**です。He studiedとSVを置いてカンマの後に、現在分詞becomingが続き「**～して、（そして）…**」と訳します。❸は、**分詞のカタマリが文の真ん中にくるパターン**です。**S, *doing*（または p.p.）… , V.** で、「**S が…して、V する**」と訳します。

分詞構文の基本のまとめ

(1) **文頭**　*Doing* (p.p.) ～, SV … .「**～したので（～すると）、S が V する**」
(2) **文尾**　SV, *doing* (p.p.) ～ .「**S が V して、～する**」
(3) **文の真ん中**　S, *doing* (p.p.) ～, V.「**S が～して、V する**」

§5 分詞構文の重要表現

Intro quiz 空所に入るのはどっち？

All things (　　　), he is a nice person. すべてを考慮すると、彼は素敵な人だ。

① considered　　　② considering

分詞構文の重要表現を見ていきます。分詞構文では、分詞の主語がない場合は主節の主語が分詞の主語になりますが、分詞の前に名詞を置くと、それが分詞の主語になります。クイズでは、All things が分詞の主語なので、consider との関係を考えると、「すべてのことが考慮される」と受動になるので、過去分詞の①が正解です。②の considering だと O が必要になるので、不正解になります。**all things considered「すべてを考慮すると」**は決して丸暗記せずに、理解したうえで覚えましょう。次の表現に進みます。

● 分詞構文の重要表現の例文

❶ Considering his age, he looks young.　年齢を考慮すると、彼は若く見える。

クイズの表現と似た表現で、**considering「〜を考慮すると」**があります。これも丸暗記せずに、頭を使って理解します。主語は一般人を表す you などが省略されたもので、「**〜を考慮すると**」と、**目的語と能動の関係**なので、現在分詞の **considering** とします。分詞構文でも、**現在分詞は能動、過去分詞は受動**の意味がわかると、しっかりとした理解につながります。次の表現に進みます。

● 分詞構文の重要表現の例文

❷ Judging from the title, this book must be difficult.
タイトルから判断すると、この本は難しいに違いない。

続いて **judging from「〜から判断すると」**です。**見た目から判断**したり、**天気から判断**すると、といった文脈で使います。次の英文に進みます。

● 分詞構文の重要表現の例文

❸ Generally speaking, it is very humid in Japan.
一般的に言うと、日本は湿度がとても高い。

❹ Strictly speaking, whales are not fish.
厳密に言うと、クジラは魚ではない。

❺ Frankly speaking, I cannot agree with you.
率直に言うと、あなたには賛成できない。

次に、例文❸の **generally speaking「一般的に言うと」** です。generally「一般的に」を strictly「厳密に」、あるいは frankly「率直に」に変えると、**strictly speaking「厳密に言うと」**、**frankly speaking「率直に言うと」** になります。次の英文に進みます。

● 分詞構文の重要表現の例文

❻ We have a plan to take a trip weather permitting.
天気が良ければ旅に出る予定だ。

❻は **weather permitting「天気が許すと」** から、**「天気が良ければ」** となった表現です。

分詞構文の重要表現のまとめ

□ all things considered	「すべてを考慮すると」
□ considering	「～を考慮すると」
□ judging from	「～から判断すると」
□ generally (strictly／frankly) speaking	「一般的に(厳密に／率直に)言うと」
□ weather permitting	「天気が良ければ」
□ talking (speaking) of	「～について言うと」

チェック問題

1. **When I entered the room, a young woman (　　　) Helen talked to me.**

① who to call　② was called　③ called　④ that calling

(東京経済大)

2. **My ten-year-old son finds all the classes at school (　　　).**

① are interested　② interested　③ interesting　④ to interest

(京都産業大)

3. (　　　) **his age, Mr. President looks pretty young.**

① Consider　② Considered

③ Having considered　④ Considering

(東京電機大)

4. **There (　　　) no bus service, I had to walk home.**

① were　② had　③ being　④ having

(立命館大)

5. **He fell asleep (　　　) his radio turned on.**

① for　② in　③ while　④ with

(京都産業大)

解答・解説

1. ③ 部屋に入ったら、ヘレンと呼ばれる若い女性が私に話しかけてきた。

woman と call は受動の関係なので、過去分詞の③が正解。called Helen「ヘレンと呼ばれる」と過去分詞の called が、前の名詞 a young woman を後置修飾している。

2. ③ 私の 10 歳の息子は、学校のすべての授業を面白いと思っている。

all the classes at school は「興味を抱かせる」**感情の原因なので、現在分詞**の③が正解。

3. ④ 年齢を考慮すると、大統領はかなり若く見える。

considering「〜を考慮すると」から④が正解。

4. ③ バスの便がなかったので、私は家まで歩かなければならなかった。

There was no bus service が分詞構文になって、There being no bus service となった形。③が正解。

5. ④ 彼は、ラジオをつけたまま眠ってしまった。

付帯状況の with O C「O を C したままで」より④が正解。

横断英文法⑦

doing で横断する

doing を使って、横断的に見ていきます。ここまで *doing* が登場した箇所は、**第 5 章 時制 後編の §4 進行形、第 10 章 動名詞の §1 動名詞の役割、第 11 章 分詞の §1 名詞を修飾する分詞、§2 補語で使用する分詞、§4 分詞構文の基本**でした。この 5 つの分野を、横断的に見ていきます。

◆ 現在進行形の例文

I am watching TV now.
私は今テレビを見ている最中だ。

進行形は、be 動詞＋***doing*** で表して、「～している最中」の意味になります。この ***doing* は現在分詞**になります。次の英文に進みます。

◆ 動名詞を目的語で使う例文

I like playing video games.
私はテレビゲームをすることが好きだ。

この *doing* は文の目的語で名詞として使われているので、**動名詞**「～すること」です。次の英文に進みます。

◆ 現在分詞の後置修飾の例文

The baby sleeping in the bed is my daughter.
ベッドで眠っている赤ん坊は私の娘だ。

sleeping ～ bed までが形容詞のカタマリで、The baby を後ろから修飾しています。この sleeping は**現在分詞**で形容詞の役割をしています。次の英文に進みます。

◆ 第 5 文型の C で分詞を使う例文

I heard someone calling my name.
誰かが私の名前を呼ぶのが聞こえた。

hear O C「O が C するのが聞こえる」の C に calling が使われています。この calling は**現在分詞**です。

◆ 分詞構文 ***doing*** の例文

Seeing her parents, she ran away.
親を見ると、彼女は逃げ出した。

現在分詞の Seeing が分詞構文で使われています。

以上の 5 つの分野は一見すると、バラバラに思えるかもしれません。しかし、to 不定詞（to *do*）と対比しながら整理していくことで、すべてのつながりが見えてきます。

to 不定詞には、名詞的用法、形容詞的用法、副詞的用法が存在しました。ならば、***doing* にも 3 用法が存在するのではないか**と考えます。すなわち、***doing* の名詞的用法が動名詞**で、前ページの I like playing ～ . の文になります。続いて、***doing* の形容詞的用法が現在分詞**で、前ページの I am watching ～ .、The baby sleeping ～ .、I heard someone calling ～ . の文になります。形容詞の役割は C で使うか、名詞を修飾するかなので、I am watching ～ . は C で、The baby sleeping ～ . は名詞を修飾、I heard someone calling ～ . は C で使われています。最後の**分詞構文**は、分詞のカタマリが動詞を修飾するという点で、***doing* を副詞的に使用したもの**ということができるでしょう。

doing で、動名詞、現在進行形、補語で使う現在分詞、名詞修飾の分詞、分詞構文を横断しました。まとめると、***doing* を名詞的に用いたのが動名詞、形容詞で用いたのが現在分詞、副詞で使用したのが分詞構文**だと考えられます。

「*doing* で横断する」のまとめ

- □ *doing* は、**現在分詞**か**動名詞**
- □ 動名詞は**文の S、O、C** になる
- □ 現在分詞は、**進行形**（be *doing*）、**名詞の修飾**、**第 2 文型や第 5 文型の C**、**分詞構文**で使用する

準動詞

§0 文法用語の説明

準動詞

第 9 ～第 11 章の不定詞・動名詞・分詞を総称して、準動詞と言います。すべて to *do*・*doing*・p.p. と、動詞の形を変えたものなので、動詞に準ずると書いて、準動詞です。

§1 準動詞の主語

Intro quiz　その 1　下線部の適切な訳はどっち？

It is important for you to finish the task.
① あなたにとって　　② あなたが

It is＋形容詞＋for＋人＋to *do* を「人にとって～するのは形容詞だ」と構文で丸暗記している方もいるかもしれません。ここでも丸暗記ではなく、理解したうえでの暗記が大切になります。この表現の最大のポイントは、**for＋人で不定詞の主語**の役割を果たしていることです。だから、「人にとって」ではなくて、「**人が**」と訳さなければいけないので、クイズの正解は②のほうが適切になります。意味は「あなたがその仕事を終えることが重要だ」となります。先にあげた構文は、It が形式主語の it で to *do* 以下を指し、to *do* は不定詞の名詞的用法「～すること」になります。**不定詞の主語は to *do* の前に for ～ の形で置く**と覚えておいてください。次に進みます。

● It is＋形容詞＋of＋人＋to *do* ～ . の例文

❶ It is kind of you to help her carry her baggage.
彼女が荷物を運ぶのを手伝うなんて、あなたは優しいですね。

It is＋形容詞＋for＋人＋to *do* の形容詞が人の性格を表すもの（wise「賢い」、stupid「愚かだ」、careless「不注意だ」など）になると、for＋人が of＋人に変わると

言われ、あたかも両者が同じ種類の文のように扱われることがあります。実際は、クイズの英文と❶は、先頭の It から to *do* に至るまで、何から何まで違う文です。クイズの **It は形式主語で to *do* 以下を指しますが**、❶の It は**状況の it** です。一方で、クイズの英文は不定詞の主語があることからも **for you to finish「あなたが終えること」の結びつきが強い**のに対して、❶は **kind of you「あなたは親切だ」の結びつきが強い**文です。この of は主格と言って前後を形容詞と主語の関係で結んでいるため、You are kind.「あなたは親切だ」の関係が成り立ちます。続いて、クイズの英文の to finish は**不定詞の名詞的用法**「～すること」です。❶の to help は**不定詞の副詞的用法で判断の根拠**「～するなんて」になります。これらの違いをしっかりと理解したうえで暗記をしましょう。

Intro quiz　その2　下線部の正しい訳はどっち？

My father doesn't like my traveling abroad alone.

① 私が一人で海外旅行に行くこと　② 私の一人で海外旅行に行くこと

次に**動名詞の主語**は ***doing* の前に所有格（目的格）**の形で置きます。クイズの英文は traveling「旅行すること」という動名詞の前に my という所有格があるので、ふつうの所有の訳である「私の」とはせずに、「**私が旅行すること**」となり、正解は①になります。ちなみに第 10 章 動名詞の §1 で紹介したように、**動名詞の主語**は**動名詞がクイズの英文のように動詞の目的語で使用されたときに限り目的格にすることも可能**です。

● 分詞構文の主語の例文

❷ It being rainy all day, we had to cancel our picnic.
1日中雨が降っていたので、私たちはピクニックを中止しなければならなかった。

最後に、**分詞構文の主語**です。❷のように、英文の主語（we）と異なる場合は**主格の形で being の前**に置きます。天気の話なので、天候の it を文頭に置いているのが、❷です。元々の It was rainy all day「1日中雨が降っていた」を分詞構文に変えて、It being rainy all day となりました。

準動詞の主語のまとめ

(1) 不定詞　⇒ **for ～** to *do*
(2) 動名詞　⇒ **所有格（目的格）** *doing*
(3) 分詞構文 ⇒ **主格** *doing*

準動詞の否定形

Intro quiz 空所に入るのはどっち？

I told him (　　　) me.　私は彼に、ついてくるなと言った。

① to not follow　② not to follow

クイズの英文は tell O to *do*「O に～するように言う」が使われています。to *do* を否定形にしたい場合は not を to *do* の前に置いて、**not to *do* とするのが正しい形**です。よって、②が正解になります。tell O not to *do*「O に～しないように言う」という表現です。準動詞の否定語のキーワードは、**not の頭出し**です。準動詞はすべて **not を準動詞の前に置いて否定を表します。**(1) **不定詞は not to do**、(2) **動名詞は not *doing***、(3) **分詞構文も not *doing*** です。例文を1つずつ見ていきましょう。

● (1) 不定詞の否定形の例文

❶ She decided not to work for the company.
彼女はその会社で働かないことに決めた。

decide to *do*「～することに決める」を否定形にするには、**not を to *do* の前に置き**、decide not to *do*「～しないことに決める」とします。

● (2) 動名詞の否定形の例文

❷ She was shocked at not having enough food there.
彼女は、そこでは十分な食事がとれないことにショックを受けていた。

❷は、be shocked at「～にショックを受ける」の前置詞 at の後ろなので、動名詞にして、having enough food とします。さらに **not を having の前に置いて**、not having enough food「十分な食事がとれないこと」とします。

● (3) 分詞構文の否定形の例文

❸ Not knowing which way to go, I wasn't able to move.
どちらの道に進むべきかわからなかったので、私は動けなかった。

最後に、❸は、分詞構文の Knowing which way to go「どちらの道に進むべきかわかっていたので」を否定するので、**not を現在分詞 knowing の前に置いて、Not knowing which way to go, ～「どちらの道に進むべきかわからなかったので、～」**とします。次の例文に進みます。

● 準動詞の否定語に never を使う例文

❹ Tell her never to do it alone.
彼女にそれを一人でやらないように伝えて。

❺ Never smoking again, you can recover your health.
二度とタバコを吸わなければ、健康を取り戻すことができる。

準動詞の否定形は、基本は not を使いますが、**never も可能な場合**があります。not だとその瞬間の否定ですが、**never だと否定が不特定の期間にわたるニュアンス**です。❺のように、分詞構文の否定にも never を使用することもできます。

準動詞の否定形のまとめ

準動詞の否定形は、すべて **not の頭出し**

(1) 不定詞 ⇒ **not to *do***

(2) 動名詞 ⇒ **not *doing***

(3) 分詞構文 ⇒ **not *doing***

§3 準動詞の完了形

Intro quiz 空所に入るのはどっち？

She is said (　　　) when she was young.
彼女は若い頃美しかったと言われている。

① to have been beautiful　　② to be beautiful

準動詞の完了形とは「**本動詞より以前を準動詞で表すこと**」を言います。「**本動詞」は文の動詞**のことで、**準動詞と区別**して使う用語です。クイズの英文での本動詞は is です。「～と言われている」は不定詞を使うと、be said to *do* ～ になります。クイズの英文は when she was young「彼女は若い頃」とあり、過去の時点でどうだったかを表したいので、完了不定詞を使います。**完了不定詞は to have p.p. の形で、本動詞より以前を表す**ので、①が正解です。**準動詞の完了形**を例文で１つずつ見ていきます。

● (1) 完了不定詞の例文

❶ He seems to have been angry then.
彼はそのとき怒っていたように思える。

❶は **seem to *do*「～するように思える」**と現在の推量表現が使われています。❶では、「そのとき怒っていた」と**現在より以前を表すので、完了不定詞**を使って、to have been とします。次の英文に進みます。

● (2) 完了動名詞の例文

❷ She regrets having been lazy in her school days.
彼女は学生時代に怠けていたことを後悔している。

続いて、**動名詞で本動詞より以前を表したい場合**は、**having p.p.** の形で**完了動名詞**を使います。❷でも、「怠けていた」のは regret「後悔する」より以前のことなので、having been lazy とします。ちなみに、regret は目的語に動名詞と不定詞の両方をとることができる動詞です。次の例文をご覧ください。

● regret *doing*, regret to *do* の例文

❸ He regrets causing the trouble.
彼は問題を引き起こしたことを後悔している。

❹ I regret to say that you didn't pass the exam.
残念ながらあなたはその試験に受からなかったことを言わなければならない。

動名詞は過去、不定詞は未来のイメージをもつことから、**regret *doing*（having p.p.）「〜したことを後悔する」**、**regret to *do*「残念ながら〜する」**になります。❸のように regret *doing* でも「（過去に〜したこと）を後悔する」ですが、はっきりと過去の内容だと示したいときに完了動名詞を使って、regret having p.p. とします。❹は regret to *do*「（これから）〜することを後悔する」を意訳して、「残念ながら〜する」です。❹のように、決して乗り気ではないけれども、やらなければいけないことを伝えるときに使います。最後の英文です。

● 分詞構文の完了形の例文

❺ Having received her e-mail, I had to go to the party.
彼女からメールをもらったので、そのパーティーに行かなければならなかった。

最後に、**分詞構文で本動詞より以前を表したい場合**は、**having p.p. の形で、たいていは文頭**に置きます。❺でも「メールをもらった」のは、「行かなければならなかった」より以前の話なので、Having received にします。

準動詞の完了形のまとめ

本動詞より以前を表す

(1) 完了不定詞 ⇒ **to have p.p.**

＊**be said to *do***「〜すると言われている」
seem to *do*「〜であるように思われる」とよく一緒に使う

(2) 完了動名詞 ⇒ **having p.p.**

(3) 分詞構文の完了形 ⇒ **having p.p.**

横断英文法⑧

have p.p. で横断する

今まで見てきた中で have p.p. が使われる場面は、**第 5 章 時制 後編の §1〜§3 の完了形**がありました。さらに**第 6 章 助動詞 §5 の助動詞＋have p.p.**、**第 12 章 準動詞の §3 準動詞の完了形**でも have p.p. が登場しました。では、have p.p. を使って横断的に見ていきましょう。ここでのキーワードは、have p.p. ＝「**以前を表す**」です。

◆ 第 5 章 時制 後編 §1〜§3 完了形の例文

① He has been to Hokkaido twice.
彼は北海道に 2 度行ったことがある。

② I had been reading a book for two hours when he came back.
彼が戻って来たとき、私は 2 時間本を読んでいた。

③ I will have lived in Sapporo for three years next April.
次の 4 月で、札幌に 3 年間住んでいることになる。

①は現在完了形で扱った例文ですが、現在を基準にそれ「**以前**」を振り返って、2 度北海道に行ったことがあるという表現です。②は過去完了形の例文ですが、「彼が戻ってきた」ときを基準にそれ「**以前**」を振り返って、2 時間本を読んでいたという表現です。③は未来完了形の例文ですが、「次の 4 月」を基準にそれ「**以前**」を振り返って、3 年間札幌で暮らしているという表現です。以上から、**現在完了形は現在を基準にそれ以前、過去完了形は過去の一点を基準にそれ以前、未来完了形は未来の一点を基準にそれ以前**と言えることがわかっていただけたと思います。次の例文に進みましょう。

◆ 第 6 章 助動詞 §5 助動詞＋**have p.p.** の例文

④ He must have been angry then.
彼はあのとき怒っていたにちがいない。

⑤ You should have told me about that.
あなたは私にそのことを話すべきだったのに。

④は **must have p.p.**「**〜だったにちがいない**」、⑤は **should have p.p.**「**〜すべきだったのに**」です。両者に共通するのは、現在から「**以前**」を振り返って、断定したり愚痴をこぼしたりしている点です。次に進みます。

◆ 第 12 章 準動詞 §3 準動詞の完了形の例文

He seems to have been angry then.
彼はそのとき怒っていたように思える。

完了不定詞の例文です。三単現の s が付いている seems で現在とわかり、完了不定詞が使われているので、それ「**以前**」に「怒っていた」ことがわかります。次の英文に進みます。

◆ 第 12 章 準動詞 §3 準動詞の完了形の例文

She regrets having been lazy in her school days.
彼女は学生時代に怠けていたことを後悔している。

続いて、**完了動名詞**の例文です。regrets が現在で、それ「**以前**」に「怠けていた」ので、**完了動名詞**を使います。次の例文をご覧ください。

◆ 第 12 章 準動詞 §3 準動詞の完了形の例文

Having received her e-mail, I had to go to the party.
彼女からメールをもらったので、そのパーティーに行かなければならなかった。

最後に、**完了形の分詞構文**の例文です。had to go が既に過去で、「彼女からメールをもらった」のはそれ「**以前**」なので、having p.p. を使います。

「have p.p. で横断する」のまとめ

- □ have p.p. は**完了形**と**準動詞の完了形**で使用される
- □ 完了形は**現在完了形**（have p.p.）／**過去完了形**（had p.p.）／**未来完了形**（will have p.p.）
- □ 準動詞の完了形は**完了不定詞**（to have p.p.）／**完了動名詞**（having p.p.）／**分詞構文の完了形**（having p.p.）
  ⇒ **have p.p.** はすべてある基準より「**以前**」を表す

§4 準動詞の受動態

Intro quiz 空所に入るのはどっち？

(　　　) with his brother, he is a little taller.

兄と比べると、彼のほうが少し背が高い。

① Compared　　② Comparing

受動態は、**be動詞＋p.p. で表すのが基本**なので、**不定詞は to be p.p.**、**動名詞は being p.p.** ですが、**分詞構文では、being p.p. の being を省略して、過去分詞の p.p. だけ**を残します。クイズの英文は分詞構文なので、主節の主語である he と compare の関係を考えると、「彼は比べられる」と受動の関係なので過去分詞の① Compared が正解です。Compared with ～「～と比べると」は、元々は **compare A with B「A を B と比べる」**です。これを受動態にすると A be compared with B となり、A は文の主語と同じなので省略、**being compared with の being も省略**されて、**compared with が残ります。**では分詞構文以外の準動詞の受動態を見ていきます。

● 準動詞の受動態の例文

❶ She likes to be praised by her father.　彼女は父親にほめられるのが好きだ。

❷ I don't like being scolded.　私は叱られるのが好きではない。

❶は、like to *do*「～することが好きだ」の to *do* に「ほめられる」と受動態を使いたいので、to be praised とします。これにより、「彼女は父親にほめられるのが好きだ」となります。**不定詞の受動態は to be p.p.** です。❷は、like *doing*「～するのが好きだ」の *doing* に「叱られる」と受動態を使いたいので、being scolded とします。これにより、「私は叱られるのが好きではない」となります。**動名詞の受動態は being p.p.** です。

準動詞の受動態のまとめ

(1) 不定詞 → **to be p.p.**　　(2) 動名詞 → **being p.p.**

(3) 分詞構文 → **p.p. ～, SV.**

横断英文法⑨

過去分詞で横断する

過去分詞は past participle といい、略して p.p. で表されます。今まで見てきた中では、**第 5 章 時制 後編の §1〜3 の完了形、第 8 章 受動態 §1 受動態の基本、第 11 章 分詞の §1 名詞を修飾する分詞、§2 補語で使用する分詞、第 12 章 §4 準動詞の受動態**で登場しました。では、p.p. に注目して横断的に見ていきましょう。

◆ 第 5 章 時制 後編 §1 現在完了形の例文

He has been to Hokkaido twice.　彼は北海道に 2 度行ったことがある。

現在完了形の基本形は **have p.p.** で、これは過去完了形（had p.p.）、未来完了形（will have p.p.）とすべてに過去分詞を使用します。現在完了形は**現在を基準に過去から迫っているイメージ**と伝えました。p.p. を過去ととらえると have と合わさって「**過去を現在でももっている**」＝「**過去と現在のつながりがある**」ととらえられるでしょう。次の文に進みます。

◆ 第 8 章 受動態 §1 受動態の基本の例文

Many books are sold at that store.　多くの本があの店で売られている。

受動態は **be 動詞＋p.p.** で表すのが基本になります。不定詞の受動態も **to be p.p.**、動名詞の受動態も **being p.p.** で表します。次の文に進みます。

◆ 第 11 章 分詞 §1 名詞を修飾する分詞の例文

I was shocked by the window broken by Mike.　マイクが割った窓に驚いた。

broken が**過去分詞で window を後ろから修飾**しています。受動の意味で「マイクによって割られた窓」という意味です。次の文に進みましょう。

◆ 第 11 章 分詞 §2 補語で使用する分詞の例文

- He sat surrounded by his daughters.
  彼は自分の娘に囲まれて座っていた。
- My father sat on the sofa with his eyes closed.
  父は目を閉じたままソファーに座っていた。

第 2 文型（SVC）、第 5 文型（SVOC）、付帯状況の with（with OC）にある C に p.p. を使うことがあります。いずれも**受動の意味**で使用します。上が surrounded「囲まれて」、下が closed「閉ざされて」という意味です。第 5 文型の例文では、I heard my name **called** by someone.「私は自分の名前が誰かに呼ばれるのが聞こえた」と、hear O C の C に過去分詞の called を使って「呼ばれる」という受動の意味を表しています。次の英文に進みます。

◆ 第 12 章 準動詞 §4 準動詞の受動態の例文

Written in easy English, I was able to read the e-mail.
簡単な英語で書かれているので、私はそのメールを読むことができた。

分詞構文の例文です。分詞構文は現在分詞か過去分詞を用いた構文ですが、そのうちの過去分詞を使用した文です。上の文も元々は Being written ～ . でしたが、Being を省略して過去分詞の written だけで通常使われます。これは、**過去分詞自体が受動の意味をもっている**ため、Being を省略しても良いという判断になります。

「過去分詞で横断する」のまとめ

過去分詞（p.p.）は**完了形（have p.p.）、受動態（be p.p.）、名詞の前置・後置修飾、第 2 文型、第 5 文型、付帯状況の with の C、分詞構文**で**受動**の意味で使用される。

チェック問題

1. **It was careless (　　　) you to forget your homework.**

① for　② of　③ with　④ to

(慶應義塾大)

2. **My grandfather didn't know about my parents (　　　) a divorce.**

① wanted　② to want　③ want　④ wanting

(青山学院大)

3. **Alice, (　　　) where to find the book, asked her mother where the book was.**

① not to known　② never to know

③ with no knowledge　④ not knowing

(同志社大)

4. **(　　　) with his brother, John is a lot easier to talk to.**

① By comparing　② To compare

③ Comparing　④ Compared

(桃山学院大)

5. **The victim is thought (　　　) a large quantity of poison by mistake.**

① to take　② to have taken

③ to be taken　④ to have been taken

(立教大)

解答・解説

1. ② 宿題を忘れるなんて、あなたは不注意だった。

It is＋形容詞＋of＋人＋to *do* 〜.「〜するなんて人は形容詞だ」より、②が正解。**形容詞に人の性格を表すもの**がくると、この構文を使う。

2. ④ 祖父は、私の親が離婚を望んでいるとは知らなかった。

前置詞 about の後ろなので、動名詞の④が正解。**my parents は動名詞の主語。**

3. ④ アリスはその本をどこに置くべきかがわからなかったので、母親にその本がどこにあったかを尋ねた。

本問は、分詞構文が文中にくるパターン。**分詞構文の否定形は not *doing*** の形になるので④が正解。

4. ④ 兄と比べると、ジョンはかなり話しやすい。

compared with「〜と比べると」より④が正解。

5. ② その犠牲者は間違って大量の毒を飲んだと考えられている。

「考えられている」よりも、「毒を飲んだ」のは**以前**のことなので、**完了不定詞（to have p.p.）**の②が正解。

関係詞

文法用語の説明

関係詞

前の名詞を後ろで説明する働きです。I have a friend **who** is a lawyer.「私には弁護士の友人がいる」の who のことです。

先行詞

通常は関係詞の前に置かれる名詞のことです。関係詞の後ろで、その名詞の説明が続きます。

関係代名詞

関係詞の中でも代名詞の性質があるものを指します。who や which などのことです。

関係副詞

関係詞の中でも副詞の性質があるものを指します。when や where などのことです。

複合関係詞

関係詞に ever をつけたものです。whatever「何が～でも」のようなものです。

主　格

関係詞が後ろの文の主語の代わりをしている関係で、後ろの文の主語が欠けています。例えば I have a friend who is a lawyer. では、who が後ろの文の主語の代わりなので、主格となります。

目的格

関係詞が後ろの文の目的語の代わりをしている関係で、後ろの目的語が欠けています。例えば The book which I sold was old. では、which が後ろの sold の目的語の代わりになっているので、目的格です。

所有格

関係詞が後ろの名詞の所有格の代わりをしている関係です。例えば、The girl whose bag was stolen was angry. の the girl と bag が「その少女のカバン」と所有格なので、whose を使います。

完全文

完全文は S や O などの名詞が欠けていない文のことです。This is a park where I often went.「これは私が昔よく行った公園だ」では、where の後ろは S や O が欠けていない完全文です。

不完全文

不完全文は S や O などの名詞が欠けている文のことです。I have a friend who is a lawyer. は、who の後ろの文の S が欠けています。

関係代名詞の基本

Intro quiz その1 空所に入るのはどっち？

I have a friend (　　　) is a famous actor. 私には有名な俳優の友人がいる。

① which　　② who

どの関係詞を使うかの判断基準の１つは、**先行詞の性質**で決まります。クイズの英文は先行詞が a friend で人を表しているので、人に対して使える② who が正解です。一方、先行詞がモノならば使う関係詞は which になります。まとめると、**先行詞が人なら who、モノなら which** と使い分けます。それぞれ例文で確認していきます。

● 関係代名詞 who と which の例文

❶ I have a brother who is a doctor.
私には医者の兄がいます。

❷ This is a song which is very popular among young people.
これは若者にとても人気の曲です。

最初に理解すべきこととして、**関係詞には形容詞のカタマリを作って、前の名詞を説明する働き**があります。❶では、who から doctor までが形容詞のカタマリで、a brother を説明します。「医者の兄」となります。❷も、which から people までが形容詞のカタマリを作って、a song を説明します。「若者にとても人気の曲」となります。次のクイズに進みましょう。

Intro quiz その2 空所に入るのはどっち？

This is the man (　　　) I've always wanted to meet.
こちらは私がずっと会いたかった人だ。

① whom　　② which

どの関係詞を使うかの判断基準の２つ目は、**先行詞が後ろの文のどんな要素に当たっているか**で決まります。先行詞がモノの場合は、主格（後ろの文の主語の代わり）でも目的格（後ろの文の目的語の代わり）でも **which** を使いますが、**先行詞が人の場合は、主格なら who** を使い、**目的格なら whom** を使います。会話では目的格で who もよく使いますが、書き言葉の場合では目的格は whom です。クイズその２の英文は、先行詞が the man で人を表し、関係詞の後ろの meet の目的語が欠けているため、目的格とわかるので、①の whom が正解です。次のクイズに進みます。

Intro quiz　その３　空所に入るのはどっち？

I have a friend (　　　) father is a lawyer.

私には、父親が弁護士の友人がいる。

① whom　　② whose

先行詞が a friend で人なので、①も②も正解の可能性はあります。先行詞が後ろの father とどういう関係かに着目すると、a friend's father「友人の父親」で、所有格とわかります。よって②の whose が正解です。

関係代名詞の基本のまとめ

	主格	所有格	目的格
先行詞がモノ	**which**	**whose**	**which**
先行詞が人	**who**		**whom**

整理すると、**先行詞がモノなら主格でも目的格でも which**。**先行詞が人なら主格は who、目的格は whom** を使う。**先行詞に関係なく所有格なら whose** を使う。ちなみに、**関係代名詞の that は所有格以外なら、すべての関係詞の代わりに使う**ことができる。

§2 関係代名詞の省略

Intro quiz 関係詞が省略されているのはどこ？

The book I am reading is very interesting.
私が読んでいる本はとても面白い。

① book と I の間　　② reading と is の間

関係代名詞の省略は、２つの条件を覚えます。まず**名詞の後ろに SV が続く語順であること**、かつその名詞の**後ろの文に目的語が欠けていること**です。クイズの英文は、The book I am reading で**名詞＋SV の語順**になっています。そして、am reading の**目的語が欠けている**ため、関係代名詞の which（that）が book と I の間に省略されているとわかります。よって①が正解です。なお、どの関係代名詞が省略されているかまではあまり考える必要がないので、以降は触れません。次に、**S の直後**と、**C の後ろや O の後ろ**で関係代名詞が省略されているパターンをそれぞれ例文で見ていきましょう。

● 関係代名詞の省略が S の後ろで起きている例文

❶ The company ▲ I work for is very nice.
　　　　　　関係代名詞の省略
私が働いている会社は、とても素敵だ。

まず、**S の後ろで関係代名詞が省略**されているパターンです。例文❶では、The company I work for で**名詞の後ろに SV** が続いています。次に、work for の**目的語が欠けています**。よって、company と I の間に関係代名詞が省略されていることがわかります。次の文に進みます。

● 関係代名詞の省略が C の後ろで起きている例文

❷ This is the song ▲ I like best.
　　　　　　関係代名詞の省略
これは私が一番好きな曲だ。

次に、**C の後ろで関係代名詞の省略**が起きるパターンです。❷でも、the song I like と、**名詞＋SV の語順**が確認できます。そして、**like の目的語が欠けている**ことから、song と I の間に関係代名詞が省略されています。次の英文に進みましょう。

● 関係代名詞の省略が O の後ろで起きている例文

❸ I don't know the news they are talking about.

▲関係代名詞の省略

私は彼らが話しているニュースを知らない。

最後に、O の後ろで関係代名詞の省略が起きるパターンです。the news they are talking about で、**名詞＋SV の語順**を発見できます。次に **are talking about の目的語が欠けている**ので、news と they の間に関係代名詞が省略されているとわかります。ここまでは関係代名詞の省略を扱いましたが、実は**関係副詞も省略可能**です。その際にも、重要なのは名詞＋SV の語順です。次の文をご覧ください。

● 関係副詞の省略の例文

❹ The day he started to work was my birthday.

▲関係副詞の省略

彼が働き始めた日は、私の誕生日だった。

The day he started to work で**名詞＋SV の語順**が確認できます。day と he の間に**関係副詞の when が省略**されています。関係副詞の省略の場合は、関係代名詞の場合と異なり、目的語が欠けることはありません。やはり、関係詞の省略では**名詞＋SV の語順**こそが最大のヒントとわかります。

関係代名詞の省略のまとめ

(1) **名詞＋SV の語順**

(2) **目的語が欠けている**

⇒ この 2 点から、関係代名詞の省略に気付く

§3 関係代名詞の what

Intro quiz その1 空所に入るのはどっち？

I don't understand (　　　) you are talking about.

私にはあなたが話していることが理解できない。

① which　　　② what

what が which や who など他の関係代名詞と異なる点は、**先行詞を中に含んでいること**です。クイズのような空所の前に先行詞がない文には、①の which は認められません。よって、正解は②になります。２つ目の違いが、which や who などの関係代名詞は形容詞節を作って前の名詞を説明するのに対して、**what は名詞節「～こと」を作って、文の S・O・C になる点です**。クイズの英文の構文図解をご覧ください。

● 関係代名詞の what の例文

I (S) don't understand (V) what you are talking about (O).

what you are talking about「あなたが話していること」という名詞節を作って、文の O になっています。ここまでをまとめると、what の特徴は、(1) **先行詞を中に含んでいる**、(2) **名詞節「～こと」を作る**という点です。具体的にどういうことかを理解したうえで暗記していきます。まず、(1)の先行詞を中に含んでいるとは the thing(s)「こと」です。上の文に当てはめると、元々は I don't understand **the things which** you are talking about. でした。この段階では、関係代名詞は which で形容詞節を作り、前の先行詞 the things を説明する働きをしています。which が the things を先行詞にとるケースが非常に多いため、それらを１語でまとめた what が登場したのです。これで、先行詞を中に含んで「～こと」という意味になる理屈がよくわかったはずです。次のクイズに進みます。

Intro quiz その2 空所に入るのはどっち？

(　　　) you need is to read books.

あなたが必要としていることは本を読むことだ。

① That　　② What

「あなたが必要としていること」と日本語だけで判断すると、that も what も両方「〜こと」という名詞節を作るので、正解に悩みます。品詞の違いに着目すると、**that は接続詞なので後ろの文が完全文**でなければいけません。一方で、**what は関係代名詞なので後ろが不完全文**になります。クイズの英文は、you need の目的語が欠けている不完全文なので、正解は関係代名詞の② What になります。クイズの英文を構文図解で見ていきましょう。

● 関係代名詞の what の例文

What you need (S) is (V) to read books (C).

これまで見てきたように、関係代名詞の what には、２つの重要な特徴がありました。(1) 先行詞を中に含んでいる、そして最も重要な特徴として、(2) **「〜こと」という名詞節を作る点**です。上の文でも、What you need「あなたが必要なこと」と名詞のカタマリを作り、この文の大きな主語になっています。さらに、what の最後の特徴として、(3) **what の後ろが不完全文になる**という特徴もあります。**不完全文とは主語や目的語が欠けている文**のことです。上の文でも、you need の目的語が欠けています。

関係代名詞の what のまとめ

(1) **先行詞（the things）を中に含んでいる**
(2) **名詞のカタマリ「〜こと」を作る**
(3) **後ろが不完全文**

§4 whatの慣用表現

Intro quiz 空所に入るのはどっち？

She has made me (　　　) I am.　彼女のおかげで、今の私がある。
① that　② what

このクイズは、今まで学んだ what の知識では対応できないでしょう。**what S is**（am, are）で「**現在の S**」、**what S was**（were, used to be）で「**過去の S**」という表現があります。クイズの英文は make の第５文型で、「彼女は私を現在の私にしてくれた」＝「彼女のおかげで、今の私がある」となります。よって正解は②となります。では、**what の慣用表現**を１つずつ見ていきます。

● what の慣用表現の例文

❶ My mother makes me what I am.
母のおかげで、現在の私がある。

❷ My hometown is now different from what it was.
私の故郷は、今は昔とは全然違う。

❸ Mike is a good teacher, and what is more, he is a nice man.
マイクは優れた教師で、さらに彼は素敵な人でもある。

❹ My father is what is called a man of culture.
私の父はいわゆる教養人だ。

❺ Reading is to the mind what food is to the body.
読書と心の関係は、食事と体の関係と同じだ。

what を使った慣用表現を見ていきます。**what S be** で、**be** に現在形がくると「**現在の S**」、**be** に過去形や **used to be** がくると「**過去の S**」になります。❶のように、what I am で「現在の私」となり、❷では what it（＝my hometown）was で「昔の故郷」です。

❸は **what is＋比較級**「さらに～ことに」です。**what is more**「さらに良いことに」、**what is worse**「さらに悪いことに」、**what is more important**「さらに重要なことに」などがあります。

❹は **what is called**「いわゆる」です。他にも **what you call, what we call, what they call** が同じ意味です。いずれも、you, we, they が一般人を表し、その主語を示さずに受動態にしたのが what is called になります。what is called は頻出なので、しっかり覚えておきましょう。

最後が❺の **A is to B what C is to D.**「**A と B との関係は C の D との関係と同じだ**」です。この英文は第 2 文型で、元々はこういう構文です。

A is what C is to D to B.
(A = S, is = V, what C is to D = C, to B = M)

直訳すると、「A は、C が D に対するものと、B に対して同じだ」になります。補語の情報が重いので後ろに回して、**A is to B what C is to D**. となり「A が B に対するのは、C が D に対するのと同じだ」＝「**A と B との関係は C の D との関係と同じだ**」と意訳されます。

whatの慣用表現のまとめ

(1) **what S be**
⇒ what S is (am／are)「現在の S」
⇒ what S was (were／used to be)「過去の S」
(2) **what is＋比較級**
⇒ what is more「さらに良いことに」
⇒ what is worse「さらに悪いことに」
⇒ what is more important「さらに重要なことに」
(3) **what is called** (what you call／what we call／what they call)「いわゆる」
(4) **A is to B what C is to D.**「A と B との関係は C の D との関係と同じだ」

§5 関係副詞

Intro quiz その1 空所に入るのはどっち？

This is the place (　　　) I often visit.　ここはよく行く場所です。
① where　② which

先行詞が the place で場所を表すからといって、安易に①を選んではいけません。**関係詞を選ぶ基準**は、**先行詞**のほかに、**先行詞が後ろの文でどういう働きをしているか**がありました。この場合は、後ろの文が visit という、本来は目的語が必要な他動詞で終わっているので、**目的語、すなわち名詞が欠けている不完全文**になります。**後ろが不完全文の場合は関係代名詞を使う**ので、②の which が正解です。一方で、①の where は**関係副詞で、後ろが完全文（名詞の欠けのない文）のとき**に使います。では、**関係副詞**の文を1つずつ見ていきましょう。

● 関係副詞の例文

❶ Today is the day when I got married.
今日は、私が結婚した日です。

❷ This is the house where I was born.
ここは私が生まれた家です。

❸ I don't know the reason why he got angry.
彼が怒った理由が私にはわからない。

関係副詞の役割は、関係代名詞と同様に、**形容詞のカタマリ（形容詞節）を作って前の名詞を説明します。**関係副詞は、先行詞によって3種類あります。❶のように、**先行詞が day や time のような「時」の場合は when**、❷のように**先行詞が place や house のような「場所」なら where**、❸のように**先行詞が reason「理由」なら why** です。次のクイズに進みましょう。

Intro quiz その2　空所に入るのはどっち？

I don't know (　　　) I open this box.　この箱を開ける方法が私にはわからない。

① the way how　　② how

how の場合は注意が必要です。他の関係副詞のように**先行詞と一緒には使うことができません。how SV** で「**S が V する方法**」、あるいは **the way SV**「**S が V する方法**」としなければいけません。よって、クイズの正解は②になります。次の例文に進みます。

● 前置詞＋関係代名詞の例文

❹ Today is the day on which I got married.　今日は、私が結婚した日です。

❺ This is the house in which I was born.　ここは私が生まれた家です。

❻ I don't know the reason for which he got angry.
彼が怒った理由が私にはわからない。

❼ I don't know the way in which I open this box.
この箱を開ける方法が私にはわからない。

関係副詞は、たいていは前置詞＋関係代名詞に置き換えることができます。前置詞＋関係代名詞も、形容詞節を作り、先行詞の説明をします。**どの前置詞を使うかは、先行詞を後ろの文に入れて考えるとわかりやすいでしょう。**例えば❹は、I got married on the day となるので on which、❺は I was born in the house となるので in which、❻は he got angry for the reason となるので for which、❼は I open this box in the way となるので in which となります。

関係副詞のまとめ

先行詞	時	場所	理由 (reason)	なし
関係副詞	when	where	why	how (～する方法)

関係詞の制限用法と非制限用法

Intro quiz その1 関係代名詞は、何と何を合わせたもの？

① 前置詞と代名詞　　② 接続詞と代名詞

関係代名詞が難しい１つの理由として、**日本語にはない品詞**であることが大きな理由でしょう。しかし、実は関係代名詞は、**日本語のある品詞とある品詞を組み合わせたもの**になります。関係代名詞の名称からわかるとおり、まずは**代名詞の性質**があります。**前に出てきた名詞の代わり**をしているのです。それともう１つ**文と文をつなぐ接続詞**の役割があるので、②が正解になります。次のクイズに進みましょう。

Intro quiz その2 青色の表現と同じ意味になる１語は？

I have a friend, and he lives in Tokyo.
＝I have a friend (　　　) lives in Tokyo.
私には友人がいる、そして彼は東京に住んでいる。

正解は、**関係代名詞の who** が入ります。先に説明した通り、関係代名詞＝接続詞＋代名詞なので、**and he を１語の関係代名詞 who で置き換えました**。関係代名詞が、**前に出てきた名詞の代わりという代名詞**の性質と、**文と文をつなぐ接続詞の役割を果たせる優れもの**とわかると、とても身近なものに感じられたことでしょう。ちなみに**関係副詞**は、**副詞の役割と接続詞の役割を同時に兼ねているもの**になります。次のクイズに進みます。

Intro quiz その3 空所に入るのはどっち？

I like Kyoto (　　　) is a beautiful city.
私は京都が好きで、そこは美しい都市だ。

① , which　　② which

関係詞の前にカンマを置くと、関係詞の**非制限用法**と言います。カンマなしの関係詞は関係詞の**制限用法**と言います。制限という言葉からわかる通り、先行詞を制限する意味合いがあります。すると、クイズその3の英文のKyotoのように、この世に1つしかないような**固有名詞が先行詞の場合、制限用法ではなくて非制限用法で表す**ので、①が正解になります。②のカンマなしの制限用法を使うと、美しい都市の京都と、それ以外の京都という複数の京都が存在する印象を与えてしまいます。次の例文に進みます。

● 関係詞の非制限用法の例文

❶ He said he was Japanese, which was not true.
彼は日本人と言ったが、（そして）それは真実ではなかった。

❷ I have a sister, who works as a teacher.
私には姉が一人いて、（そしてその人は）教師をしている。

❸ He came at six, when we started to eat.
彼は6時に来て、（そして）そのとき私たちは食べ始めた。

❹ I often went to the park, where I would play with my brother.
私はよくその公園に行って、（そして）そこで兄と遊んだものだった。

関係詞の前にカンマを置く非制限用法はどう訳したらよいのでしょうか。このときに、前述の**関係代名詞＝接続詞＋代名詞**の理解が役に立ちます。それぞれ接続詞＋代名詞を意識して、❶ **, which は「そしてそれは（を）」**、❷ **, who は「そしてその人は」**とします。❶では**, which だけ先行詞を名詞から句や節の文単位までとれる**ので、he was a Japanese の部分が先行詞になっています。続いて**関係副詞＝接続詞＋副詞**なので、❸は **, when「そしてそのとき」**、❹は **, where「そしてそこで」**とします。

関係詞の非制限用法のまとめ

(1) **, which**「そしてそれは」⇒ 節や文単位を先行詞にとれる
(2) **, who**　「そしてその人（たち）は」
(3) **, when**「そしてそのとき」
(4) **, where**「そしてそこで」

複合関係詞

空所に入るのはどっち？

(　　　) comes, you mustn't let him or her in.

誰が来ても、中に入れてはいけない。

① Who　　　② Whoever

複合関係詞は、関係詞に ever をつけたものです。クイズの英文には人にあたる先行詞がないので、①の Who は不正解で、②の Whoever が正解です。**複合関係詞も what と同様に先行詞を含む関係詞**になります。**whoever は anyone who と同じ**です。肯定文の any は「どんな～でも」の意味なので、「**誰が～でも**」の意味になります。クイズの英文も、Whoever comes「誰がやってきても」となります。では例文で**複合関係詞**を確認していきましょう。

● 複合関係詞の例文

❶ You may give this present to whoever wants it.
誰がこのプレゼントをほしがったとしても、あげていいよ。
(＝このプレゼントがほしい人は誰にでもあげていいよ。)

❷ Whatever happens, I must go home by noon.
何が起きても、私は正午までに帰宅しなければならない。

❸ Whichever you choose, you will like it.
どちらを選んでも、あなたはそれを気に入るでしょう。

❹ Visitors are welcome, whenever they come.
いついらっしゃっても、訪問客は歓迎します。

❺ I'll follow you wherever you may move.
どこにあなたが引っ越しても、私はついて行くよ。

❻ However difficult it may be, you should do your best.
たとえどれほどそれが困難でも、あなたは最善を尽くすべきだ。

❶は、**whoever wants it** で「**誰がそれをほしがっても**」になります。❷は、**whatever happens** で「**何が起きても**」です。❸は、**whichever you choose**「**あなたがどちらを選んでも**」です。

whatever は不特定の範囲から、**whichever は特定の範囲**から選ぶときに使います。

❹は、**whenever they come**「**いつ彼らが来ても**」です。❺は、**wherever you may move**「**どこにあなたが引っ越しても**」となります。この **may は譲歩を表しており**、特に訳す必要はありませんが、複合関係詞を使う際によく登場します。最後の❻は、**however** で、後ろに形容詞・副詞を伴って「**たとえどれほど〜でも**」となります。

まとめると、複合関係詞は「〜でも」を語尾に付けて、あとは元の単語の意味を加えていきます。whoever は「誰が〜でも」、whatever は「何が（を）〜でも」、whichever は「どちら（どれ）が（を）〜でも」、whenever「いつ〜でも」、wherever「どこに〜でも」、however「どれほど〜でも」といった感じです。複合関係詞は、whoever＝no matter who のように **no matter＋疑問詞に置き換えることも可能**です。

複合関係詞のまとめ

＊no matter＋疑問詞に置き換えが可能

(1) **whoever**　「誰が〜でも」＝no matter who

(2) **whatever**　「何が（を）〜でも」＝no matter what

(3) **whichever**「どちら（どれ）が（を）〜でも」
＝no matter which

(4) **whenever**　「いつ〜でも」＝no matter when

(5) **wherever**　「どこに〜でも」＝no matter where

(6) **however**　「どれほど〜でも」＝no matter how

§8 疑似関係詞と連鎖関係詞

Intro quiz その1 空所に入るのはどっち？

(　　　) is often the case with young people, she likes chocolate.
若い人によくあることだが、彼女はチョコレートが好きだ。

① Which　　　② As

クイズの英文の前後を逆にしてみましょう。She likes chocolate, (　　　) is often the case with young people. となります。この順序ならば、頭文字が大文字でなければ実は①の Which も②の As も正解になります。両方とも関係代名詞で、先行詞は She likes chocolate を指し、訳は「そしてそれは」になります。**関係代名詞の which と as の違いは、which が前の文しか先行詞にできないのに対して、as は前の文も後ろの文も先行詞にできること**です。クイズの正解は②です。As is often the case with ～ , … .「～にはよくあることだが、…」は、**先頭の As が関係代名詞で先行詞は後ろの文**です。**be the case**「**当てはまる**」と**関連の with** が使われています。**疑似関係詞**と言われる as の例文を見ていきます。

● 疑似関係代名詞 as の例文

❶ He took a bath every day, as was his habit in those days.
彼は毎日入浴していたが、それは当時の習慣だった。

❷ She often wears the same clothes as her mother does.
彼女は、母親が着るのと同じ服をよく着る。

❸ I have never heard such stories as he tells.
私は彼が話すような話は聞いたことがない。

❶はクイズで紹介したのと同様に、**先行詞を文や節の単位でとっています**。which との違いが、クイズのように **as は後ろの文も先行詞にとれる点**でした。

❷・❸は、共に関係代名詞の as ですが、as に反応していては解釈が遅くなります。

❷はその手前の the same に反応して、**the same A as B「B と同じ A」**を予測します。does は代動詞の does といって、前の wears の代わりをしています。❸は such に反応して **such A as B「B のような A」**です。まとめると、前の表現と呼応して表現を作るのは、**the same A as B「B と同じ A」**と **such A as B「B のような A」**です。そして、**as は前後の文を先行詞にとることもできる**関係代名詞でした。次の例文に進みます。

● 疑似関係代名詞 but と than の例文

❹ There is no rule but has some exceptions.
例外のない規則はない。

❺ The store sent me more than I had ordered.
そのお店は注文した分より多く送ってきた。

❹はことわざで、but から exceptions までが関係詞節で rule を説明します。疑似関係詞の but は、**but = that ～ not で否定の意味**が入ります。先行詞に no のような否定語が入って、❹のように二重否定になることも多いです（**二重否定については第 20 章否定・疑問の §0 を参照**）。no rule but has some exceptions「例外のない規則はない」＝「規則には必ず例外がある」という強い表現になります。❺は ordered の目的語が欠けている不完全文で、more を説明する**疑似関係詞の than** です。次のクイズに進みます。

Intro quiz　その 2　空所に入るのはどっち？

He is the man (　　　) I thought was your father.
彼はあなたの父親だと私が思った人だ。

① who　　　② whom

一見すると、thought の目的語が欠けているように見えて、目的格の②を選びそうになりますが、whom は不正解です。このクイズの後ろの文は was your father で、主語が欠けているので主格の① who が正解です。

これは**関係詞の後ろに SV V の並びがくることの多い連鎖関係詞**と言われる用法です。この用法は SV の後ろに I think や I believe などがくるので、それを無視して、それより後ろの V に対する S が欠けているとみなします。the man who I thought was your father は後ろから訳して、「あなたの父親だと私が思った人」とするとうまく訳すことができます。他の連鎖関係詞の例文を見ていきます。

● 連鎖関係代名詞の例文

❻ I met a man who I thought was your brother.
あなたの兄と思った人と出会った。

❼ You should do what you believe is right.
あなたは自分が正しいと信じることをやるべきだ。

❻・❼ともに連鎖関係代名詞の文ですが、特徴はやはり**関係詞の後ろの SV V の並び**です。❻は、**a man who（I thought）was your brother** なので、後ろから訳して、「私があなたの兄だと思った人」とします。❼の **what（you believe）is right** は、what なので先行詞はありませんが、同様に後ろから訳して、「正しいとあなたが信じること」と訳します。

疑似関係詞と連鎖関係詞のまとめ

- □ **疑似関係詞**は the same A as B「B と同じ A」／such A as B「B のような A」／前後の文を先行詞にとれる as／否定の意味の but／「～以上に」の than などのこと
- □ **連鎖関係詞**は先行詞の後ろに SV V の並びがあり、2 つ目の V に対する S が欠けている主格が多い

チェック問題

1. **The people (　　　) work in the office are very friendly.**

① which　　② who　　③ whose　　④ whom

(神奈川工科大)

2. **This is the village (　　　) our teacher was born.**

① which　　② that　　③ in that　　④ where

(日本工業大)

3. **The boy (　　　) bicycle was stolen reported its loss to the police.**

① who　　② that　　③ when　　④ whose

(関西学院大)

4. **Paris today is quite different from (　　　) it was twenty years ago.**

① what　　② as　　③ that　　④ which

(東京電機大)

5. **(　　　) he comes to this place, he orders the same dish.**

① Wherever　　② Whenever　　③ Whatever　　④ However

(愛知工業大)

解答・解説

1. ② そのオフィスで働いている人はとても仲が良い。

後ろの文の主語が欠けており、先行詞が人なので、②が正解。

2. ④ ここは私たちの先生が生まれた村だ。

後ろが完全文で先行詞が場所なので、④が正解。

3. ④ 自転車を盗まれた少年は、警察にそのことを報告した。

先行詞の the boy と空所の後ろの bicycle が所有の関係なので、④の whose が正解。

4. ① 現代のパリは20年前のパリとは全然違う。

what S was ～ years ago「～年前の S」となるので、①が正解。

5. ② 彼がこの場所にくるときはいつでも、同じ料理を注文する。

whenever「～するときはいつでも」より、②が正解。

比　較

文法用語の説明

比 較

何かと何かを比べる表現のことです。「彼は兄と同じくらい足が速い」「彼は私より3歳年下だ」といった表現のことです。

原 級

形容詞・副詞を変化させない形のことです。fast「速い」などを指します。

比較級

形容詞・副詞に -er を付けた形のことです。長い形容詞や副詞には前に more を付けます。faster「より速い」、more beautiful「より美しい」などのことです。

最上級

形容詞・副詞に -est を付けた形のことです。長い形容詞や副詞には前に most を付けます。the fastest「最も速い」、the most beautiful「最も美しい」などのことです。

最上級相当表現

原級や比較級を使用しながら、意味は最上級になる表現のことです。No other mountain in Japan is higher than Mt. Fuji.「富士山より高い山は日本にはない」＝「富士山は日本で一番高い山だ」のような表現です。

原級の基本

Intro quiz 空所に入るのはどっち？

My mother is as (　　　) as my father.　母は父と同じ年齢だ。

① old　② older

まずは、**比較の全体像**から整理します。比較には**原級・比較級・最上級という 3 つの分野が存在**します。比較が得意になるコツは、この 3 分野のどこを学習しているのかを理解しながら進めていくことです。**原級とは、形容詞・副詞の変化していない形**のことで「**2 つのものが同じくらい～であること**」を示す表現です。**as ～ as …**「**…と同じくらい～**」という形で、「**～**」**の部分に形容詞や副詞の原級**を入れます。よって、クイズの正解は①になります。では、例文を見ていきましょう。

● 原級の否定形の例文

I don't run as fast as my brother.　私は兄ほど足が速くない。

原級は、**原級の否定形**がポイントになります。まず原級を否定形にすると、**先頭の as が so に変化することがある**ので、注意が必要です。そして、例文のように、肯定文（I run as fast as my brother.）では足の速さが I＝my brother になりますが、**否定文にすると、I ＜ my brother という意味になる**ことに注意しましょう。ちなみに **not as（so）～ as … は、less ～ than …「…ほど～ではない」**に書き換えることができます。上の例文も、I run **less fast than** my brother. に書き換えることが可能です。less の後ろは比較級の faster とせず、原級を使います。

原級の基本のまとめ

(1) **as ～ as …**「…と同じくらい～だ」
(2) **～は原級**（形容詞・副詞の変化していない形）
(3) **not as（so）～ as …**「…ほど～ではない」

§2 原級の重要表現

Intro quiz その1 空所に入るのはどっち？

Leave home (　　　).　　できる限り早く家を出なさい。

① as possible as soon　　② as soon as possible

原級の重要表現は主に3つあります。(1) **as ～ as possible**「できる限り～」、原級を使った倍数表現の(2) **● times as ～ as A**「**Aの●倍～だ**」、(3) **not so much A as B**「**AというよりむしろB**」です。(1) as ～ as possibleは、possible「可能な」から「可能なのと同じくらい～」＝「できる限り～」となります。中でも、**as soon as possible**「**できる限り早く**」は、頭文字をとって、ASAPと略される頻出表現です。よって、クイズの正解は②になります。この表現は、**as ～ as S canに置き換える**ことができます。クイズの英文を書き換えるとLeave home as soon as you can. となります。次の例文に進みます。

● 原級の重要表現の例文

❶ I have twice as many books as you do.
私はあなたの2倍の本を持っている。

❷ This house is four times as large as that one.
この家は、その家の4倍の大きさだ。

❸ She is not so much an actress as a singer.
彼女は女優というよりむしろ歌手だ。

次に、(2) **● times as ～ as A**「**Aの●倍～だ**」です。**倍数表現はas ～ asの前に置く**ことに注意です。**半分ならhalf**、❶のように**2倍はtwice**、3倍ならthree times、❷のように4倍ならfour timesとします。ちなみに、この表現は**● times the＋名詞＋of A**に置き換えることが可能です。例えば、**数の多さを比較する表現**ならば、**● times the number of A**となるので、❶の例文はI have **twice the number of** books you do. となります。

また、**部屋や建物の大きさを比較する表現**なら、**● times the size of A** となるので、❷は This house is **four times the size of** that one. となります。

続いて、(3) **not so much A as B「A というよりむしろ B」**です。これは原級を使った重要表現ですが、元々は**原級の否定形**です。not as (so) ～ as …「…ほど～ではない」に当てはめると、「B ほど A ではない」になります。❸に当てはめてみましょう。直訳すると「彼女は歌手ほどには女優ではない」です。これを英語の語順通り、左から右に訳すと、「彼女は女優**というよりむしろ**歌手だ」となって、お目当ての **not so much A as B** の訳である「**A というよりむしろ B**」が出てきます。なお、この表現は **B rather than A** に置き換えることが可能です。次のクイズに進みます。

Intro quiz　その 2　空所に入るのはどっち？

I don't have (　　　) you do.　私はあなたほど本を持っていない。

① as many books as　② books as many as

②を使って、I don't have books as many as you do. としないようにしましょう。本の冊数を比べているので、as many books as として、many books を as ～ as で挟まなければいけません。よって、正解は①になります。

原級の重要表現のまとめ

(1) **as ～ as possible**「できる限り～」＝as ～ as S can

(2) **● times as ～ as …**

「…の●倍～だ」＊2 倍は twice、半分は half

(3) **not so much A as B**

「A というよりむしろ B」＝B rather than A

§3 比較級の基本

Intro quiz その1 空所に入るのはどっち？

I speak English (　　　) than Japanese.
私は日本語より英語のほうが上手だ。

① well　　② better

比較級は、「**2つのものを比べてより〜だ**」という表現です。最初のポイントは、**than**「**〜より**」です。**比べる基準を than の後ろ**に置いて、**比較級＋than 〜**「**〜より…だ**」です。クイズその1の英文は、than があるので①の well を比較級にした②の better が正解です。**than があったら比較級**と覚えておきましょう。次のクイズに進みます。

Intro quiz その2 空所に入るのはどっち？

My brother is (　　　) taller than I.　私の兄は私よりずっと背が高い。

① very　　② much

次のポイントは、**比較級の強調表現**です。原級は very「とても」で強調できますが、**比較級は very では強調できません**。よって、クイズその2の英文でも後ろの taller を①の very では強調できません。**比較級を強調するには much を使う**ので、②が正解です。much をさらに強めた **far**「**はるかに**」**も比較級を強調**できます。次の例文に進みます。

● 比較級を強調する even を使った例文

❶ He is good at math, but he is even better at English.
彼は数学が得意だが、英語はさらに得意だ。

even も「さらに」という意味で比較級を強調できます。❶のように、good の比較級 better を even で強調できます。still も同じ意味なので、セットで覚えておきましょう。

ここまでをまとめると、**比較級を強調するときは、very は使えないので、much (far), even (still) を使う**ということです。最後のクイズに進みます。

Intro quiz　その3　空所に入るのはどっち？

The average price of beef is higher than (　　　).

牛肉の値段は豚肉より高い。

① pork　　　② that of pork

比較では、**比べる対象は同じ性質のもの**でなければなりません。例えば、クイズの①を使って、**The average price of beef is higher than pork. とすると間違い**になります。なぜだかわかりますか？ この文では、**「牛肉の平均価格」と「豚肉」を比較しているから誤り**になります。比べるものは同じでなければいけないので、**牛肉の平均価格と比べるなら「豚肉の平均価格」**を比べなければいけません。よって、クイズその3の正解は②になります。that は代名詞で the average price の代わりをしています。This month's sales figures are higher than those of last month. のように、**複数名詞の代名詞は those** を使います。次の例文に進みます。

● 比較級で代動詞を使った例文

❷ My father leaves home earlier than I do.
私の父は私（が家を出る）より早く家を出る。

❷は、than 以下の do の理解がポイントです。**than 以下は繰り返しを避けて代動詞の do を使う**ことで、leave home の代わりをしています。

比較級の基本のまとめ

(1) **比較級には than「～より」**を使う
(2) 比較級の強調は **much**「ずっと」／**far**「はるかに」／**even**（**still**）「さらに」
(3) 比較の than 以下では、**代動詞の do、代名詞の that**（those）をよく使う

§4 比較級の重要表現

Intro quiz その1 空所に入るのはどっち？

I cannot walk, much (　　　) run.

私は歩くことができないし、まして走ることもできない。

① less　　② more

比較級の重要表現で、**～, much less …「～ではない、まして…ない」**があります。特徴は、「～」**の部分に否定文**がくること、そして「…」**は**「～」**よりも難易度が高いもの**になります。クイズその1の英文では、cannot と否定語がきて、walk よりも難易度の高い run が空所の後ろにあるので、①が正解です。ちなみにこの **much** は、§3で学んだように、**比較級である less を強調した表現**です。では次の例文に進みます。

● 比較級の重要表現の例文

❶ He got more and more excited.
彼はますます興奮してきた。

❷ He should know better than to say that.
彼はそんなことを言うほど馬鹿ではない。

❶の例文は**比較級＋and＋比較級「ますます～」**の表現です。more and more excited で「ますます興奮して」になります。❷は **know better than to *do*「～することより良く物事を知っている」**＝**「～するほど馬鹿ではない」**になります。次のクイズに進みましょう。

Intro quiz その2 空所に入るのはどっち？

This car is superior (　　　) that one in quality.

この車は性能の点でその車より優れている。

① than　　② to

比較級は、通常「〜より」と後ろに比較の基準を置く際に than を置きますが、例外的に to を置く表現が存在します。**ラテン比較級**と言われるものです。クイズその 2 でも「**〜より優れている**」は **be superior to** と表すので、②が正解です。反対の「**〜より劣っている**」は **be inferior to** になります。次の例文に進みます。

● ラテン比較級の例文

❸ He is senior to me.
彼は私より年上だ。

❹ She is junior to me by three years.
彼女は私より 3 歳年下だ。

❺ I prefer this restaurant to that one.
私はそのレストランよりこのレストランのほうが好きだ。

同じくラテン比較級の表現になる❸は **be senior to**「**〜より年上だ**」で、反対は❹の **be junior to**「**〜より年下だ**」になります。❺は **prefer A to B**「**B より A が好きだ**」です。ちなみに prefer は「何かと比較して好き」、like は「純粋に好き」という違いがあります。

比較級の重要表現のまとめ

- **〜 , much less …**　「〜ではない、まして…ない」
- **比較級＋and＋比較級**　「ますます〜」
- **know better than to *do***　「〜するほど馬鹿ではない」

ラテン比較級のまとめ

- **be superior to 〜**　「〜より優れている」
  ⇔ **be inferior to 〜**　「〜より劣っている」
- **be senior to 〜**　「〜より年上だ」
  ⇔ **be junior to 〜**　「〜より年下だ」
- **prefer A to B**　「B より A が好きだ」

§5 the＋比較級

Intro quiz 空所に入るのはどっち？

He is the (　　　) of the two.　彼は２人の中で背の高いほうだ。

① taller　② tallest

比較級の重要な表現に、**the＋比較級＋of the two**「２つの中でより～なほうだ」があります。the は本来最上級に付けるもので、比較級に付けてもいいのかという疑問がうかぶかもしれません。しかし、**the は本来１つに限定する役割**なので、クイズの英文のように「背の高いほう」と１つに限定できれば、the を比較級に付けても問題ないのです。さらに、of the two「２人の中で」からも、最上級は正確には３つ以上のものの中で１番というときに使うので、②は通常選べません。①が正解です。比較級に the を付ける表現は、他に **The＋比較級～, the＋比較級… .「～すればするほど、それだけますます…」**、**all the＋比較級＋for（because）…「…だから、それだけいっそう～」**、**none the＋比較級＋for（because）…「…にもかかわらず、～ではない」**があるので、１つずつ見ていきましょう。

● The＋比較級～, the＋比較級… . の例文

❶ The older we get, the wiser we become.
年をとればとるほど、それだけますます賢くなる。

数ある比較表現でも最重要の **The＋比較級～, the＋比較級… .「～すればするほど、それだけますます…」**を見ていきます。**最初の the は前後の文をつなぐ働き**をしています。**後ろの the が重要で、「それだけ」**の日本語に相当して、前文を指します。この the のことを**指示副詞**と呼びます。❶で「それだけ」とは、「年をとるぶんだけ」を意味します。「それ」という言葉からわかる通り前文を指しているので**指示**になり、比較級は形容詞か副詞なので、それを修飾できる品詞として**副詞**になります。上のクイズで紹介した the とは働きが異なるので注意しましょう。

この表現は、**文型**が崩れることがあるので、注意が必要になります。❶でも、もともと we get older や we become wiser の older、wiser が前に出てきていることに注意しましょう。次の例文に進みます。

● all the＋比較級＋for（because）…／none the＋比較級＋for（because）…の例文

❷ I like him all the better for his shyness.
私は彼がシャイだから、それだけいっそう好きだ。

❸ You should be none the happier for your wealth.
あなたはお金持ちにもかかわらず、幸せではないはずだ。

指示副詞の the は、例文❷ **all the＋比較級＋for（because）…「…だから、それだけいっそう～」**にも使用します。～が名詞ならば for で、SV の文構造なら because を使います。例文❷の all the better for his shyness は、**all が強調で「いっそう」**の日本語に相当します。続いて **the が指示副詞**で、his shyness を指します。「彼はシャイだから、それだけいっそう好きだ」となります。例文❸は **none the＋比較級＋for（because）…「…にもかかわらず～ではない」**です。the が指示副詞の the で「～だから、それだけ…なわけではない」＝「～にもかかわらず…ではない」になります。例文❸でも、「あなたはお金持ちだから、それだけ幸せなわけではない」＝「あなたはお金持ちにもかかわらず、幸せではない」になります。ルールを丸暗記するのではなく、理解してから覚えていくと、このように知識が線でつながっていきます。

the＋比較級のまとめ

(1) **the＋比較級＋of the two**「２つの中でより～なほうだ」
(2) **The＋比較級～, the＋比較級….**「～すればするほど、それだけますます…」
(3) **all the＋比較級＋for（because）…**「…だから、それだけいっそう～」
none the＋比較級＋for（because）…「…にもかかわらず～ではない」

§6 no＋比較級 ①

Intro quiz その1 結局どっち？

金持ちが天国に行くのは、ラクダが針の穴を通るようなものだ。

① 金持ちは天国に行ける　　② 金持ちは天国に行けない

クイズその１の文は、聖書の一節からの引用ですが、②「金持ちは天国に行けない」ということを伝えるために、「ラクダが針の穴を通る」という絶対に不可能なことをたとえにあげています。よく考えてみると、ラクダの足の大きさで針の穴を通ることなど不可能だとわかりますね。物欲にまみれずに、慎（つつ）ましく暮らしなさいという教えです。英文法の世界でも、似たような表現を使うクジラの構文というものが存在します。次のクイズに進みましょう。

Intro quiz その2 結局どっち？

クジラが魚だというのは、馬が魚だというのと同じことだ。

① クジラは魚だ　　② クジラは魚ではない

クジラは一見すると、海にいるので魚のように思えます。しかし、馬が魚というのはありえないことだとわかります。クイズその１と同様に「クジラは魚ではない」ことを伝えるために、「馬が魚だ」というありえない例を持ち出しているので、正解は②になります。例文に進みましょう。

● no more A than B の例文

A whale is no more a fish than a horse is.　クジラは馬と同様に魚ではない。

公式としては、**no more A than B**「**B と同様に A ではない**」と表記されます。このクジラの構文を正確に理解するには、２つの視点が必要になります。まず、この構文は①**文と文の真実性の比較**であること。続いて②この訳が**意訳**されていることの理解です。

①から説明すると、この例文は、もともと **A whale is a fish.** の文と、**A horse is a fish.** という文が、どちらが真実なのかという比較です。そして、**no more** で「**より真実ということはない**」＝「**同じようなもの**」となります。ですから、この文は元々直訳すると、「**クジラが魚だというのは、馬が魚だというのと同じようなものだ**」となります。クイズその 2 で示したように、クジラは海にいるので、何も知らないと魚かと誤解してしまいます。一方で、馬が魚だというのはありえない話だとわかります。この文の意図は、「**クジラが魚だというのは、馬が魚だというのと同じくらいありえないことを言っているよ！**」⇒「**そんな訳ないよね！**」⇒「**クジラは魚ではないし、馬も魚ではない**」と解釈されているとわかります。次の例文に進みます。

● no less A than B の例文

Sunlight is no less necessary to good health than fresh air.
日光は新鮮な空気と同様に健康に必要だ。

こちらは **no less A than B「B と同様に A だ」**になります。no more A than B と同様に、**文と文の真実性の比較**になります。直訳すると、「日光が健康に必要だというのは、新鮮な空気が健康に必要だということより真実性が劣るということはない」＝「日光は健康に必要だし、新鮮な空気も必要だ」となります。

ここまでをまとめると、**no more A than B「B と同様に A ではない」**は**両者否定表現**、**no less A than B「B と同様に A だ」**は**両者肯定表現**となります。理解したうえで暗記しましょう。

no＋比較級 ①のまとめ

(1) **no more A than B**　「B と同様に A ではない」(両者否定)
(2) **no less A than B**　「B と同様に A だ」(両者肯定)

§7 no＋比較級 ②

Intro quiz その1 結局どっち？

I have no more than 1,000 yen.

① 1,000 円もある　② 1,000 円しかない

no＋比較級の表現で、**no more than**「〜しかない」、**no less than**「〜もある」の表現を見ていきます。§6 で学んだ no more A than B や no less A than B とは全く別の表現となります。§6 の表現は、文と文の真実性の比較であったものが、**no more than, no less than は数や量の多い、少ないを意味する表現**になります。クイズその 1 の no more than は「〜しかない」と少なさを示す表現なので、②が正解です。「私は 1,000 円しか持っていない」です。1 語で only に置き換えることができます。わからなくなったら、**no×more をマイナス×プラスとして、イコールマイナスなので少なさを示す表現**と思い出してください。次のクイズに進みます。

Intro quiz その2 結局どっち？

He has no less than 1,000 yen.

① 1,000 円もある　② 1,000 円しかない

no less than は「**〜もある**」と**多さを示す表現**なので、正解は①です。「彼は 1,000 円も持っている」ということです。**数えられる名詞なら as many as で、数えられない名詞なら as much as に置き換える**ことができます。金額は量が多い、少ないと考えて as much as を使うので、クイズの英文は He has as much as 1,000 yen. と書き換えることができます。no less than もわからなくなったら、**no×less をマイナス×マイナスとして、イコールプラスなので多さを示す表現**と思い出してください。ちなみにクイズその 1、その 2 の英文は no more than と no less than 以外はよく似ています。**この 2 つの表現は主観的な表現**で、例えばクイズその 1 では I が大人なら 1,000 円は少なく

感じるだろうし、クイズその2ではHeが子どもなら1,000円は多く感じるだろうということです。次の例文に進みます。

● **not more than の例文**

❶ I have not more than 1,000 yen.　私は多くても1,000円しか持っていない。

no more thanと似た表現で、**not more than「多くても（せいぜい）」**があります。数量の多さ、少なさを表したno more thanとは趣旨が異なるもので、**not more thanは上限を示す表現**です。not more thanで**「〜より多いということはない」＝「多くても〜」＝「せいぜい〜」**となります。わからなくなったら、**notのtとmoreのmが一緒、at most「せいぜい」と同じ表現**と思い出しましょう。次の例文に進みます。

● **not less than の例文**

❷ He has not less than 1,000 yen.　彼は少なくとも1,000円は持っている。

❷は**not less than「少なくとも」**です。not less thanは**「〜より少ないということはない」＝「少なくとも〜」**となって、**not more thanと反対の下限を示す表現**となります。わからなくなったら、**notのtとlessのlが一緒、at least「少なくとも」と同じ表現**と思い出しましょう。

no＋比較級 ②のまとめ

(1) **no more than**「〜しかない」（少ないと思う表現）＝only
(2) **no less than**「〜もある」（多いと思う表現）
　＝as much (many) as
(3) **not more than**「多くても（せいぜい）」（上限の表現）
　＝at most
(4) **not less than**「少なくとも」（下限の表現）
　＝at least

最上級の基本

Intro quiz その1 空所に入るのはどっち？

He is ( ) in my family. 彼は家族の中で一番背が高い。
① taller ② the tallest

最上級は、「**3つ以上の中で一番〜だ**」という表現です。ここでの最初のポイントは、**形容詞・副詞の最上級の前に the** が付くことです。**the の本質は「1つに限定できる」**なので、**最上級の「一番〜だ」と相性がいい**のです。よって、クイズの正解は②です。①の比較級はあくまで2つのものを比較して優劣をつける表現で、②の最上級は3つ以上の中で一番であることを示す表現となります。次の例文に進みます。

● 副詞の最上級の例文

❶ She runs fastest in my class. 彼女はクラスで一番足が速い。

意味の上では the と最上級の相性が良いことはわかりましたが、**文法上、the を tallest という形容詞の前に置いても良いのでしょうか。**実はクイズその1の英文は、元々 He is **the tallest man** in my family. で、man が省略されているのです。つまり、**man という名詞に the を付けることは何らおかしなことではないとわかります。**これが❶のように、副詞の最上級には the が付かないことがある理由です。もっとも、最上級には the を付けることが慣例になりつつあり、副詞に the を付けた表現もよく使われています。続いて、最上級では、「どの中で一番なのか」をしっかり表すために、**最上級の範囲を示す必要があります。**例えばクイズその1や例文❶のように家族やクラスといった**全体や場所を示す場合には in** を使います。次の英文に進みます。

● 最上級の範囲に of を使った例文

❷ My family is the most important of all things.
私の家族があらゆるものの中で一番大切だ。

一方で、**複数名詞が後ろにくる場合は of** を使います。例文❷のように、すべての中で一番というように、**全部の中の一部**という文脈で使います。次の例文に進みます。

● the なしの最上級の例文

❸ The lake is deepest at that point.　　その湖はその地点が一番深い。

前述の説明でおわかりの通り、決して最上級だから the を付けるわけではなく、the のもつ **1つに限定できる性質**がある場合に、最上級には the が付きます。一方で、❸のような文はどうでしょうか。❸では、deepest に the が付いていません。これは、この文が**他の湖と比べて1つに限定するものではなく、その湖の中での比較なので、1つに限定する the を付けない**のです。これが、the なしの最上級のカラクリです。次のクイズに進みます。

Intro quiz　その2　空所に入るのはどっち？

Living in that country is one of the best (　　　) to learn that language.

その国で暮らすことがその言葉を学ぶ最善の方法の1つだ。

① way　　　② ways

最上級はとても強い表現なので、少しやわらげたいときには **one of ～**「～の1つ」という表現がよく使われます。「～の1つ」と言うからには、「～」が**複数名詞**でなければいけません。よって、クイズの正解は②になります。最高の方法はいくつかあるけれど、その中の1つだよと最上級より少し控えめな表現になります。

最上級の基本のまとめ

(1) **最上級には基本的に「1つに限定する」the** を付ける

(2) the＋最上級＋**in** ～「～の中で最も…だ」 ***in は全体**

(3) the＋最上級＋**of** ～「～の中で最も…だ」 ***of は複数名詞**

(4) **one of the＋最上級＋複数名詞**「最も～な名詞の中の1つ」

§9 最上級相当表現

意味はどっち？

I couldn't agree more.　　① 大賛成だ　　② 絶対反対だ

最上級相当表現は、**「形は原級・比較級」**で、**「意味は最上級」になる表現**です。大きく分けると、(1) **couldn't＋比較級**、(2) **主語に否定語＋原級 or 比較級**、(3) **than の後ろに any**「どの～」の3種類があります。クイズは(1)のパターンで、more の後ろに **than this が省略**されていて、「私はこれ以上賛成できない」＝①「大賛成だ」になります。他にも **It couldn't be better.** は、**than now が省略されている**と考えると、**「今より良くなることはありえない」**＝**「絶好調だ」**になります。**最上級相当表現の例文**に進みます。

● 最上級相当表現の例文

❶ No other mountain in Japan is higher than Mt. Fuji.
富士山より高い山は日本にはない。

❷ Nothing is so precious as time.
時間ほど貴重なものはない。

❸ He is taller than any other boy in his class.
彼はクラスの他のどの少年よりも背が高い。

❶・❷は**主語に否定語のパターン**です。**No other＋単数名詞**と、**Nothing** のパターンがあります。❶は比較級ですが、意味は「富士山が日本で一番高い」になります。❷も原級ですが、意味は「時間が一番貴重だ」と最上級になります。❸は **than の後ろに any のパターン**です。**any other＋単数名詞**を**「他のどの名詞」**と訳して、比較級でも意味は最上級になります。

最上級相当表現のまとめ

(1) **couldn't＋比較級**（I couldn't agree more.／It couldn't be better. など）
(2) **主語に否定語＋原級 or 比較級**
(3) **than の後ろに any**「どの～」

チェック問題

1. **The population of China is about (　　　) that of Japan.**
   ① ten times as large as　② as large ten times
   ③ as ten times large as　④ as ten times as large
   (立命館大)

2. **The building is (　　　) older than they think.**
   ① so　② very　③ less　④ much
   (芝浦工業大)

3. **(　　　) is more enjoyable than chatting with my friends on the telephone.**
   ① Nothing　② It　③ That　④ There
   (九州産業大)

4. **A man's worth lies (　　　) in what he has as in what he is.**
   ① not only　② not just　③ not merely　④ not so much
   (防衛大)

5. **He cannot even speak English, (　　　) French.**
   ① in fact　② much less　③ still more　④ much more
   (中央大)

解答・解説

1. ① 中国の人口は、日本の人口の約 10 倍多い。

● times as ～ as A「A の●倍～」から、①が正解。**倍数表現を as ～ as より前に置く**ことに注意。

2. ④ その建物は彼らが思うよりずっと古い。

比較級の強調は **much「ずっと」**を使うので、④が正解。**so や very は原級を強調**する。

3. ① 電話で友人とおしゃべりすることほど楽しいことはない。

Nothing is＋比較級＋than A.「A より～なものはない」の最上級相当表現。①が正解。

4. ④ 人間の価値は、財産というよりむしろ人格にある。

not so much A as B「A というよりむしろ B」より④が正解。

5. ② 彼は英語すら話せないし、ましてフランス語が話せるわけがない。

～ , **much (still) less** … .「～、**まして…ではない**」の表現から、②が正解。～**に否定文**がくることに注意する。

接続詞

文法用語の説明

等位接続詞

and, **but**, **or** などを指し、「単語と単語」、「文と文」など文法上同じ性質のモノをつなぐものです。

相関接続詞

等位接続詞の中でも、ある表現とセットで使う表現です。**both A and B**「**A と B 両方**」、**not A but B**「**A ではなくて B**」、**either A or B**「**A か B か**」といった表現があります。

従属接続詞

等位接続詞と違い、文の中心となる主節に対して、文の付属となる従属節を作る接続詞です。**when, if, though** などのことです。例えば、Although S′V′, SV. や SV, although S′V′. などのように前に従属節を置いたり、後ろに従属節を置いたりします。従属節の中では、S′V′ と表記します。

譲 歩

while や though（although）が譲歩の接続詞です。日本語では「～だけれども」となり、一部相手の反論を先に認めることで、主張の説得力を高める手法です。

因 果

原因と結果の関係を因果関係といいます。because や so ～ that … などがあり、因果関係を作ることができます。

様 態

「～ように」で表す表現です。as や so that S 助動詞 などが様態の接続詞にあたります。

名詞節

SV の文構造を含む名詞の意味のカタマリのことを名詞節と言います。that, if, whether などがあり、名詞節を作ります。

他品詞から転用された接続詞

元々副詞や前置詞句だったものが接続詞に転用されたものを指します。once, every time, now などは元々副詞で、接続詞として使用される用法があります。

§1 等位接続詞

Intro quiz if や when と同じ種類の接続詞はどっち？

① and　　② though

まずは、**接続詞の全体像**から整理します。大きく分けると、**等位接続詞**と**従属接続詞**があります。等位接続詞の中に、さらに相関接続詞と言われるものがあります。クイズでは、if, when は従属接続詞で、②の though が同じ従属接続詞になります。よって正解は②です。①の and は等位接続詞と言われるものですが、この §1 ではまず等位接続詞と相関接続詞を見ていきます。**等位接続詞**の例文に進みましょう。

● 等位接続詞の例文

❶ She said that she understood and that she agreed with me.
彼女はわかった、私に同意すると言った。

❷ I trust you, for you trust me.
あなたを信頼している。というのもあなたが私を信頼してくれているから。

等位接続詞には、**and**「そして」、**but**「しかし」、**or**「あるいは」、**for**「というのは～だから」があります。**文法上同じ性質のモノをつなぐ**ので、等位接続詞を見たら**後ろの形を確認して、前で同じ形を探します**。❶は、and の後ろが that SV なので、前で同じ形を探すと、and が said の目的語の 2 つの that 節をつないでいるとわかります。❷は、**等位接続詞の for** を使った例文です。**for の後ろに SV が続いたら接続詞と判断**して、**「というのは～だから」**と理由を表します。次は**命令文と and, or がセットで使われる表現**です。

● 命令文＋等位接続詞の例文

❸ Hurry up, and you'll catch the bus.
急ぎなさい、そうすればバスに間に合うだろう。

❹ Get up early, or you'll be late for school.
早く起きなさい、さもなければ学校に遅刻するよ。

and と or は命令文と一緒に使われると、通常とは異なる意味が生まれます。例文❸の**命令文, and … .** は「～しなさい、そうすれば…」になり、例文❹は**命令文, or … .**「～しなさい、さもなければ…」になります。続いて**相関接続詞**です。

● 相関接続詞の例文

❺ This book is both interesting and useful.
この本は面白いし役に立つ。

❻ She is not from Japan, but from Taiwan.
彼女は日本ではなく台湾出身だ。

❼ Not only he but also his wife is right.
彼だけではなく彼の妻も正しい。

❽ You can eat either chicken or beef.
鶏肉か牛肉を召し上がれます。

❾ I'm neither rich nor famous.
私はお金持ちでも有名でもない。

❺は **both A and B「A と B 両方」**、❻は **not A but B「A ではなくて B」**、❼は **not only A but also B「A だけではなく B も」**ですが also はよく省略されます。❽は **either A or B「A か B かどちらか」**、これを否定形にして単語の頭に否定の意味の n を付けると❾ **neither A nor B「A も B も～ない」**になります。

等位接続詞のまとめ

(1) and／but／or／**for「というのは～だから」**
⇒ 何と何をつないでいるかを確認する

(2) **命令文, and … .**「～しなさい、そうすれば…」
命令文, or … .「～しなさい、さもなければ…」

(3) **both A and B**「A と B 両方」／**not A but B**「A ではなくて B」／**not only A but also B**「A だけではなく B も」／**either A or B**「A か B かどちらか」／**neither A nor B**「A も B も～ない」

§2 従属接続詞 ①（時・理由）

Intro quiz 空所に入るのはどっち？

(　　　) I stayed in Japan, I visited many cities.

日本にいる間、多くの都市を訪れた。

① During　　　② While

①の **During は前置詞なので、後ろに名詞を1語置くだけ**です。クイズでは I stayed と SV が続くので、①は不正解になります。②の While は**従属接続詞**と言われるもので、接続詞 **S′V′, SV.** や **SV,** 接続詞 **S′V′.** という形で使用することができます。クイズの英文は接続詞 S′V′, SV. の形なので、②が正解です。while も during も意味は「～する間（あいだ）」ですが、**while は接続詞**、**during は前置詞**と品詞が違うことを理解してください。続いて、**時を表す接続詞**を見ていきます。

● 時を表す接続詞の例文

❶ When I was in high school, I belonged to the basketball club.
高校生の頃、バスケットボールクラブに所属していた。

❷ You have to take a bath before you go to bed.
寝る前にお風呂に入らなければいけないよ。

❸ After you have finished your homework, please call me.
宿題を終えた後に、私に電話をください。

❶の when は**時を表す従属接続詞**で、前に置いて **when** S′V′, SV. の形で「S′ が V′ するとき、S が V する」と訳します。一方で❷のように、SV **before** S′V′.「S′ が V′ する前に、S が V する」と従属接続詞を後ろに置くことも可能です。❸は before と反対の意味で、**After** S′V′, SV.「S′ が V′ する後に、S が V する」と訳します。次に**理由を表す接続詞**の例文に進みましょう。

● 理由を表す接続詞の例文

❹ I was absent from the meeting, because I had a cold.
私が会議を欠席したのは、風邪をひいたからだ。

❺ Since it is raining today, we should not go out.
今日は雨が降っているので、私たちは外出するべきではない。

❻ As you are young, you should carry her baggage.
あなたは若いので、彼女の荷物を運んであげるべきだ。

❹～❻は、すべて「～だから」、「～ので」と理由を表す接続詞です。❹の because が理由を表す接続詞の中で一番使われる頻度が高く、**後ろに置いて理由を強調したいとき**に使います。❺や❻の **since や as はそこまで理由を強調する必要のないとき**に使い、**前に置くこと**が多くなります。

なぜこういった違いが生まれるのでしょうか。それは、英語の**情報構造のルール**が関係しています。英語の情報構造は、基本的に**文頭の旧情報から文末の新情報へ**という順番になります。**文頭には旧情報**（さほど重要ではなく、聞き手が既に知っている情報）を置く傾向があります。一方で、**文末には新情報**（重要な情報）を置きます。よって、because を使うときは重要なメッセージなので後ろに置くことが多くなり、since や as は理由としては弱い表現なので、前に置くことが多くなります。

従属接続詞 ①（時・理由）のまとめ

(1) 前置詞は後ろに名詞1語、従属接続詞は 接続詞 **S′V′, SV.** か **SV,** 接続詞 **S′V′.** の形をとる

(2) 時を表す接続詞：
when「～するとき」／**while**「～する間」／**before**「～する前」／**after**「～した後」など

(3) 理由を表す接続詞：
because「～だから」／**as**「～ので」／**since**「～ので」など

従属接続詞 ②（条件・譲歩）

Intro quiz その 1 空所に入るのはどっち？

(　　　) it is snowing, we have to go there.

雪が降っているけれども、私たちはそこに行かなければならない。

① But　　　② Although

意味上は「〜だけれども」なので、逆接を意味する①も入りそうですが、文法上①は正解にはなりません。①の But は等位接続詞で、文と文とを SV, but SV. とつなぐことはできますが、クイズのように But S′V′, SV. の形でつなぐことはできません。この形をとれるのは**従属接続詞**なので、②の Although が正解です。次のクイズに進みます。

Intro quiz その 2 空所に入るのはどっち？

(　　　) it stops snowing, I will go shopping.

雪がやんだら、私は買い物に出かけます。

① If　　　② When

if と when の使い分けは案外難しいものです。if は、「雪がやんだら」のように 100% その時がおとずれるものには、基本的には使いません。「雪がやんだら」は、「すぐにやんだら」のような文脈ではない限り、when を使いましょう。正解は②になります。if 以外の条件を表す従属接続詞の例文を見ていきます。

● 従属接続詞（条件）の例文

❶ I'll pick you up unless it rains.　　雨が降らない限り、迎えに行くよ。

SV unless S′V′.「S′ が V′ しない限り、S は V する」という表現です。**unless** は**例外**を表し、よく**文の後半に置かれます。**例文❶も「迎えに行くけれど、雨が降ったら例外だよ」という意味を表しています。**従属接続詞の譲歩**の例文に進みます。

● 従属接続詞（譲歩）の例文

❷ Although I had a little fever, I had to go to work.
少し熱があったけれども、仕事に行かなければならなかった。

❸ I like to play soccer, though I'm not so good at it.
私はサッカーをするのが好きだ、もっともあまり得意ではないが。

❹ While I like the bag, I don't like the color.
そのカバンが好きだけれども、その色が好きではない。

❺ Whether you like me or not, I love you.
あなたが私を好きだろうとそうでなかろうと、私はあなたが大好きだ。

譲歩とは「～だけれども」の意味で、～から当然予想される内容に反する情報が後ろに続きます。例文❷でも、「少し熱があった」ことから当然予想される内容に反して、「仕事に行かなければならなかった」となります。ちなみに、例文❸のように **though のカタマリが後ろにきた場合**は、「**もっとも～だが**」と訳すといいでしょう。although は書き言葉になじみ、though は話し言葉になじみます。although は though をかたくした表現と理解しましょう。

続いて、例文❹は **While S′V′, SV.「S′ は V′ するけれども、S は V する」**です。❺は、**Whether S′ V′ or not, SV.「S′ が V′ しようとしまいと、S は V する」**です。**whether は or not と非常に相性が良い**ので、セットでおさえておきましょう。

従属接続詞 ②（条件・譲歩）のまとめ

- □ **if**「もし～なら」：100%の確率には使わない
  unless「～しない限り」：例外を表す
- □ **although（though）／while**「～だけれども（もっとも～）」
- □ **whether ～ or not, …**「～だろうとそうでなかろうと、…」

従属接続詞 ③（因果・様態）

Intro quiz　その 1　空所に入るのはどっち？

The movie was so boring (　　　) we fell asleep.
その映画はとても退屈だったので、私たちは寝てしまった。

① as to　　　② that

因果関係を表す重要表現に **so ～ that …「とても～なので…」**があります。**that の手前が原因、that の後ろが結果で因果関係**を表すものです。これを知っていればクイズその 1 の正解は簡単に②とわかります。①の as to は後ろに動詞の原形が続くので不正解です。so ～ that … も丸暗記しているだけでは、クイズの問題を解くことができなかったり、実際の英文では気付かなかったりすることがよくあります。これは so を正しく理解していないことが原因にあげられます。

クイズの英文でも、実は so という単語に反応することが重要になります。very とは違って、**so は元々「それほど」という意味**なので、**「どれほど？」と突っ込み**を入れて、どれほどなのかを後ろで探しに行きます。すると、**どれほどなのかは that 以下で説明**されているとわかります。上の英文でも、「その映画はそれほど退屈だった」⇒「どれほど？」⇒「眠ってしまうほど」という思考回路で左から右に読み進めるといいでしょう。次のクイズに進みます。

Intro quiz　その 2　空所に入るのはどっち？

This is (　　　) a beautiful picture that I looked at it many times.
これはとても美しい写真なので、私は何度もそれを眺めた。

① such　　　② so

後ろに that があるので、②を選びたくなるところですが、①の such も後ろに that 節をとることができます。両者の違いは品詞の違いで、**so は副詞、such は形容詞**です。**so は副詞なので後ろに形容詞か副詞を置くことが必要で、名詞だけでは置けない**ので②は不正解になります。一方で、such は形容詞なので後ろに名詞を置きます。クイズその 2 では空所の後ろに a beautiful picture と名詞がきているので、①が正解になります。まとめると、**so 〜 that …** も **such 〜 that …** も「**とても〜なので…**」の意味ですが、**so が副詞なので後ろは形容詞か副詞がくるのに対して、such は形容詞なので後ろには名詞がきます。so や such を見たら、後ろの that 節が続くことを予想**できるようになりましょう。**様態の意味をもつ従属接続詞**の例文に進みます。

● 従属接続詞（様態・目的）の例文

❶ Please speak louder so that I can hear you.
聞こえるようにもっと大きな声で話してください。

❷ I need to attend the meeting in order that I can know what's going on.
何が起きているかを理解できるように、その会議に参加する必要がある。

❶は **so that S＋助動詞「S が〜するように」**で様態を表します。助動詞は can, could, may などがよく使用されます。that が省略される場合もあります。❷の **in order that S＋助動詞「S が〜するように」**も似た意味で、これは様態というより目的に近い意味になります。❶と比べると、かたい表現なので使用頻度は低くなります。

従属接続詞 ③（因果・様態）のまとめ

《因果関係》

□ **so 〜 that …**「とても〜なので…」
⇒ so は副詞なので後ろは形容詞か副詞

□ **such 〜 that …**「とても〜なので…」
⇒ such は形容詞なので後ろは名詞

《様態・目的》

□ **so that S＋助動詞**「S が〜するように」

□ **in order that S＋助動詞**「S が〜するように」

横断英文法⑩

副詞節で横断する

副詞節とは、副詞として動詞を修飾しながら、SV の文構造をもつ意味のカタマリのことです。**第 13 章 関係詞 §7 の複合関係詞、第 15 章 接続詞の §2～4 の従属接続詞**が副詞節を作ります。副詞節という視点から、この複数の分野を横断していきましょう。

◆ 複合関係詞の例文

① Whatever happens, I must go home by noon.
何が起きても、私は正午までに帰宅しなければならない。

② I'll follow you wherever you may move.
どこにあなたが引っ越しても、私はついて行くよ。

第 13 章では、主に意味に着目して複合関係詞を説明しました。関係詞に ever が付いた形で、「～でも（とも）」という意味です。一方で、機能としては**副詞のカタマリを作り、動詞を修飾**します。上の例文①、②でも副詞節を作っています。では、この動詞を修飾する機能面に着目して見ていきましょう。①は Whatever happens という副詞のカタマリで、動詞の（**must**）go を修飾します。②は wherever you may move という副詞のカタマリで follow を修飾します。

副詞節が文頭にきた場合は、たいていはカンマで意味の区切りが示されますが、文末にきた場合は、**そこから意味のカタマリが始まるという意識**が大切です。続いて、従属接続詞を副詞節の観点から横断していきます。

◆ 従属接続詞の例文

③ I was absent from the meeting, because I had a cold.
私が会議を欠席したのは、風邪をひいたからだ。

④ Since it is raining today, we should not go out.
今日は雨が降っているので、私たちは外出するべきではない。

⑤ I'll pick you up unless it rains.
雨が降らない限り、迎えに行くよ。

⑥ Although I had a little fever, I had to go to work.
少し熱があったけれども、仕事に行かなければならなかった。

⑦ I like to play soccer, though I'm not so good at it.
私はサッカーをするのが好きだ、もっともあまり得意ではないが。

⑧ Please speak louder so that I can hear you.
聞こえるようにもっと大きな声で話してください。

従属接続詞を**副詞節**の観点で横断していきます。③は because ～ cold までが**副詞のカタマリで動詞の was（absent）を修飾**します。④は Since ～ today までが**副詞のカタマリで動詞の（should not）go out を修飾**します。なお、前にも述べた通り、理由を表す接続詞の中でも because は新情報を示すので後置されることが多く、as や since は旧情報を示す弱めの理由なので、前に置かれることが多くなります。

続けて、⑤の unless は後置されることが多く、「～しない限り」と例外を表す接続詞でした。unless ～ rains まで**副詞のカタマリを作り、pick you up を修飾**します。⑥・⑦の although と though は、although が文語体（文章で主に使う）、though は文語体、口語体（会話で使う）両方で使用されます。⑥の Although は fever まで**副詞のカタマリを作り、動詞の had to go を修飾**します。⑦は though ～ it まで**副詞のカタマリを作り、動詞の like を修飾**します。⑧は so that ～ you まで**副詞のカタマリ**を作り、**動詞の speak を修飾**します。

「副詞節で横断する」のまとめ

☐ **複合関係詞**と**従属接続詞**が、副詞節を作って動詞を修飾する

☐ **前に置かれた場合**は**カンマや次の SV まで、後ろに置かれた場合**は**その単語から副詞節が始まって文の終わりまでのカタマリを作り、動詞を修飾**する

§5 名詞節を導く接続詞 ①

Intro quiz 空所に入るのはどっち？

(　　　) you study English now is a good idea.
今英語を勉強することはいい考えだ。

① What　　　② That

すでに学んだように、**what も that も名詞節「〜こと」**を作るものでした。**what は関係代名詞なので後ろは不完全文、that は接続詞なので後ろは完全文**がくる違いがあります。空所の後ろは you study English と SVO の第 3 文型である完全文がきているので、接続詞の② That が正解です。**名詞節を作ることができる接続詞**は、**that, whether, if** です。**名詞節の that は文の主語・目的語・補語になる**ことができます。例文で確認しましょう。

● 名詞節の that の例文

❶ That you study English now is a good idea.
⇒ It is a good idea that you study English now.
今英語を勉強することはいい考えだ。

❷ I know that you are married.
私はあなたが結婚していることを知っている。

❸ The fact is that he left the company last year.
実を言うと、彼は昨年会社を辞めてしまった。

❶はクイズで登場した**名詞節の that を主語で使っている例文**です。長い主語を避けるため、形式主語の it を置いて、that 節を後ろに回すケースのほうが多くなります。続いて、❷は名詞節の that を**目的語**で使っている例文で、❸が**補語**で使っている例文です。The fact is that 〜.「事実は〜ということだ」を意訳すると、「実は〜」となります。名詞節の that を補語で使う表現を紹介します。

point **The＋名詞＋is that ～ . の表現例**

表現	直訳	意訳
The fact is that ～ .	事実は～ことだ	実は～
The trouble（problem）is that ～ .	問題は～ことだ	困ったことに～
The probability is that ～ .	可能性は～ことだ	おそらく～

続いて、**同格の that** の例文を見ていきます。

● 同格の that の例文

❹ The fact that you are my friend is important.
あなたが私の友人だという事実が重要だ。

❺ The news that he passed the exam surprised us.
彼がその試験に合格したという知らせが、私たちを驚かせた。

同格の that は接続詞で、**名詞＋that ～「～という名詞」**という使い方をします。❹は **the fact that ～「～という事実」**、❺は **the news that ～「～という知らせ」**です。**同格とはイコールの関係**を意味して、名詞を that 以下でわかりやすく言い換える働きをしています。同格の that と相性の良い名詞を紹介します。

point **同格の that と相性の良い名詞**

the fact that ～	～という事実
the news that ～	～という知らせ
the idea that ～	～という考え
the belief that ～	～という信念

名詞節を導く接続詞 ①のまとめ

(1) **名詞節の that**「～ということ」⇒ 文のＳ・Ｏ・Ｃになる

(2) **同格の that**「～という名詞」

⇒ the fact that ～／the news that ～ など

名詞節を導く接続詞 ②

Intro quiz その1 空所に入るのはどっち？

(　　　) you tell the truth or not is important.
あなたが真実を言っているかどうかが重要だ。

① If　　　② Whether

① **If** も② **Whether** も、**名詞節「～かどうか」**を作ることができます。クイズの英文は、(　　　) you tell the truth or not までが主語で「**～かどうか**」の**名詞節**を作っています。**if は目的語で使うことは可能ですが、主語や補語として使うことはできません。** よって、同じ「～かどうか」でも、クイズは主語として使っているので、②の Whether が正解です。if と whether の 2 択で迷ったら、**万能である whether が正解**と覚えておいてください。以下の例文で、if と whether の区別をしていきます。

● 名詞節の **whether** と **if** の例文

❶ Whether you like it or not is important.
あなたがそれを好きかどうかが重要だ。

❷ He asked me if I liked the plan.
彼は私にその計画が好きかどうかを尋ねた。

❸ The question is whether you help me or not.
問題はあなたが私を助けてくれるかどうかだ。

❶はクイズその 1 と同様に **whether の名詞節を主語で使っている例文**で、if に置き換えることはできません。❷は ask O_1 O_2「O_1 に O_2 を尋ねる」の O_2 に、名詞節の if を使っている例文で、whether に置き換えることも可能です。❸は whether の名詞節を補語で使っている例文で、if に置き換えることはできません。if と whether の名詞節の違いをまとめます。

point　if と whether の違い

	if	whether
主語になる	×	○
目的語になる	○	○
補語になる	×	○
前置詞の目的語になる	×	○
後ろに to *do*	×（if to *do*）	○（whether to *do*）

続いて、次のクイズに進みます。

Intro quiz　その 2　下線部の意味はどっち？

Whether you like it or not, I will travel to Hawaii.

① あなたがハワイを好きかどうか

② あなたがハワイを好きだろうとそうでなかろうと

whether は名詞節では「～かどうか」で、**副詞節**では「**～だろうとなかろうと**」になります。**名詞節の場合は主語・目的語・補語**で使用されて、**それ以外は副詞節**とおさえましょう。クイズの英文は、I will travel to Hawaii から SV と文型が始まり、それ以前は文型に入らないので副詞節とわかります。「あなたがハワイを好きだろうとそうでなかろうと、私はハワイに行くつもりだ」という意味で、正解は②になります。**if の場合**は、**他動詞の目的語で使われていたら名詞節「～かどうか」**で、それ以外は**副詞節**の「**もし～なら**」とおさえておきましょう。

名詞節を導く接続詞 ②のまとめ

(1) **名詞節の whether**「～かどうか」⇒ 文の S・O・C になる
　＊文の S・O・C 以外の whether は副詞節「～だろうとなかろうと」

(2) **名詞節の if**「～かどうか」⇒ 文の O になる
　＊文の O 以外の if は副詞節「もし～なら」

§7 他品詞から転用された接続詞

Intro quiz その 1 空所に入るのはどっち？

(　　　) you begin, you must continue.

① Already　　② Once

① Already「すでに」も、② Once「一度」も完了形でよく使う副詞です。②の Once は副詞から転用されて接続詞のように使うことが可能で、**Once S′V′, SV.「一度 S′ が V′ すると、S が V する」**という重要な用法があります。①の Already にはこのような用法はないので、②が正解です。この文の意味は、「一度始めたら、あなたは続けなければならない」です。次のクイズに進みます。

Intro quiz その 2 空所に入るのはどっち？

(　　　) he is an adult, he should decide for himself.

① Now　　② Today

①も②も時を表す副詞ですが、①には、**Now (that) S′V′, SV.「今や S′ が V′ なので、S が V する」**という使い方があります。よって①が正解となり、英文の意味は「今や彼は大人なので、自分で決めなければならない」になります。この **Once や Now のように、元々は副詞だったのが接続詞のように使われるようになった表現**を例文で見ていきます。

● 副詞から転用されて接続詞のように使う表現の例文

❶ Every time I see her, I feel very happy.
彼女を見るたびに、とても幸せな気分になれる。

❷ As soon as you arrive here, please let me know.
ここに着いたらすぐに、私に知らせてください。

❶の Every time も元々「毎回」という副詞ですが、転用されて **Every time S′V′, SV.「S′ が V′ するたびに、S が V する」**と、接続詞のように使うことができます。**Each time** でもほぼ同じ意味で、同様に接続詞のように使うことができます。

次に、❷は元々副詞の soon を使った比較の原級表現でしたが、**As soon as S′V′, SV.「S′ が V′ するとすぐに、S が V する」**という重要表現です。The moment（instant, minute）に置き換えることが可能で、**The moment S′V′, SV.** としても同じ意味になります。次に**前置詞句から転用されて接続詞のように使う表現**に進みます。

● 前置詞句から転用されて接続詞のように使う表現の例文

❸ By the time you come here, we will have left.
あなたがここに来るときまでには、私たちは出発しているだろう。

❹ You should take an umbrella with you in case it rains.
雨が降る場合に備えて、傘を持っていくべきだ。

❸は前置詞句の by the time「そのときまでには」が接続詞のように転用されて、**By the time S′V′, SV.「S′ が V′ するときまでには、S が V する」**と使います。❹も in case「場合に」という前置詞句が接続詞のように転用されて、**SV in case S′V′.「S′ が V′ する場合に備えて、S が V する」**と使います。

他品詞から転用された接続詞のまとめ

【副詞から転用】

- □ **Once** S′V′, SV.「一度 S′ が V′ すると、S が V する」
- □ **Now（that）** S′V′, SV.「今や S′ が V′ なので、S が V する」
- □ **Every（Each）time** S′V′, SV.「S′ が V′ するたびに、S が V する」
- □ **As soon as** S′V′, SV.「S′ が V′ するとすぐに、S が V する」

【前置詞句から転用】

- □ **By the time** S′V′, SV.「S′ が V′ するときまでには、S が V する」
- □ SV **in case** S′V′.「S′ が V′ する場合に備えて、S が V する」

§8 区別が必要な接続詞

Intro quiz その1 空所に入るのはどっち？

(　　　) I got home, my family had left the house.

家に帰るときまでには、家族は家を出発していた。

① Until　　　② By the time

until を単に「～まで」と覚えていると、①を選んでしまいがちです。**until** は正確には「**～までずっと**」なので、「帰宅するときまでずっと家族は家を出発していた」はおかしいとわかります。よって、②の By the time が正解です。**by the time** と **until** ははっきりと区別して、それぞれ「**～するときまでには**」、「**～までずっと**」と違いを意識して覚えておきましょう。by the time と until の違いを例文で確認していきます。

● by the time と until の例文

❶ By the time I got to the office, my colleagues had arrived.
私がオフィスに着くときまでには、同僚たちは到着していた。

❷ I had been waiting for a long time until she came back.
彼女が戻ってくるまでずっと、私は長い間待っていた。

by the time「～するときまでには」は、クイズその1や❶のように「出発した」や「到着した」と**動作が完了する文脈**でよく使います。一方で、**until** は❷の「ずっと待っていた」のように、**何かが継続する文脈**で使います。ちなみに、**till は until を簡単にしたもの**で意味は同じです。次のクイズに進みます。

Intro quiz その2 下線部の意味はどっち？

I have never been home <u>since</u> I was in college.

① ～以来　　　② ～ので

§2で学んだように、since には「**～ので**」と**理由を表す用法**があります。一方で、時の **since**「**～以来**」もあります。**since が時の意味で使われる場合は完了形とセット**

で使われることがほとんどなので、クイズその2の英文のhave never beenから正解は①です。「大学生のとき以来、実家に帰っていない」という意味です。次のクイズに進みます。

Intro quiz その3 空所に入るのはどっち？

(　　　) you are happy, I'm happy, too.

あなたが幸せでいる限り、私も幸せだよ。

① As far as　　② As long as

①の **As far as** と②の **As long as** は両方とも「**〜する限り**」と訳されることがありますが、違いがあります。副詞のfarとlongに着目してみましょう。例えば、How far is it from here?「それはここからどのくらいの距離にありますか」のように距離を聞いたり、あるいはHow far do you believe her?「あなたはどの程度彼女を信用していますか」と程度を尋ねたりします。このことからも **as far as は距離や程度にかかわる限界**を示すときに使います。**as far as the eye can see**「**見渡す限り**」は**見える距離の限界**を示し、**as far as I know**「**知る限り**」や **as far as I'm concerned**「**私に関する限り**」などは、**知っている程度の限界や関与の程度の限界**を示しています。

一方で、How long have you lived in Japan?「どのくらい日本で暮らしていますか」というように、**as long as は時間にかかわる限界**を示すときに使います。クイズの英文は、「幸せでいる間は」と時間（期間）を示すので、②が正解です。

区別が必要な接続詞のまとめ

(1) until (till)「**〜までずっと**」⇔ by the time「**〜するときまでには**」

(2) 時のsince「〜以来」(完了形とセット) ⇔ 理由のsince「〜ので」

(3) as far asは**距離や程度の限界** ⇔ as long asは**時間の限界**

§9 ～するとすぐに

Intro quiz その1 空所に入るのはどっち？

He had no sooner gotten home (　　　) it started raining.
彼が家に着くとすぐに雨が降り始めた。

① when　　② than

空所の前の no sooner に着目します。**no sooner A than B「A するとすぐに B」**から、②が正解です。「A するとすぐに B」の表現は他にも **hardly A when B**, **scarcely A before B** があります。when と before を入れ換えて、**hardly A before B**, **scarcely A when B** も可能です。「**A するとすぐに B**」の例文を見ていきましょう。

● A するとすぐに B の例文

彼女は家に着くとすぐに眠り込んだ。

❶ She had no sooner gotten home than she fell asleep.
❷ She had hardly gotten home when she fell asleep.
❸ She had scarcely gotten home before she fell asleep.

❶～❸の例文でわかる通り、no sooner, hardly, scarcely は副詞なので、had と p.p. の間に挟みます。no sooner の代わりが hardly や scarcely で、than の代わりが when や before になります。**主節が過去完了で、than（when, before）以下が過去形**であることに注意しましょう。A が最初で B が後の行為なので、時制がずれることがわかると思います。次のクイズに進みます。

Intro quiz その2 空所に入るのはどっち？

No sooner (　　　) than it started raining.
彼が家に着くとすぐに雨が降り始めた。

① he had gotten home　　② had he gotten home

no sooner は副詞なので、had と p.p. の間に置いたり、あるいはクイズの英文のように文頭に置いたりすることもできます。no sooner, hardly, scarcely といった**否定の副詞が文頭にくると、後ろは倒置が起きて疑問文の語順**になることに注意しましょう。よって、クイズその 2 の正解は②となります。

ところで「～するとすぐに」の表現から、すでに扱った **As soon as（The moment）S′V′, SV.** を思い浮かべた方もいらっしゃると思います。両方ともとても重要になりますが、品詞が異なります。as soon as は接続詞の役割なので、文と文を接続します。一方で、no sooner, hardly, scarcely はすべて副詞なので、これ自体が文を接続するわけではありません。後続の than, when, before が接続詞なので、文を続けることが可能なだけです。よって、2 つを区別して整理することが重要となります。「～するとすぐに」をまとめます。

「～するとすぐに」のまとめ

【接続詞】

□ **As soon as（The moment）** S′V′, SV.
「S′ が V′ するとすぐに、S が V する」

【副詞＋接続詞】

□ **no sooner A than B**
□ **hardly A when B**
□ **scarcely A before B**
「A するとすぐに B」

＊A が過去完了形、B が過去形と、時制のずれが生じることに注意
＊no sooner／hardly／scarcely は副詞なので、had と p.p. の間と、文頭に置くことが可能
＊no sooner／hardly／scarcely は否定の副詞なので、文頭に置くと後ろが倒置（疑問文の語順）になることに注意

横断英文法⑪

as で横断する

as は、that や it と並んで、用法が多岐にわたる単語です。そのため、as が得意になると、英語力を一段とアップさせることができます。as は大きく分けると、前置詞と接続詞になります。まずは前置詞の as の例文から見ていきましょう。

◆ 前置詞の as の例文

① He worked as a private teacher for my son.
彼は息子の家庭教師をしてくれていた。

② He was often scolded by his parents as a child.
彼は子どものころ親によく叱られた。

①、②ともに**前置詞の as** で、**後ろに名詞 1 語を置く**のが特徴です。一方、**接続詞の as は後ろに SV が続く**ので区別しましょう。前置詞の as の訳は、基本は「～として」になります。①の例文が as a private teacher「家庭教師として」で、He＝a private teacher の関係になります。

続いて、②は前置詞で as が時の意味で使われる場合ですが、これは **as a child「子どもの頃」**や **as a young man「若い頃」**のような決まり文句に多くなります。

次に、as は本書では、**第 3 章 §5 SV A as B 型**、**第 14 章 §1 原級の基本**、**§2 原級の重要表現**、**第 15 章 §2 ～ §4 従属接続詞**などで登場しました。これらの分野を **as で横断**していきます。

◆ 第 3 章 §5 **SV A as B** 型の例文

③ The students regard him as a good teacher.
生徒たちは彼を良い先生とみなしている。

④ Your dream strikes me as impossible.
あなたの夢は私には不可能に思える。

as の核となる概念は**イコール**です。③の **regard A as B「A を B とみなす」**は **A＝B**、④は **S strike A as B「S は A に B という印象を与える」**で **S＝B** です。次に進みます。

◆ 第 14 章 §2 原級の重要表現の例文

⑤ I have as many books as you do.
私はあなたと同じくらい本を持っている。

⑤は比較の原級表現の as ～ as …です。この表現は、実は**先頭の as が副詞**で**「同じくらい」**の意味です。後ろの as は接続詞なので、you do のように SV を置くことができます。この例文は、左から右に直読すると、「私は同じくらい本を持っている」⇒「何と同じくらい？」⇒「あなたが持っているのと」といった感じで理解していきます。次に進みましょう。

◆ 第 15 章 §2～4 従属接続詞の例文

⑥ As you are young, you should carry her baggage.
あなたは若いので、彼女の荷物を運んであげるべきだ。

⑥は**理由の as** です。「～ので」と弱めの理由を述べるので前に置かれることが多くなります。「あなたが若いということは、彼女の荷物を持つべきだ」と**イコールの関係**になります。従属接続詞 as のその他の用法も見ておきましょう。

◆ 従属接続詞 as の例文

⑦ As I entered the room, my daughter was very surprised.
私が部屋に入ると、娘がとても驚いた。

⑧ As we climbed higher, it became colder.
私たちが高く登るにつれて、寒くなっていった。

⑨ When in Rome, do as the Romans do.
郷に入りては郷に従え。

⑩ Young as he is, he runs his company.
若いけれども、彼は自分の会社を経営している。

⑪ Language as we know it is a human invention.
私たちが知っているような言語は人間が作り出したものだ。

⑦は**時の as「～すると」**です。「部屋に入る」のと「娘が驚く」のが**同時**に起こっています。

⑧は時の as の一種ですが、**比例の as「〜につれて」**です。**比較級とセット**でよく使われます。

⑨は**様態の as「〜ように」**です。as の後ろで**代動詞や省略**がよく起きます。

⑩は**譲歩の as「〜だけれども」**です。**形容詞（名詞）＋as S be「S は形容詞だけれども」**と使用されます。

⑪は**名詞限定の as「〜ような」**です。後ろに限定する名詞が代名詞の it で置かれることが多くなります。as we know it「私たちが知っているような」で前の Language を限定しています。

「as で横断する」のまとめ

(1) **as の核はイコール** ⇒ SV A as B は、A＝B か S＝B
(2) **前置詞の as** は「**〜として**」か「**〜とき**」
(3) 原級表現の as 〜 as …は**先頭の as が副詞**で「同じくらい」、**後ろの as は接続詞**なので SV を後ろに置くことができる
(4) 接続詞の as（**理由**「**〜ので**」、**時**「**〜するとき**」、**比例**「**〜につれて**」、**様態**「**〜ように**」、**譲歩**「**〜だけれども**」、**名詞限定**「**〜ような**」）

チェック問題

1. **You'll have to run, (　　　) you'll miss the bus.**

① and　② if　③ or　④ so

(千葉商科大)

2. **I have neither time (　　　) money.**

① as　② not　③ no　④ nor

(名古屋学院大)

3. **I'll ask him (　　　) he arrives.**

① as far as　② as little as　③ as soon as　④ as much as

(亜細亜大)

4. **He is (　　　) a liar that you mustn't trust him.**

① so　② such　③ very　④ quite

(九州国際大)

5. **You cannot write anything that will convince people (　　　) you are yourself convinced.**

① although　② then　③ therefore　④ unless

(慶應義塾大)

解答・解説

1. ③ 走らないと、バスに乗り遅れてしまうよ。

命令文～ , or … .「～しなさい、さもなければ…」より③が正解。

2. ④ 私には時間もお金もない。

neither A nor B「A も B もない」より④が正解。

3. ③ 彼が到着するとすぐに、私は彼に尋ねるだろう。

as soon as「～するとすぐに」から③が正解。

4. ② 彼はとても嘘つきなので、信頼してはいけない。

such ～ that …「とても～なので…」から②が正解。①の **so は副詞なので、後ろに形容詞か副詞が必要になる**ため不正解。**such は形容詞なので後ろに名詞の a liar を置く**ことができる。

5. ④ 自分が納得していない限り、人を納得させられるものは何も書けない。

unless「～しない限り」より④が正解。

第16章

名詞・冠詞

文法用語の説明

可算名詞【かさんめいし】

数えられる名詞のことです。辞書では Countable「数えられる」の頭文字を取って、Cと表記されます。

不可算名詞【ふかさんめいし】

数えられない名詞、または量でとらえる名詞と言っても良いでしょう。Uncountable「数えられない」の頭文字でUと表記されます。money, water などが不可算名詞です。

抽象名詞【ちゅうしょうめいし】

advice「助言」や news「ニュース」、fun「楽しみ」などの目に見えない名詞のことです。

相互複数

make friends with「～と仲良くなる」のように、2 つのものが互いにかかわったり、同種のものを交換したりするときに用いる複数形のことです。

不定冠詞

a や an を不定冠詞といいます。名詞の前に置かれ、かつ、その名詞が単数であり、数えられる名詞であり、初めて話題にのぼるような特定されていない名詞に付きます。

定冠詞

the を定冠詞と言います。a, an の不定冠詞と違って、特定されている名詞に付きます。一度話題にあがった名詞を再度使うときや、読み手や聞き手と共通認識できる名詞に使います。

無冠詞（裸で使う）

「名詞を裸で使う」とは、名詞に冠詞を付けない状態（無冠詞）で使うことを言います。可算名詞は通常冠詞を付けて使うので、可算名詞で無冠詞の場合は特殊な用法になります。

可算名詞と不可算名詞

Intro quiz その1 空所に入るのはどっち？

I didn't have ( ) money when I was young. 若い頃あまりお金がなかった。
① many ② much

many も much も両方「多い」という意味ですが、**many は数の多さを表し、much は量の多さ**を表します。空所の後ろの **money は数でとらえずに量でとらえる不可算名詞**なので、量の多さを表す②が正解です。まず、**可算名詞の多い・少ないは many と few、不可算名詞の多い・少ないは much と little** で表すことをおさえましょう。**a lot of「たくさんの」**は可算名詞・不可算名詞両方に使うことができます。次のクイズに進みます。

Intro quiz その2 空所に入るのはどっち？

There is a lot of ( ) in her house. 彼女の家にはたくさんの家具がある。
① furnitures ② furniture

furniture は不可算名詞で、クイズのように a lot of を使うことは問題ありません。しかし、**不可算名詞は数えることができない名詞**なので、**単数を表す冠詞の a, an を付けたり、複数形にしたりすることはできません**。よって、正解は②になります。

可算名詞と不可算名詞の特徴

	可算名詞	不可算名詞
多い	many, a lot of	much, a lot of
少ない	few	little
a, an	○	×
複数形	○	×

不可算名詞の種類

不可算名詞で疑問に思うのが、§1のクイズその1の money がなぜ不可算名詞なのかという点です。例えば、硬貨は1枚、2枚と数えますし、お札も1枚、2枚と数えます。実は、この「硬貨」は英語では coin、「紙幣（しへい）」は bill で、money とは異なります。**money の正体は coin「硬貨」や bill「紙幣（しへい）」をすべてひっくるめた「お金全部」という意味**なのです。よって、1つ、2つと数えるのではなく、**どれくらいあるかと量で考える不可算名詞**になります。

一方で、クイズその2の furniture も数えられない名詞と言われてもピンとこないかもしれません。机は1つ、2つ、椅子も1つ、2つと数えることができます。実は、机は desk、椅子は chair で、furniture とは異なります。**furniture の正体は desk や chair をすべてひっくるめた「家具全部」**という意味なのです。よって、money と同様に量でとらえる不可算名詞になります。以下に、**全部ひとまとめで考える不可算名詞の例**をあげます。

● 全部ひとまとめで考える不可算名詞の例

❶ money（coin＋bill）　「お金（全部）」
❷ furniture（desk＋chair）　「家具（全部）」
❸ baggage（bag＋suitcase）　「荷物（全部）」
❹ equipment（light＋bathroom）　「設備（全部）」
❺ machinery（drill＋screwdriver）　「機械（全部）」

❶・❷は上で説明した通りです。ちなみに❸の **baggage はアメリカ英語**で、**イギリス英語では luggage** のほうがよく使われます。どちらも **bag や suitcase などをひとまとめにした「荷物全部」**を意味します。❹の **equipment** は「**設備全部**」で、例えば office equipment「事務設備」なら、**light「電気」、bathroom「トイレ」などをひっくるめたもの**です。❺の **machinery「機械全部」**は場所によりますが、**drill「ドリル」や screwdriver「ドライバー（工具）」などをひとまとめにしたもの**です。続いて、クイズに進みます。

Intro quiz その1 空所に入るのはどっち？

I'd like (　　　).

お水を１杯ください。

① a water　　　② a glass of water

water「水」も不可算名詞です。よって、①のように**aを直接付けることはできず、**②の**a glass of waterが正解**になります。この表現はあくまでglassにaが付いているだけなので、問題ありません。では、waterが不可算名詞ということは理解できるでしょうか。実は、私自身も当初はよく理解できなかったものです。水が１本、２本と数えられるじゃないかと。しかし、当時の私がイメージしていたwaterは、水の入ったペットボトルで、英語ではbottleです。このような場合は**a bottle of water**といって、確かにペットボトル自体は数えることができます。**英語のwaterとはあくまで水という液体そのもの**を指しており、それならば当然１つ、２つと数えることなく、どれくらいあるかと量でとらえることになります。このように液体や食材などをひとまとめにした、いわゆる**物質名詞**も不可算名詞なので、整理します。

● 物質名詞にあたる不可算名詞の例

water「水」／milk「牛乳」／bread「パン」／butter「バター」
paper「紙」／chalk「チョーク」

water に加えて、milk「牛乳」やbread「パン」、butter「バター」なども物質名詞で不可算名詞になります。paper「紙」やchalk「チョーク」もその素材に着目した物質名詞なので不可算名詞です。なお、「コップ一杯の水」は**a glass of** water、「パンひと切れ」は**a piece of** bread、「紙１枚」は**a sheet of** paperなどと、a＋名詞＋ofを前に付けると数えることが可能になります。次のクイズです。

Intro quiz その2 空所に入るのはどっち？

He has to finish (　　　).

彼はたくさんの宿題を終えなければならない。

① many homeworks　　② a lot of homework

homework「宿題」も不可算名詞なので、①のように many を付けたり、複数形は認められないので、②が正解になります。では、homework「宿題」が不可算名詞なのはなぜでしょうか。これは、homework は**抽象名詞**といって、目に見えない名詞を指します。目に見えないのだから、数えないのは当然と言えば当然です。よくある**抽象名詞**を以下にあげます。

● 抽象名詞にあたる不可算名詞の例

work「仕事」／homework「宿題」／fun「楽しみ」
information「情報」／news「ニュース」／advice「助言」

work はぼんやりと概念的な「仕事」を指すので不可算名詞で、それから派生した homework「宿題」も不可算名詞です。一方で、assignment「宿題」はアメリカ英語で、実際に課された個々の課題を指すので可算名詞になります。information, news, advice などの情報系の単語も不可算名詞です。

不可算名詞の種類のまとめ

(1) **ひとまとめで考えるグループ**（money／furniture／baggage／equipment／machinery など）
(2) **物質名詞**（water／milk／bread／butter／paper／chalk など）
(3) **抽象名詞**（work／homework／fun／information／news／advice など）

§3 複数形の用法

Intro quiz その1 空所に入るのはどっち？

I like his (　　　) very much.　私は彼の作品が大好きだ。
① work　② works

前の §2 で学んだ **work「仕事」が不可算名詞**であることの知識しかないと、①を選びがちです。しかし、work という名詞は「仕事」の意味では不可算名詞ですが、「作品」の意味ならば可算名詞なので、クイズの正解は②になります。**「仕事」と概念的にいわれても目に見えないので不可算名詞**ですが、**「作品」といわれると目に見えるので可算名詞**とわかるでしょう。このように、複数形になると意味が変わる名詞を紹介します。

● 複数形になると意味が変わる名詞の例

・work「仕事」（不可算名詞）　⇒ works「作品」（可算名詞）
・paper「紙」（不可算名詞）　⇒ papers「論文、新聞」（可算名詞）
・custom「習慣」（不可算名詞）　⇒ customs「税関」（可算名詞）
・glass「ガラス」（不可算名詞）　⇒ glasses「グラス、コップ」（可算名詞）

ちなみに、最後の例の glass について補足です。glasses には「眼鏡」の意味もありますが、このように**通常2つで1セットのような単語**は、**a pair of** glasses「（1つの）眼鏡」と使います。**常に複数形で使う名詞**を以下にまとめます。

● 常に複数形で使う名詞の例

・a pair of scissors　「ハサミ」
・a pair of shoes　「靴」
・a pair of gloves　「手袋」

a pair of はあえて訳すと「**1対の〜**」になりますが、実際には日本語にはしないほうがうまく訳すことができます。次のクイズに進みます。

Intro quiz その2　空所に入るのはどっち？

I made (　　　) with her friend.

私は彼女の友人と仲良くなった。

① friend　　② friends

make friends with「**〜と仲良くなる**」で、正解は②になります。これは、通常複数形で用いる熟語ですが、なぜ複数形にするのかを考えていきましょう。自分を中心に見ると、「〜と仲良くなる」は相手が1人いるだけのように錯覚してしまいますが、これらの表現は、**自分から離れて上から俯瞰的に見ている**のです。すると、「**仲良くなる**」**という行為はまさに、2人の人間が関わることで生まれる**とわかります。この2つの関係を想定した表現の熟語を**相互複数**と呼んでいますが、以下にまとめていきます。

● 相互複数の熟語

- make friends with 〜　「〜と仲良くなる」
- shake hands with 〜　「〜と握手する」
- change trains　「電車を乗り換える」
- take turns (in) *doing*　「交代で〜する」

shake hands with「**〜と握手する**」も、**上から俯瞰して見ると握手には2つの手が必要**なことがわかります。**change trains**「**電車を乗り換える**」も、**上から俯瞰すると乗ってきた電車とこれから乗る電車が2台**必要です。**take turns (in)** ***doing*** は turn「順番」の意味で、やはり**今までやっている人とこれからやる人の複数がイメージ**できます。

複数形の用法のまとめ

(1) 複数形になると意味が変わる名詞（work「仕事」、**works**「**作品**」など）
(2) 常に複数形で使う名詞（**a pair of shoes**「靴」など）
(3) 相互複数の熟語（**make friends with**「〜と仲良くなる」など）

§4 冠詞の基本

Intro quiz その1 空所に入るのはどっち？

I went to (　　　) at eight last night.

私は昨晩8時に寝た。

① a bed　　② bed

「寝る」という熟語は go to bed なので、正解は②になります。しかし、そもそも**なぜ a bed にすると「寝る」という意味にならないのでしょうか。冠詞には a や an の不定冠詞**と言われるものと、**the の定冠詞**があります。**冠詞を付けると、名詞の具体的な形をイメージすることになる**のですが、「**寝る**」**と言いたいときにベッドを具体的にイメージする人はあまりいない**でしょう。つまり、bed のような可算名詞には冠詞を付けるのが普通ですが、**冠詞を付けない場合はその名詞がもつ目的を意味する**ようになります。bed であればその目的は「寝る」なので、go to bed「寝に行く」＝「寝る」になります。このように可算名詞が何も冠詞を付けずに無冠詞で使われる表現を整理していきます。

● 可算名詞が無冠詞で、目的として使用される表現

- go to bed「寝る」／go to school「通学している」／go to church「お祈りに行く」
- by bus「バスで」／at table「食事中で」／at sea「航海中で」など

go to school は、「学校に行く」という行為を表すわけではありません。**school の本来の目的は勉強や授業**なので、「**学校に勉強しに通っている**」＝「**通学している**」になります。go to church としても、**church の本来の目的は礼拝**なので、「**教会にお祈りに通っている**」＝「**お祈りに行く**」になります。

なお、**交通手段の by は無冠詞**というルールがありますが、これも「**バスで来た**」**と言うときに、乗ってきたバスの具体的な形をイメージする人はいないので、by bus**「**バスで**」とします。

一方で、**「彼の車で来た」と言いたいときは彼の車の具体的な形をイメージするので、in his car** のようにします。

続いて、**at table** なら **table の本来の目的は食事**なので **「食事中で」**、**at sea** なら **sea の本来の目的は航海**なので **「航海中で」** となります。次のクイズに進みます。

Intro quiz　その 2　空所に入るのはどっち？

I like (　　　　).　　　私は鳥が好きだ。

① birds　　　② chicken

名詞を無冠詞で使うもう 1 つの重要な表現は、総称の複数というルールです。クイズその 2 のように**鳥全般を指すときにまさに総称の複数を使う**ので、①が正解です。②にすると、chicken は無冠詞にすると不可算名詞で「鶏肉」の意味なので、不正解です。一方で、**chicken に冠詞の a を付けると、1 羽のニワトリやヒヨコという具体的な形がイメージできる**ので、I had a chicken. は「ニワトリ 1 羽をまるごと食べた」というような微妙な表現になってしまいます。I like chicken. とすると、不可算名詞で物質名詞の「鶏肉」を意味するので、「鶏肉が好きだ」になります。

冠詞の基本のまとめ

(1) 通常、可算名詞は a, an や the を付ける

(2) 可算名詞を無冠詞で使うと、**目的**を意味する（go to bed「寝る」など）

(3) その名詞全体を表すときは**総称の複数**を使う

§5 不定冠詞（a, an）の用法

Intro quiz その1 空所に入るのはどっち？

I gave him (　　　) for his birthday.
私は彼の誕生日にソニー製品をあげた。

① Sony　　　② a Sony

Sony というと固有名詞なので、冠詞を付けないので①を選んだ方もいるかもしれません。しかし、このクイズでは **Sony という会社を指しているのではなくて、ソニーがたくさん出している製品の１つ**を指すので、**不定冠詞の a** の付いた②が正解です。**a（an）は不定冠詞**と言って、**無数にあるモノの不特定の１つ**を指すときに使います。**a Sony のように会社名と使うこと**で、**「その会社の無数にある製品の１つ」**という意味を込めることができます。では、不定冠詞（a, an）の用法を見ていきましょう。

● a, an の用法の例文

❶ **one「１つ」の意味を表す**

Rome was not built in a day.　ローマは１日にしてならず。

❷ **「〜につき」の a, an**

He earns 200,000 yen a month.　彼は１カ月につき 20 万円稼ぐ。

❸ **「同じ〜」の a, an**

Birds of a feather flock together.　同じ羽の鳥は一緒に集まる。＝ 類は友を呼ぶ。

❶は one「１つ」の意味をもつ a（an）の用法です。不特定の１つで単数を意味します。❷は **per「〜につき」と同じ意味**をもつ a の使い方です。❸は有名なことわざです。Birds of **a** feather「**ある羽を持つ鳥**」＝「**同じ羽を持つ鳥**」と意味が広がります。次のクイズに進みます。

Intro quiz その2 空所に入るのはどっち？

He thinks he is (　　　).

彼は自分をメッシのような人だと考えている。

① a Messi　　② Messi

彼の理想を考えると、he is Messi としたいところですが、当然 he＝Messi ではなくて、「**数人いるメッシのようにサッカーがうまい人のうちの１人**」と表現したいので、①が正解です。実際にはメッシのレベルのサッカー選手はほとんどいませんが、自分や他人を有名人や偉人にたとえてすごいと強調したいときに使う用法です。**有名人や偉人に a** を付けて、「**何人かいる～のような人の１人**」と使います。クイズその１と合わせて、固有名詞に a, an を付ける用法を整理していきます。

● a, an＋固有名詞の用法の例文

❶ It's a TOYOTA.　それはトヨタの車だ。

❷ He thinks he is an Edison.　彼は自分をエジソンのような人だと考えている。

❸ I had a call from a Mr. Tanaka.　私は田中さんという人から電話をもらった。

❶は、クイズその１と同様に a TOYOTA と会社名をつけて「無数にあるトヨタの製品の１つ」で、トヨタの製品と言えば車なので、「トヨタの車」となります。❷は、**an Edison** とすると「**数人いるエジソンのような才能をもつ人の１人**」となります。❸は、どの田中さんかわからないときに、「**たくさんいる田中さんという苗字の人の１人**」という用法です。

不定冠詞（a, an）の用法のまとめ

(1) **one**「１つ」の意味

per「につき」の意味

the same「同じ」の意味

(2) **a＋会社名**「～製品の１つ」

a＋偉人「数人いる～のような才能をもつ人の１人」＝「～のような人」

a＋苗字「たくさんいる～という苗字の人の１人」＝「～さんという人」

§6 定冠詞（the）の用法

Intro quiz 空所に入るのはどっち？

Do you have (　　　)? 今何時かわかりますか？
① time ② the time

time とすると、特定の時間を指さないので相手の予定を聞く表現で「今時間ありますか？」になります。**the time** とすると、後ろの名詞に**共通認識**が生まれるので、「**あなたも私も知っている時間**」＝「**今の時間**」になります。よって、②が正解です。**Do you have the time? は、What time is it now? を丁寧にしたもの**で、時間を尋ねる表現になります。では後ろの名詞を特定して共通認識をもつときに使う**定冠詞の the の基本用法**を見ていきましょう。

● 定冠詞の the の基本用法の例文

❶ **先行の名詞を指す**

I bought a book. The book is very interesting.
私は本を買った。その本はとても面白い。

❷ **最上級に付ける**

Tokyo is the largest city in Japan.
東京は日本で最大の都市だ。

❸ **唯一のモノに付ける**

Look at the moon. It's very beautiful.
月を見てごらん。とてもきれいだよ。

用法を3つ並べましたが、実はすべて **the は共通認識**で片付けられます。❶の例文は「本を買った」と先に言うことで、話し手と聞き手に共通認識が生まれるので、the book です。❷は、**最大の都市は話し手も聞き手も共通認識**できますね。❸も「**月**」「**太陽**」「**地球**」**などは全員に共通認識があってどれかわかるので、the moon, the sun, the earth** とします。次は **the＋形容詞**の例文に進みます。

● the＋形容詞の例文

❶ You should respect the old.
あなたは高齢者を敬うべきだ。

❷ This society is hard for the weak and the poor.
この社会は弱者や貧しい人は住みにくい社会だ。

❸ The British are similar to the Japanese in some ways.
イギリス人と日本人はいくつかの点で似ている。

the＋形容詞は「**〜な人々**」と言われますが、実は **the＋形容詞＋people の people が省略される**ようになっただけです。❶の **the old** は元々 the old people で「高齢者」、より丁寧にしたのが **the elderly** になります。その反対が **the young**「若者」です。

続いて、❷の **the weak** は「弱者」、**the poor** は「貧しい人」です。反対の **the rich** は「お金持ち」になります。❸の **the Japanese** も元々は the Japanese people で「日本人」、**the British** は「イギリス人」となります。次の例文に進みます。

● 単位の by the 〜 の例文

You can rent a parking space by the month.
駐車場は月極(つきぎ)めで借りることができる。

単位の by the 〜「**〜単位で**」という表現です。the を使って**単位を特定する**ことで、話し手と聞き手の間にどの単位で計算するかの**共通認識**が生まれます。次の例文に進みます。

● SV 人 前置詞 the 体の部位 の例文

❶ I caught her by the arm.
私は彼女の腕をつかんだ。

❷ He patted her on the shoulder.
彼は彼女の肩をポンとたたいた。

❸ My mother looked me in the eyes.
私の母は私の目を見た。

SV 人 前置詞 **the** 体の部位 の表現です。❶は **catch A by the arm**「**A** の腕をつかむ」です。**A** に 人 **をもってくることで対象がわかるので、arm の前には the を置いて、部位を特定する表現**になります。catch her by her arm とはならないので注意しましょう。他にも❷の pat A on the shoulder「A の肩をたたく」、❸の look A in the eyes「A の目を見る」があります。いずれも、**the** 体の部位 とすることに注意しましょう。

定冠詞（the）の用法のまとめ

(1) **the は共通認識**

⇒ 先行の名詞／最上級／唯一のモノに the を付ける

(2) **the＋形容詞**「～な人々」

the old 「高齢者」／the young 「若者」／the rich 「お金持ち」／the poor「貧しい人」など

(3) **単位の by the ～**　「～単位で」

(4) **catch A by the arm**　「A の腕をつかむ」

pat A on the shoulder　「A の肩をたたく」

look A in the eyes　「A の目を見る」など

チェック問題

1. **I have done all of (　　　) and I'd like to take a short break.**

① a homework　② homeworks
③ my homework　④ homeworks of mine

(名古屋外国語大)

2. **How (　　　) do you have in your apartment ?**

① many furnitures　② many piece of furniture
③ much furniture　④ much furnitures

(大阪学院大)

3. **I will need (　　　) about the climate before I make a decision.**

① a few informations　② a little informations
③ a few information　④ a little information

(西南学院大)

4. **I recommend this guidebook to you. It contains (　　　) useful information.**

① a　② a few　③ some　④ item of

(松山大)

5. **During the summer vacation I made (　　　) with many villagers.**

① a friend　② friend　③ the friend　④ friends

(中央大)

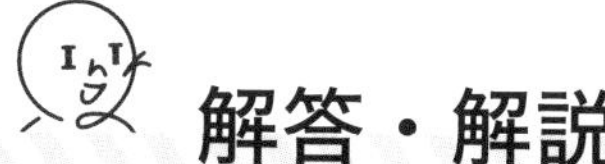

解答・解説

1. ③ 私は宿題をすべてやり終えたので、短い休憩をとりたい。

homework「宿題」は**不可算名詞**で、**a を付けたり複数形では用いない**ので、③が正解。

2. ③ あなたはアパートにどのくらいの家具がありますか。

furniture「家具」は**不可算名詞**で、**複数形にしたり many** で**修飾できず**、**much** で**修飾する**ので③が正解。

3. ④ 決定を下す前に、私はそこの気候に関する情報を少し必要としている。

information「情報」は**不可算名詞**なので**複数形にせず**、「**少ない**」は **few** では**なくて little を使う**ので④が正解。

4. ③ 私はこのガイドブックをあなたにすすめる。役に立つ情報が載っている。

information は**不可算名詞**なので**不定冠詞は付けない**。**some** は**可算名詞**、**不可算名詞両方に使える**ので③が正解。

5. ④ 夏休みの間、私は多くの村人と仲良くなった。

make friends with「**〜と仲良くなる**」から④が正解。「仲良くなる」には 2 人の人間が必要なので、複数形になることに注意する。

代名詞

文法用語の説明

人称代名詞

I, you, he, she, it, they などのことで、人を意味する固有名詞の代わりに使う代名詞です。it はモノを指す以外に baby や child などを指すことも可能なので、人称代名詞に分類されます。

主 格

I-my-me-mine の I が主格にあたります。主語で使うときの形を主格といいます。

所有格

I-my-me-mine の my が所有格で、名詞の前に置いて「～の」という意味になります。

目的格

I-my-me-mine の me が目的格で、動詞や前置詞の後ろに置いて「～を」・「～に」の意味になります。

所有代名詞

mine, yours, hers などが所有代名詞で、「～のもの」を意味します。

再帰代名詞

人称代名詞の所有格や目的格に self を付けたものです。myself, yourself, himself などがこれにあたります。

指示代名詞

this「これ」、that「あれ」、such「そのような（モノ）」などのことです。具体的に何かを指示して使用します。

不定代名詞

代名詞の one や、another「もう一つの（モノ・人）」、some「いくつかの（モノ・人）」などのことです。具体的な特定をせずに、種類だけ同じものを指すことがあります。

§1 人称代名詞と格

Intro quiz その1 空所に入るのはどっち？

My friend (　　　) in Sapporo.
私の友人は札幌に住んでいる。

① live　　② lives

主語の My friend は**三人称で単数**、**時制は現在**なので**三単現の s** がついた②が正解です。人称とは**話し手**を中心に置いて、**聞き手**と**それ以外**という区分をしたものです。**話し手を一人称、聞き手を二人称、それ以外を三人称**と言います。以下の表でまとめます。

point 人称代名詞の基本表

	単数	複数
一人称	I	we
二人称	you	you
三人称	一人称と二人称以外（he／she／it など）	they

一人称の単数は I で、複数は we です。二人称は単数も複数も同じく you です。三人称は一人称と二人称以外で、単数なら例えば he, she, it などがあり、複数形は they になります。クイズで紹介した**三単現の s** とは、**三人称**で**単数**の主語が、時制が**現在**のときに**動詞の語尾に s（es）を付ける**というルールです。

ちなみに、この三単現の s というルールがなぜ存在するのかが気になる方もいるでしょう。これは、古い英語では元々、主語が一人称（I）、二人称（you）、三人称（he など）、一人称複数（we）と、**人称ごとにすべて動詞の形が変化していた**のです。**三人称だけその名残（なごり）が今も残っているというのが、三単現の s** の正体です。次のクイズに進みます。

Intro quiz　その２　空所に入るのはどっち？

（　　　）like（　　　）bag better than（　　　）.

私は自分のバッグよりあなたのバッグが好きだ。

① I, you, me　　　② I, your, mine

最初の空所は「私は」と主語で使うので、主格のＩです。２番目の空所は「あなたの」と所有格で使うのでyourです。３番目は「自分のバッグ」はmy bagですが、所有代名詞にしてmineとするので、正解は②です。**人称代名詞の格と所有代名詞**をまとめます。

point　人称代名詞の格と所有代名詞

	主格	所有格	目的格	所有代名詞
一人称	I	my	me	mine
	we	our	us	ours
二人称	you	your	you	yours
三人称	he	his	him	his
	she	her	her	hers
	it	its	it	
	they	their	them	theirs

I-my-me-mineと左から右に何度も繰り返して覚えましょう。人称代名詞は、主語で使うときの**主格**、「～の」で使うときの**所有格**、目的語で使うときの**目的格**までを言います。最後の**所有代名詞は所有格＋名詞**を意味して、**mine以外はすべて所有格にsを付けた形**です。hisは元々所有格もhisなので所有代名詞も同じ形になります。

人称代名詞と格のまとめ

(1) 人称代名詞（一人称、二人称、三人称）と所有代名詞（所有格＋名詞）を理解する

(2) 人称代名詞は主格、所有格、目的格で形が変わることに注意する

§2 再帰代名詞

Intro quiz 空所に入るのはどっち？

Please help (　　　) to refreshments.

軽食を自由にとってください。

① you　　　② yourself

①の you はこの空所に入れるものとしては、ありえない形になります。なぜなら通常の命令文や Please から始まる命令文では、主語が You になるので、主語が目的語に再び帰ってくるときは再帰代名詞の形（yourself）としなければいけません。クイズの表現は、**help *oneself* to** は「**～を自由にとって食べる**」という重要熟語で、**セルフサービス**を意味します。直訳すると、「**自分自身が～に到達することを助ける**」＝「**自分でとって食べる**」になります。**再帰代名詞**の形を見ていきます。

point **再帰代名詞の作り方**

- 単数は self、複数は selves を付ける
- 一人称、二人称は所有格に self／selves を付ける（myself／ourselves／yourself／yourselves）
- 三人称は目的格に self／selves を付ける（himself／herself／itself／themselves）

一人称、二人称は所有格に -self（selves）を付けるので、myself, ourselves, yourself, yourselves となります。次に**三人称は目的格に -self（selves）を付ける**ので、himself, herself, itself, themselves となります。続いて、**再帰代名詞の用法**を見ていきます。

● 再帰代名詞の例文

❶ **主語が目的語と同じ場合**

I seated myself in front of the table.　　テーブルの前の椅子に座った。

❷ **名詞・代名詞の強調**

You should do it yourself.　　あなたが自分でそれをやるべきだ。

❶は **seat が他動詞**で、「**～を座らせる**」の意味です。I seated me ということはできないので、主語が目的語に帰ってくるときに再帰代名詞の myself を使います。「どうぞお座りください」は、**Please seat yourself.** とよく表現されますが、英語では Sit down. のような自動詞よりも、**他動詞の目的語をとる文体が好まれる**ことも影響しています。続いて、❷の例文 You should do it yourself. は、**代名詞の You を強調して最後に yourself を置く**ことで、「あなたが**自分で**それをやるべきだ」となります。続いて、**再帰代名詞を使った熟語**を見ていきます。

● 再帰代名詞を使った熟語の例文

❶ I could not make myself understood in English.
私は英語で自分を理解してもらうことができなかった。

❷ I could not make myself heard in that store.
私はそのお店で自分の言うことを聞いてもらえなかった。

❶は **make *oneself* understood「自分（の言うこと）を理解してもらう」**です。かみ砕いて言うと、「話が通じる」という意味で、例文❶のように**話が通じなかったという文脈**で使用されることがよくあります。❷は **make *oneself* heard「自分の言うことを聞いてもらう」**で、**周囲がうるさくて話が通じなかったという文脈**で使用されることが多くなります。

再帰代名詞のまとめ

(1) 他動詞の目的語が主語と同じ場合（Please seat yourself. など）
(2) 名詞・代名詞の強調（You should do it yourself. など）
(3) **help *oneself* to** 「～を自由にとって食べる」
make *oneself* understood 「自分の言うことを理解してもらう」
make *oneself* heard 「自分の言うことを聞いてもらう」

§3 one／it／that

Intro quiz その1 空所に入るのはどっち？

I've lost my watch. Do you know where (　　　) is ?

私は時計を無くした。どこにあるかわかる？

① it　　② one

one も it も前出の名詞の代わりができる代名詞の働きがあります。**前出の名詞と同じ種類のものは one** で、**前出の名詞そのものを指す場合は it** を使います。このクイズでは、「時計を無くして、その無くした時計がどこにあるかわかる？」と、**前出の名詞そのものを指すので、**正解は① **it** になります。次のクイズに進みます。

Intro quiz その2 空所に入るのはどっち？

I've lost my watch. I have to buy (　　　).

私は時計を無くした。時計を買わなければならない。

① it　　② one

この英文の内容は、「**時計を無くして、それと同じ種類のものを買おう**」ということです。無くした時計そのものは買うことができません。よって、正解は同じ種類の時計を指す② **one** です。次に進みます。

Intro quiz　その 3　空所に入るのはどっち？

I will lend you some money if you need (　　　).

もしお金が必要なら、私が貸します。

① it　　　② one

money を指し、同一種類のものだからと one を選んではいけません。**one は元々「1 つ」という意味があるように、可算名詞の代名詞として使う**ので、不可算名詞の代名詞としては使うことができません。**不可算名詞の代名詞は it を使う**ので、①が正解です。次のクイズです。

Intro quiz　その 4　空所に入るのはどっち？

The population of Tokyo is twice as large as (　　　) of this city.

東京の人口はこの街の 2 倍多い。

① it　　　② that

①の **it がダメな理由として、前後に修飾語句を置けない**という特徴があります。一方で、**that は the population の代わりができ、後ろに修飾語句を置ける**ので、that of this city となる②が正解です。最後のクイズです。

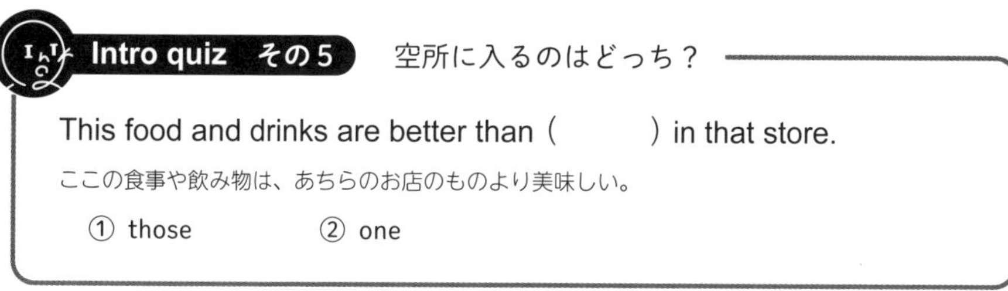

Intro quiz　その 5　空所に入るのはどっち？

This food and drinks are better than (　　　) in that store.

ここの食事や飲み物は、あちらのお店のものより美味しい。

① those　　　② one

food and drinks と**複数を対象にすると、that ではなくて those** を使うので、①が正解です。次の those の用法もご覧ください。

● those の例文

・Heaven helps those who help themselves.
天は自ら助(たす)くるものを助(たす)く。

・Those present were mostly adults.
出席者はほとんどが大人だった。

・You have to speak to those concerned.
あなたは関係者全員と話さなければならない。

those には不特定の一般人を指す用法があります。上の例文のように、関係代名詞とセットで、**those who 〜「〜する人々」**や **those present「出席者」**、**those concerned「関係者」**と使うことがあるので、おさえておきましょう。**those present** は、元々 **those** who are **present** の who are が省略された表現です。**those concerned** は、元々 **those** who are **concerned** の who are が省略された表現です。

one／it／that のまとめ

□ **it は前に出てきた名詞それそのもの**
⇔ **one は前に出てきた名詞と同一種類のもの**

□ **不可算名詞の場合は it** を使用する
⇔ **可算名詞は one** を使用できる（one「1 つ」だから）

□ **it は前後に修飾語句を置けない**
⇔ **that（those）は後ろに修飾語句を置ける**

§4 2つか3つ以上か

Intro quiz その1 空所に入るのはどっち？

(　　　) of the boys are my friends.　その男の子は2人とも僕の友達だ。

① Both　② All

all は全員を指すので一見使用できそうですが、実際は **3つ以上**に使います。それに対し、**2つに対する代名詞は both** で表すので、①が正解です。**both と all の用法**を見ていきます。

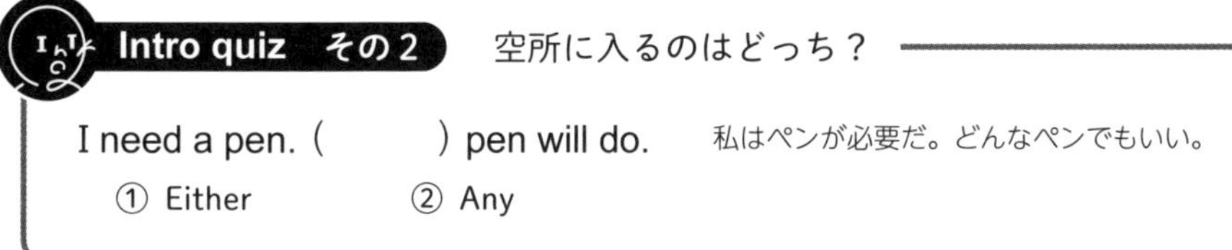

● both と all の例文

❶ Both of the women are my coworkers.
その女性は2人とも私の同僚だ。

❷ All of the three boys got a prize.
3人の少年たちの全員が賞を獲得した。

クイズその1でやったように、**both は2人を対象**に使います。**3人以上は all を使います。どちらも該当者のすべてを指す**という共通点があります。次のクイズに進みます。

Intro quiz その2 空所に入るのはどっち？

I need a pen. (　　　) pen will do.　私はペンが必要だ。どんなペンでもいい。

① Either　② Any

「どんなペンでも」から3つ以上を対象にする表現だとわかります。**either は「どちらか、どちらでも」で2つを対象、any は「どれでも」と3つ以上を対象**にするので、②の Any が正解です。**either と any の用法**を例文で確認します。

● either と any の例文

❸ Either of them can attend the meeting.
彼らのどちらでも会議に参加していいよ。

❹ There are many clothes here. You can take any of these.
ここにたくさんの洋服がある。どれを持って行ってもいいよ。

either と any は、形容詞として **either＋名詞「どちらの名詞でも」**、**any＋名詞「どの名詞でも」**と使います。例文❸・❹のように**代名詞として either of「～のどちらでも」**、**any of「～のどれでも」**と使います。最後のクイズです。

Intro quiz その3 空所に入るのはどっち？

He has no parents ; (　　　) of them is alive.
彼には親がいない。どちらの親も生きてはいない。

① neither　　② none

「生きてはいない」から否定表現を使います。**neither は2つを対象**に**「どちらも～ない」**、**none は3つ以上を対象**にして**「どれも～ない」**です。「どちらの親も～ない」から①の neither が正解です。**neither と none の用法**を例文で確認します。

● neither と none の例文

❺ I have two cars, but neither is expensive.
私は2台車を持っていますが、どちらも高いものではありません。

❻ None of my friends agreed to my plan.
友人の誰も私の計画に賛成しなかった。

neither も none も否定語で、それぞれ代名詞として **neither of**、例文❻のように **none of** や、単独で例文❺のように **neither, none** と使うこともできます。

2つか3つ以上かのまとめ

2つ		3つ以上	
both	「両方」	all	「すべて」
either	「どちらでも」	any	「どれでも」
neither	「どちらも〜ない」	none	「どれも〜ない」

§5 区別が必要な代名詞

Intro quiz その1 空所に入るのはどっち？

(　　　) of the girls was interested in the movie.
その少女たちのそれぞれが、その映画に興味をもっていた。

① Every　　　② Each

～ of A「A の～」の～に入るには、**代名詞の性質が必要**です。クイズその1の② **Each は代名詞なので可能です**が、① Every は代名詞ではないので不正解です。each と every の用法を例文で整理します。

● **each と every の例文**

❶ Every student in my school studies very hard.
私の学校の生徒全員がとても熱心に勉強している。

❷ Each of the boys likes soccer very much.
その少年たちのそれぞれが、サッカーが大好きだ。

例文❶、❷の通り、**every や each は後ろに単数名詞を従えて、単数扱い**になります。当然、**everyone「みんな」も単数扱い**です。each だけ **each of ～「～のそれぞれ」**という形が可能ですが、every of ～ は認められません。次のクイズに進みます。

Intro quiz その2 空所に入るのはどっち？

(　　　) of the letters are written in Spanish.
その手紙のほとんどがスペイン語で書かれている。

① Most　　　② Almost

クイズその1で紹介したように、～ of A「A の～」の～には代名詞の性質が必要です。①の **Most of ～「～のほとんど」**は可能ですが、②の **Almost は副詞なので、Almost of ～ は認められません**。よって①が正解です。以下に、～ of A でよく使う代名詞を整理します。

● ～ of A「A の～」でよく使う代名詞

each of ～「～のそれぞれ」／either of ～「～のどちらか」
some of ～「～の一部」／most of ～「～のほとんど」／all of ～「～のすべて」
＊every of ～, almost of ～ は不可

every of ～、almost of ～ はダメとしっかりとおさえておきましょう。most と almost の用法を例文で確認します。

● most の例文

❸ Most of the boys in those days played baseball.
その当時の少年のほとんどが野球をしていた。

❹ Most people see poverty as unhappiness.
ほとんどの人が貧困を不幸とみなす。

例文❸のように、Most of ～ の「～」には**特定された名詞**がこなければなりません。most of the boys などと**名詞に the を付ける**か、most of us のように**誰かわかる代名詞を置く**か、most of my family のように**所有格でどの名詞かわかる**ようにします。

次に、例文❹のように **most は形容詞で後ろの名詞を修飾できますが、almost は副詞なので直接名詞を修飾する almost people は認められません**。その場合は **Almost all the people** とすると、**副詞の almost が形容詞の all を修飾しているので可能**になります。さらに、**almost everyone も almost の副詞が every の形容詞を修飾しているとみなされるので、可能**になります。

区別が必要な代名詞のまとめ

(1) **each と every は後ろに単数名詞、単数扱い**
　⇒ each of ～ は○、**every of ～ は×**
(2) most は形容詞と代名詞で、**almost は副詞**
　⇒ most of ～ は○、**almost of ～ は×**
(3) most of ～ の「～」には**特定された名詞**
　⇒ most＋名詞は○、**almost＋名詞は×**（almost all＋名詞は○）

another と the other

Intro quiz その1 空所に入るのはどっち？

I have two sons. One lives in Tokyo, and ( ) lives in Shizuoka.
私には２人息子がいて、１人は東京に、もう１人は静岡に住んでいる。

① another ② the other

代名詞の **another, the other, the others, others の使い分け**を学びます。ポイントは２つあり、⑴ **特定できるか否か**、⑵ **単数か複数か**になります。①の **another は元々 an＋other** なので、②の the other との区別は **other を an で不特定にするか、the で特定するかの違い**になります。上のクイズでは、２人息子がいて、１人が東京に住んでいることから、残りの１人を特定できます。よって、the を使った②が正解になります。図で説明すると、以下のようになります。

● **the other** のイメージ（残りの１つ）

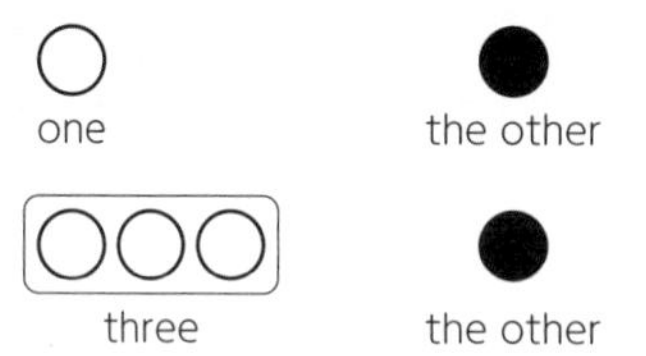

上の図はクイズと同様に、「２つある内の１つ目は～、２つ目は～」というときに使う the other です。下の図のように、「４つある内の、３つ特定されたのちの最後の１つ」も the other です。**the other は最後の１つに使う**と覚えておけばいいでしょう。次のクイズです。

空所に入るのはどっち？

I don't like this shirt. Could you show me (　　　　)?

私はこのシャツが好きではない。もう1つ見せてくれますか。

① another　　　② the other

このクイズでは、残りのシャツがたくさんあってその中の1つなので、不特定の an を使った① another が正解です。**another は残り複数ある中の1つ**に使います。図で説明します。

● another のイメージ（残り複数ある内の1つ）

残りが1つしかないなら特定できるので the other、残りが複数ある内の1つなら特定できないので another になります。another の用法を見ていきます。

● another の例文

❶ To know is one thing, and to teach is another.
知っていることと教えることは別のことだ。

❷ I need another ten minutes.
私にはもう10分必要だ。

❶は、**A is one thing, and B is another.「A と B とは別のことだ」**という表現です。**another は an＋other** で成り立っていることからもわかる通り、**本来後ろに複数名詞ではなく単数名詞**がきます。❷のように、**複数形が許される場合は、その複数形を1つの単位とみなす場合**です。❷では、ten minutes を1つの単位とみなして、another の後ろに置かれています。次のクイズに進みます。

Intro quiz その3 空所に入るのはどっち？

Two of the family members agreed, but (　　　) disagreed.

家族のうち、2人は賛成したが、残りの全員が反対した。

① others　　② the others

このクイズは、残りの全員を代名詞で表すパターンです。まずは**残りの全員から複数とわかるので、others** とします。次に、**残りの全員であれば特定できるので the** を使って、②が正解になります。**the others は複数ある残りの全部**に使います。図で説明します。

● the others のイメージ（残り複数ある内の全部）

two

the others

最後のクイズです。

Intro quiz その4 空所に入るのはどっち？

Some like soccer, and (　　　) like baseball.

サッカーが好きな人もいれば、野球が好きな人もいる。

① others　　② the others

サッカーが好きな人を除くと、その他には野球が好きな人やゴルフが好きな人などもいます。**残り複数ある内の一部なので特定できず、複数いるので others** の①が正解です。**Some ～ , and others … .「～する者もいれば、…する者もいる」**という表現です。図で説明します。

● others のイメージ（残り複数ある内の一部）

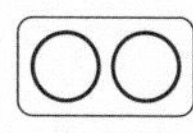

some

others

another と the other のまとめ

(1) **another** ＝an＋other ⇒ 残り複数ある内の１つ

A is one thing, and B is another.「A と B とは別のことだ」

another の後ろは単数名詞、複数名詞を置く場合はその名詞を１つの単位とみなす

(2) **the other** ⇒ 残りの１つを表す（the は特定）

(3) **the others** ⇒ 残りの全部（the は特定＋複数形）

(4) **others** ⇒ 残り複数ある内の一部

Some ～ , and others … .「～する者もいれば、…する者もいる」

チェック問題

1. **I've lost my fountain pen. I have to buy (　　　) tomorrow.**

   ① it　　② this　　③ that　　④ one

   (獨協大)

2. **The climate of Saitama is milder than (　　　) Hokkaido.**

   ① it is　　② that is　　③ that of　　④ those of

   (日本工業大)

3. **There are two roses in the vase. One is a white rose and (　　　) is scarlet.**

   ① another　　② the other　　③ some　　④ the others

   (亜細亜大)

4. **Out of seven members of the committee, only two agreed to the proposal and (　　　) objected to it.**

   ① another　　② the other　　③ the others　　④ others

   (東邦大)

5. **(　　　) people think Fred is telling the truth, but I don't believe him.**

   ① Almost　　② Most　　③ Most of　　④ The most

   (日本女子大)

解答・解説

1. ④ 万年筆を無くしてしまった。明日買わなければいけない。

it は前出の名詞そのものを指すが、無くしたペンそのものを買うことはできないので不可。**one は前出の名詞と同一種類のもの**を指すので、④が正解。

2. ③ 埼玉の気候は北海道の気候より温暖だ。

the＋名詞の代名詞で、**後ろに of 〜 の修飾語句を置く**のは **that** なので、③が正解。この that は the climate を表す。

3. ② 花瓶に 2 本のバラがある。一本は白バラでもう一本は深紅色（しんくいろ）だ。

「**2 つある内の残りの 1 つ**」は **the other** で表すので、②が正解。**the other** は**最後の 1 つ**に使う。

4. ③ 委員会の 7 人のメンバーのうち、2 人しかその提案に賛成せずに、残り全員が反対した。

「**残りすべて**」と特定できる複数がいる場合は、**the others** で表すので、③が正解。

5. ② ほとんどの人がフレッドは真実を言っていると思っているが、私は彼の言うことは信じない。

① Almost は**副詞で名詞を修飾できない**ので不可。③ Most of は**後ろの名詞が the people のように限定されていなければいけない**ので不可。② Most が **Most people**「**ほとんどの人**」で正解。

横断英文法⑫

that で横断する

英語の世界で、that は役割がとても多い単語です。**第 13 章 §1 関係代名詞の基本、第 15 章 §4 従属接続詞③（因果・様態）、§5 名詞節を導く接続詞①、第 17 章 §3 one ／it／that** で登場しました。that で横断していきます。

> ◆ 第 13 章 §1 関係代名詞の基本の例文
>
> This is a song that is very popular among young people.
> これは若者にとても人気の曲です。

関係代名詞の that は、所有格を除くとすべての関係代名詞の代わりができます。ただし他の関係代名詞と異なり、**カンマを前につけること**や**前置詞＋関係代名詞の形で使うことは認められません**。下で紹介する**同格の that と異なり、後ろは名詞の欠けた不完全文**になります。

> ◆ 第 15 章 §5 名詞節を導く接続詞①の例文
>
> The fact that you are my friend is important.
> あなたが私の友人だという事実が重要だ。

この that は**同格の that** で**接続詞なので、後ろの文は名詞の欠けのない完全文**になります。**the fact that ～「～という事実」**という意味です。上で紹介した通り、前置詞＋関係代名詞の形で that は使えませんが、**前置詞＋接続詞の that** は、以下の表現に限り認められています。

> ◆ 前置詞＋that の例文
>
> Men differ from animals in that they can think and speak.
> 人間は考えたり話したりできる点で、動物とは異なる。

in that ～「～という点で（理由で）」や **except that ～「～を除いて」**が例外的に前置詞＋that として認められます。続いて、**so や such とセットで使う接続詞の that** です。

◆ 第 15 章 §4 従属接続詞③（因果・様態）の例文

① The movie was so boring that we fell asleep.
その映画はとても退屈だったので、私たちは寝てしまった。

② Please speak louder so that I can hear you.
聞こえるようにもっと大きな声で話してください。

①は **so 〜 that …「とても〜なので…」**です。似た表現に **such 〜 that …「とても〜なので…」**もあります。so は副詞で such は形容詞なので、so の後ろは形容詞か副詞、such の後ろは名詞という違いがあります。②は **so that S＋助動詞「S が〜するように」**です。これらはすべて接続詞の that になります。続いて、**名詞節の that** です。

◆ 第 15 章 §5 名詞節を導く接続詞①の例文

I know that you are married.　私はあなたが結婚していることを知っている。

名詞節の that は**「〜ということ」**という意味で、文の S・O・C になります。この that の品詞は接続詞です。最後に、**代名詞の that** です。

◆ 第 17 章 §3 one／it／that の例文

The population of Tokyo is twice as large as that of this city.
東京の人口はこの街の 2 倍多い。

ここでの that は**前に出てきた the＋名詞の代わり**をしています。その他に That book isn't much help.「その本は大して役に立たない」のように形容詞的に、あるいは That is my book.「それは私の本です」と使用する代名詞の用法があります。

「that で横断する」のまとめ

(1) that は**関係代名詞、接続詞**（同格の that、名詞節の that など）、**代名詞**
(2) **関係代名詞の that は後ろが不完全文、接続詞の that は後ろが完全文**

形容詞・副詞

§0 文法用語の説明

限定用法

形容詞は、名詞を修飾するか補語として使用します。限定用法とは、意味を限定するということで、**名詞を修飾する用法**のことです。

叙述用法

形容詞の用法のうち、**補語として使用する用法**のことです。第2文型（SVC）、第5文型（SVOC）などでCの位置に形容詞を使用する用法です。叙述とは、物事の事情や性質を詳しく述べることで、第2文型ではSを、第5文型ではOを詳しく説明します。

制約のある形容詞

形容詞には一部、叙述用法でしか使えないものがあります。例えば、asleep「眠っている」などは叙述用法でしか使用できません。

区別が必要な形容詞

例えばsensitive「敏感な」、sensible「分別（ふんべつ）のある」など、似た形の形容詞を区別します。

数量を表す形容詞

数量の多い・少ないを表すmany, few, much, littleなどの使い分けを学びます。

注意が必要な副詞

例えば「海外に行く」をgo to abroadとしてはいけません。abroadは副詞なので、前置詞を置かずにgo abroadとします。他にも、hardとhardlyの区別などを扱います。

制約のある形容詞

Intro quiz　その1　空所に入るのはどっち？

He tried to wake up (　　　) daughter.

彼は眠っている娘を起こそうとした。

① a sleeping　　② an asleep

sleeping も asleep も「眠っている」の意味なので、①も②も正解になりそうですが、①が正解です。**asleep のような a から始まる一部の形容詞は、前で名詞を説明する限定用法では使用できません。名詞の後ろに置く**か、**補語で使用する叙述用法でしか使用できません。**以下に、**名詞の前に置くことのできない形容詞**を整理します。

● 名詞の前に置くことのできない形容詞

alive「生きている」／asleep「眠っている」／awake「目覚めている」
aware「気付いている」／alike「似ている」

上記のような **a から始まる形容詞の一部は、元々 on＋名詞と前置詞のカタマリであったこと**がこの制約の理由です。これがわかると、an asleep baby がおかしいとわかります。これを認めると、an on sleep baby と**前置詞のカタマリが後ろの名詞を説明する現象を認めることになってしまいます。**一方で、**He is on duty. や the policeman on duty ～ のように、be 動詞の後ろに前置詞のカタマリを置いて説明したり、名詞の後ろに前置詞のカタマリを置いて説明したりすることは文法上問題ありません。**よって、The baby is asleep. や、the old man asleep が認められることがわかるでしょう。次のクイズに進みます。

Intro quiz その2 下線部の意味はどっち？

Those present at the party were glad to hear the news.

① 現在の　② 出席している

those present「**出席者**」から、②が正解です。これは元々 those who are present から who are が省略された表現です。**present** は**補語で使用する叙述用法**ではクイズその2のように「**出席している**」で、**名詞を修飾する限定用法**では「**現在の**」という意味になります。意味は「そのパーティーの出席者は、その知らせを聞いて喜んだ」です。**叙述用法と限定用法で意味が異なる形容詞**をまとめます。

point 叙述用法と限定用法で意味が異なる形容詞

形容詞	叙述用法	限定用法
present	出席している	現在の
certain	確かな	ある
late	遅い	故〜（亡くなった人の呼称（こしょう））

次のクイズに進みます。

Intro quiz その3 空所に入るのはどっち？

(　　　) to carry out the plan.

あなたがその計画を実行するのは可能だ。

① You are possible　② It is possible for you

possible は人を主語にして使用することはできず、It is possible for＋人＋to *do*. の形で使用するので、正解は②です。「〜できる」は、**人＋be able to *do***、**人＋be capable of *doing*** で表すこともできます。**人を主語にしない形容詞の例**をあげます。

● 人を主語にしない形容詞の例

possible「可能な」／convenient「都合の良い」／necessary「必要な」

possible は人を主語にとりませんが、**impossible** は He is impossible to get along with.「彼とはやっていけない」のように人を主語にとります。不定詞の副詞的用法のうち形容詞修飾（p.168）の表現です。他にも、**convenient**「都合の良い」、**necessary**「必要な」などは人を主語にとりません。

制約のある形容詞のまとめ

(1) **a から始まる一部の形容詞は、名詞の前に置かない**（alive／asleep／awake など）

(2) 叙述用法と限定用法で意味が異なるものもある
（**present** は叙述用法で「**出席している**」、**限定用法**で「**現在の**」となる）

(3) **人を主語にできない形容詞**に注意（possible／convenient／necessary など）
ただし impossible は不定詞の副詞的用法（形容詞修飾）で、人を主語にとることが可能

§2 区別が必要な形容詞

Intro quiz その1 空所に入るのはどっち？

You should be (　　　) toward the elderly. 高齢者に敬意を払うべきだ。
① respectable ② respectful

respectable「立派な」、**respectful**「尊敬する」だけではこの両者の本質的な意味の違いがわかりません。**able は可能と共に、受動の意味をもつ**ことがあります。よって、**respectable** は「**尊敬される**」と受動の意味をもち、そこから「**立派な**」となります。それに対して **respectful は能動の意味**があり、クイズの英文は「あなたが高齢者を尊敬するべきだ」と能動関係なので②が正解です。「あなたが高齢者から尊敬されるべきだ」と受動関係ではないので①は不正解です。respect から派生した形容詞をまとめます。

● **respect** から派生した形容詞

respectful「尊敬する」(能動) ⇔ respectable「立派な」(受動)

respective「それぞれの」

respect から派生した形容詞である **respectful**, **respectable**, **respective** の中で、respective だけが仲間外れです。**respect「尊敬」の意味から派生した形容詞が respectful と respectable** なのに対して、**respective は respect の「点」の意味から派生して「それぞれの」という意味**になっています。次のクイズに進みます。

Intro quiz その2 空所に入るのはどっち？

Unicorns are (　　　) creatures. ユニコーンは想像上の生き物だ。
① imaginary ② imaginative

このクイズは、imagine「想像する」から派生した形容詞が問題になっています。imaginary「想像上の」、imaginative「想像力に富んだ」から、①が正解です。imagine から派生した形容詞をまとめます。

● **imagine から派生した形容詞**

imaginary「想像上の」／imaginative「想像力に富んだ」

imaginable「想像できる」

imagine から一番素直に派生した形容詞が imaginary「想像上の」で、**imagine に -ive「豊富な」が付いて imaginative「想像力に富んだ」**、**imagine に -able「可能」がついて imaginable「想像できる」**になります。次のクイズです。

Intro quiz　その3　空所に入るのはどっち？

He is a (　　　) man.　彼は分別のある人だ。

① sensible　② sensitive

sense「感覚・感じる」から派生した形容詞です。**sensible** は「**分別のある**」で、**sensitive** は「**敏感な**」から、①が正解です。**sense から派生した形容詞**をまとめます。

● **sense から派生した形容詞**

sensible「分別(ふんべつ)のある」／sensitive「敏感な」

sense「感じる」＋-ible「可能」＝ **sensible**「(物事の善悪を) **感じることのできる**」＝「**分別のある**」になります。sense「感覚」＋-ive「豊富な」＝ **sensitive**「**感覚が豊富な**」＝「**敏感な・繊細(せんさい)な**」になります。

区別が必要な形容詞のまとめ

(1) **respectful**「尊敬する」(能動)
⇔ **respectable**「立派な」(受動)
respective「それぞれの」(respect「点」の意味から派生)

(2) **imaginary**「想像上の」／**imaginative**「想像力に富んだ」／**imaginable**「想像できる」

(3) **sensible**「分別のある」／**sensitive**「敏感な」

数量を表す形容詞

Intro quiz その1 空所に入るのはどっち？

There are (　　　) in his room. 彼の部屋にはかなり多くの本がある。

① quite a few books　② very few books

few は単独で使うと否定の意味で「ほとんどない」です。よって、**very few は否定の意味の few を強めた表現なので「ごくわずかしかない」**になります。一方で、few に **a がついて初めて肯定の意味になり、a few「少しある」**になります。**quite を付けると、その肯定の意味が強くなるので、quite a few「かなり多くの」**になります。よって、①が正解です。few に関連する表現をまとめます。

● few に関連する表現（可算名詞）

few「ほとんどない」／very few「ごくわずかしかない」

a few「少しある」／quite a few「かなり多くの」

only a few「ほんの少ししかない」

only a few は、a few が「少しある」という肯定の意味でも、**only が「～しかない」という否定的な意味**なので、**「ほんの少ししかない」**という意味になります。次のクイズに進みます。

Intro quiz その2 空所に入るのはどっち？

I had (　　　) money at that time.

私はそのとき、ほとんどお金を持っていなかった。

① few　② little

few も little も「ほとんどない」と否定の意味ですが、**few は可算名詞、little は不可算名詞に使う**という違いがあります。クイズその2の money は不可算名詞なので、②が正解です。little に関連する表現をまとめます。

● **little に関連する表現（不可算名詞）**

little「ほとんどない」／very little「ごくわずかしかない」

a little「少しある」／quite a little「かなり多くの」

only a little「ほんの少ししかない」

few と同様に **little 単独では否定語なので very little「ごくわずかしかない」**です。**a が付くと肯定の意味になり、a little「少しある」、quite で意味を強めると quite a little「かなり多くの」、only で否定の意味が付くと only a little「ほんの少ししかない」**です。最後のクイズです。

Intro quiz　その3　空所に入るのはどっち？

I have (　　　) friends.　私にはたくさんの友人がいる。

① much　　② many

much も many も「たくさんの」という意味ですが、**much は不可算名詞に使い「量が多い」**ことを示し、**many は可算名詞に使い「数が多い」**ことを示します。friends は可算名詞なので、②の many が正解です。**可算名詞・不可算名詞両方に使えるのは some「いくつかの（いくらかの）」と a lot of「たくさんの」**です。

数量を表す形容詞のまとめ

	可算名詞(数)	不可算名詞(量)
ほとんどない	few	little
ごくわずかしかない	**very few**	**very little**
少しある	a few	a little
かなり多くの	**quite a few**	**quite a little**
ほんの少ししかない	**only a few**	**only a little**
たくさんの	many（a lot of)	much（a lot of)
いくつかの（いくらかの）	some	

副詞の基本

Intro quiz その1 always をどこに入れる？

I read a newspaper during breakfast. 私はいつも朝食のときに新聞を読む。

① I と read の間 ② read と a newspaper の間

always「いつも」は**頻度を表す副詞**と言われます。**頻度を表す副詞は、一般動詞の前、助動詞の後ろに置く**というルールがあります。ちなみに一般動詞とは、be 動詞以外の動詞のことですが、もっとシンプルに考えましょう。頻度を表す副詞には、often「よく」、usually「たいていは」などがありますが、実は not「～しない」も頻度を表す副詞です。すると、**頻度を表す副詞は not と同じ位置に置けば良い**とわかります。上のクイズを否定文にすると、I do **not** read a newspaper during breakfast. となるので、正解は I と read の間の①が正解です。**頻度を表す副詞**をまとめます。

● 頻度を表す副詞

not「～ない」 never「決して～ない」
➡ rarely（seldom）「めったに～ない」
➡ sometimes「時々」➡ often「よく」➡ frequently「頻繁に」
➡ usually「たいていは」➡ always「いつも」

not や never が頻度ゼロとすると、rarely → sometimes → often → frequently → usually → always の順に頻度が高くなります。入れる位置に迷ったら、すべて **not と同じ位置**と覚えておきましょう。頻度を表す副詞のほかにも、slowly「ゆっくりと」のような**様態を表す副詞**、here「ここで」のような**場所を表す副詞**、then「そのとき」のような**時を表す副詞**も存在します。次のクイズです。

Intro quiz　その2　副詞が修飾できない品詞は？

① 動詞　② 形容詞　③ 副詞　④ 名詞

副詞の役割は、1. 動詞を修飾、2. 形容詞を修飾、3. 副詞を修飾、4. 文を修飾することで、名詞だけは修飾することができないので、④が正解です。例文で見ていきましょう。

● 副詞の用法

❶ **動詞を修飾する**
You should speak English clearly.　あなたは英語をはっきりと話すべきだ。

❷ **形容詞を修飾する**
The sky is clearly visible today.　今日の空ははっきりと見える。

❸ **副詞を修飾する**
My son runs very fast.　私の息子は足がとても速い。

❹ **文を修飾する**
Clearly, that is not true.　明らかに、それは真実ではない。

副詞には、❶のように speak English **clearly**「英語をはっきりと話す」と**動詞を修飾**する働きがあります。❷のように、**clearly** visible「はっきりと見える」と**形容詞を修飾**する働きもあります。続いて、❸のように **very** fast と**副詞を修飾**する働きもあります。また❹のように、文頭などに置いて **Clearly** が後ろの文の that is not true を修飾する**文修飾**の働きもあります。反対に、**副詞は名詞以外を修飾する**、と覚えても良いでしょう。次のクイズです。

Intro quiz　その3　空所に入るのはどっち？

(　　　) people attended the party.

ほとんどの人がそのパーティーに出席した。

① Almost　② Most

空所の後ろは people で、品詞は名詞です。①の **Almost は副詞で名詞を修飾できない**ので、正解は②です。このクイズにも、**副詞が名詞を修飾できない**というルールが役に立ちます。次のクイズに進みます。

Intro quiz その4 空所に入るのはどっち？

I am not as (　　　) as my wife.　私は妻ほど料理が上手ではない。

① a good cook　② good a cook

as ～ as …「…と同じくらい～だ」の**先頭の as は実は副詞**です。副詞は名詞を修飾できないので、名詞のカタマリである①の a good cook を置くことはできません。②なら、副詞の as が形容詞の good を修飾しているので、正解です。**as, so, too などの副詞＋形容詞＋冠詞＋名詞の語順**になります。**語順に要注意な副詞の例**を紹介します。

● 語順に要注意な副詞

❶ **so**
He is so kind a person.　彼はとても親切な人だ。

❷ **比較の as ～ as … の先頭の as**
He is as great a man as ever lived.　彼は並外れて優れた人間だ。

❸ **too**
It's too hot a day to do any work.　今日は暑すぎて仕事にならない。

❶は **so が副詞**なので、後ろは**形容詞＋冠詞＋名詞の語順**になることから、so kind a person とします。❷も先頭の **as が副詞**なので、形容詞と引き合い、as great a man となります。ちなみに、**as ～ as ever lived** で「かつて生きた誰にも劣らず～」＝「**並外れて～**」という表現です。❸は **too が副詞**なので形容詞の hot と引き合い、too hot a day となります。

副詞の基本のまとめ

(1) 頻度を表す**副詞は not と同じ位置に置く**
(2) **副詞は名詞以外を修飾**する
(3) **so／比較の as ～ as … の先頭の as／too** は**副詞**、副詞の後ろは**形容詞＋冠詞＋名詞の語順**になる

§5 注意が必要な副詞

Intro quiz その1 空所に入るのはどっち？

I (　　　) at seven last night.　私は昨晩7時に帰宅した。

① came to home　② came home

home は元々「家」の意味の名詞で、実際に名詞で使うこともよくあります。しかし、クイズのように**「帰宅する」や「家にいる」の文脈では副詞として使用し、come home, go home, be home** のように使用します。よって、②が正解です。このように、**「一見名詞のようで実は副詞」という単語は、前置詞の後ろでは使わないので要注意**です。以下にまとめます。

● 名詞と間違えやすい副詞の例

home「家に」／upstairs「上の階に」／downstairs「下の階に」

abroad, overseas「海外に」／downtown「繁華街に」

例えば、「海外旅行する」、「留学する」と言いたいときに、travel to abroad や study to abroad のような表現は認められません。abroad は副詞なので、前置詞 to は不要で、**travel abroad, study abroad** と使います。次のクイズに進みます。

Intro quiz その2 結局どっち？

I could hardly sleep last night.

① ぐっすり眠れた　② ほとんど眠れなかった

hard は「熱心に」ですが、**hardly** になると**「ほとんど〜ない」**と否定の意味になるので、正解は②です。両者は一見何のつながりもなさそうですが、hard の「難しい」から派生します。**「難しい」**⇒**「〜するのが難しい」**⇒**「ほとんど〜できない」**⇒**「ほとんど〜ない」**と意味が派生しました。**-ly が付くと意味が変わる副詞**をいくつか紹介します。

point -ly が付くと意味が変わる副詞

副詞	＋-ly
hard「熱心に」	hardly「ほとんど〜ない」
late「遅い」	lately「最近」
near「近い」	nearly「ほとんど」

hardly「ほとんど〜ない」、**lately**「最近」が盲点になりがちなので、しっかりとおさえておきましょう。次のクイズに進みます。

Intro quiz その3 空所に入るのはどっち？

What is important, (　　　　), is never to give up.

けれども、重要なのは決してあきらめないことなんだ。

① although　　② though

although は接続詞で、**though** は接続詞と**接続副詞**の両方の役割があります。クイズのように**文中に挿入できるのは、接続副詞**で、接続詞は認められません。よって、②が正解です。接続副詞とは、品詞は副詞ですが、接続詞のように文のつながりを示す働きがあるものです。接続詞と違って、単独で文頭、文中、文尾に置くことができます。代表的な**接続副詞**を紹介します。

● 代表的な接続副詞の例

however「しかしながら」／though「もっとも」
nevertheless「それにもかかわらず」／therefore「それゆえに」
instead「その代わりに」

注意が必要な副詞のまとめ

(1) 名詞と間違えやすい副詞（**home**／**abroad**／**downtown** など）
(2) -ly が付くと意味が変わる副詞（**hardly**／**lately**／**nearly** など）
(3) 単独で文頭、文中、文尾に置ける接続副詞
（**however**／**though**／**therefore** など）

チェック問題

1. **Mrs. White loves to watch the face of her (　　　) baby.**

   ① asleep　② sleep　③ sleeping　④ probable

   (専修大)

2. **It was clear that the young man was (　　　) of running the store.**

   ① able　② capable　③ reliable　④ responsible

   (大谷大)

3. **If you are not (　　　) toward your elders in Japanese society, you will often get into trouble.**

   ① respective　② respectable　③ respectful　④ respecting

   (慶應義塾大)

4. **All the events described in this story are (　　　). They didn't really happen.**

   ① imaginary　② imaginable　③ images　④ imagery

   (名古屋外国語大)

5. **You've made a (　　　) decision. Any reasonable person would have done the same.**

   ① sensational　② sensible　③ sentimental　④ sensitive

   (東海大)

解答・解説

1. ③ ホワイトさんは、眠っている赤ん坊の顔を眺(なが)めるのが大好きだ。

①の **asleep は叙述用法**（C で使う）で主に使用するのに対して、**限定用法**（名詞を修飾）で使用できるのは③の **sleeping**。よって③が正解。

2. ② その若い男性がお店を経営できたのは明らかだった。

be capable of *doing*「〜できる」より②が正解。①は be able to *do*「〜できる」の形で使う。

3. ③ 日本社会で高齢者に敬意を払わないなら、よくトラブルになるだろう。

respectful「〜に敬意を払う」より③が正解。① **respective「それぞれの」**、② **respectable「立派な」**と区別すること。

4. ① この物語で描かれたすべての出来事は想像上のものだ。実際には起きていなかった。

imaginary「想像上の」より①が正解。②の **imaginable「想像できる」**と区別すること。

5. ② あなたは賢明な決断をした。理性的な人なら誰でも同じことをしただろう。

sensible「分別のある、賢明な」より②が正解。④の **sensitive「敏感な」**と区別すること。① sensational「驚くべき」 ③ sentimental「感傷的な」

前置詞

§1 at と on と in

Intro quiz その1 空所に入るのはどっち？

Our school begins (　　　) nine. 私たちの学校は9時から始まる。
① from ② at

「～から」という日本語に引っ張られると、ついつい①の from を選んでしまいがちです。しかし、日本語で前置詞を考えるのはやめましょう。**前置詞は、その核をつかむことで様々な用法に応用が利きます**。例えば、このクイズでは、**時刻の at** なので②が正解ですが、なぜ時刻には at を使うのかを考えてみましょう。これは **at の核が『点』**であることから生まれる用法になります。**時刻に at を使う**のは、**時計の針が指し示す先を点としてネイティブはとらえているから**なのです。**at の用法**を見ていきましょう。

● at の用法 ⇒ 核となるイメージは『点』

❶ **時刻の at**
Our company begins at ten o'clock. 私たちの会社は10時に始まる。

❷ **場所の at**
I was at the station then. 私はその時駅にいた。

❸ **割合の at**
The temperature stands at 25℃. 気温は摂氏(せっし)25度だ。

❹ **対象の at**
Everyone in the class laughed at me. クラスの全員が私を笑った。

❺ **感情対象の at**
I was surprised at his success. 私は彼が成功したのに驚いた。

❶の**時刻の at** は、上のクイズで説明したように、**時計の針が指す先を点としてとらえるイメージ**からでした。続いて、❷の**場所の at** です。これは**地図を広げて目的地を指で指すイメージ**です。やはり**点のイメージ**です。❸の**割合の at** は、**温度やスピード**を表すことができます。これも**温度計や速度計の目盛りの先を点としてとらえるイメージ**です。

❹の対象の **at** は、**標的のイメージ**です。look at「〜を見る」は**視線の先を標的の1点**で、aim at「〜をねらう」も**標的の先を1点**でとらえているイメージです。laugh at も元々「〜をあざ笑う」というニュアンスがあるので、**標的のイメージの at** です。❹の**対象の at に感情が加わる**と、❺の**感情対象の at** となります。be surprised **at**「〜に驚く」、be disappointed **at**「〜に失望する」、be shocked **at**「〜にショックを受ける」など**強めの感情の対象に at が好まれます**。次のクイズに進みます。

Intro quiz　その2　空所に入るのはどっち？

Japanese universities usually begin (　　　) April 1.

日本の大学はたいてい4月1日から始まる。

① from　　② on

クイズその1と同様に、「〜から」に引っ張られて①としないようにしましょう。4月1日のような**具体的な日付は on を使う**ので正解は②です。では、なぜ日付に on を使うのでしょうか。on の核は『**接触**』です。「**何かの土台に接触して立つ**」ことから**根拠の on**「**〜に基づいて**」が生まれます。**曜日や日付に基づいて行動するイメージ**から on を使います。例えば、英語圏に多いキリスト教徒は、日曜日には礼拝に教会に行き、私たち日本人も誕生日や結婚記念日にはお祝いをします。**on の用法**を見ていきましょう。

● **on の用法 ⇒ 核となるイメージは『接触』**

❶ **信頼の on**

Japan depends on foreign countries for oil.

日本は石油を外国に頼っている。

❷ **根拠の on**

The fact is based on careful research.

その事実は注意深い研究に基づいている。

❸ **曜日・日付の on**

The party was held on January 21.

そのパーティーは1月21日に開かれた。

❹ **影響の on**

The book had a great influence on me.

その本は私に大きな影響を与えた。

onにおいて核となるイメージは『接触』です。くっついていれば、上ではなくても There's a picture **on** the wall.「壁に絵がかかっている」、There's a fly **on** the ceiling.「天井にハエがいる」と使えます。単純な『接触』から「**人と人との接触**」へと広がり、**信頼の on** になります。❶のように、**depend on**「〜に頼る」や **count on, rely on, fall back on** もすべて「**〜に頼る**」です。

続いて、「**何かの土台に接触して立つ**」ことから**根拠の on** です。❷のように **be based on**「〜に基づいている」や **on purpose**「わざと」に使われています。**根拠の on＋purpose**「**目的**」＝「**目的に基づいて**」＝「**わざと**」になります。❸の**曜日・日付の on** も「**曜日や日付に基づいて行動する**」ことからきています。❹の**影響の on** は **have an influence (effect, impact) on 〜** で、影響が〜に接触して「**〜に影響を与える**」です。次のクイズに進みます。

Intro quiz その3 空所に入るのはどっち？

The sun rises (　　　) the east. 太陽は東から昇る。

① from ② in

クイズその1、その2と同様に「〜から」でfromを選んではいけません。正解はinになります。**方角を表すのは in** だからと、②を正解とするのもやめましょう。前置詞は、核をつかんでからイメージを広げます。inの核は『**包囲**』です。**四方を囲まれた空間**をイメージしてください。日本人の感覚では「東から」というと指を差して点のイメージかもしれませんが、ネイティブの感覚では「東から」は**東の方向を大きな空間でイメージ**します。**in の用法**を見ていきます。

● in の用法 ⇒ 核となるイメージは『包囲』

❶ **方角の in**

You are going in the right direction.
あなたは正しい方向に進んでいる。

❷ **状態の in**

I'm in good health.
私はとても健康だ。

❸ **着用の in**

You look nice in blue.
あなたはブルーの服が似合う。

❹ **時の経過の in**

I'll be back in ten minutes.
10 分後に戻るよ。

❶はクイズと同様に**方角の in** です。**ネイティブは方角を日本人よりもっと広い空間**でとらえます。❷は**人がオーラに包まれているイメージ**から、**状態の in** です。**fall in love with**「～と恋に落ちる」はハートマークに包まれているイメージ、**get in touch with**「～と連絡をとる」は誰かと接触した空間に包まれているイメージです。❸の**着用の in** は**人が洋服に包まれているイメージ**です。❹の**時の経過の in** は、私が戻ってくるという行為が 10 分という時間に包まれているイメージです。

at と on と in のまとめ

(1) at の核は『**点**』
⇒ 時刻の at／場所の at／割合の at／対象の at／感情対象の at

(2) on の核は『**接触**』
⇒ 信頼の on／根拠の on／曜日・日付の on／影響の on

(3) in の核は『**包囲**』
⇒ 方角の in／状態の in／着用の in／時の経過の in

§2 from と to

Intro quiz その1 空所に入るのはどっち？

Butter are made (　　　) milk. バターはミルクで作られている。

① from　　② of

be made from が原料で、**be made of** が材料だから、①が正解です。**原料は見てもそれとわからない**が、**材料は見たらそれとわかるもの**と言われますが、これはなぜでしょうか。**from には分離**のイメージがあるのに対して、**of にはつながり**のイメージがあります。**原料はもはや完成品とは分離していて見てもわからないので from** ですが、**材料は完成品を見てわかるようなつながりがあるので of** です。from の核となるイメージは『**起点**』です。用法を見ていきましょう。

● from の用法 ⇒ 核となるイメージは『起点』

❶ **出発点の from**

We walked from the station to my house. 私たちは駅から家まで歩いた。

❷ **原料の from**

Coffee is made from coffee beans. コーヒーはコーヒー豆から作られる。

❸ **原因の from**

Many people are dying from hunger every day.

毎日多くの人が餓死（がし）している。

❹ **分離の from**

I prevented her from going there. 私は彼女がそこに行くのを妨（さまた）げた。

❺ **区別の from**

I can't tell him from his brother. 私は彼を彼の兄と区別できない。

❶は **from A to B「A から B まで」**で、from は起点から**出発点**を表し、**to は反対の概念で到達点**です。❷の**原料の from** は、コーヒー豆がコーヒーの出発点ですが、of のような目に見えるつながりはないので、from を使います。❸の**原因の from** も、死に至る起点は hunger でこれを原因と表します。❹の**分離の from** は、**起点からスタートして、徐々に離れていって分離を表す**ようになりました。her と going there を分離して「**妨（さまた）げる**」の意味になります。

❺の区別の **from** は、似たようなものを分離することで**区別する**ことにつながります。次のクイズに進みます。

Intro quiz その2 意味はどっち？

It's ten to six.　① 6時10分　② 5時50分

six に ten と数字だけに着目すると、6時10分としてしまうかもしれません。しかし、前置詞の to が入っています。**to は矢印のイメージなので、six に向かって ten があるという意味**になります。よって、「**6時になるまでに10分ある**」ということから、5時50分の②が正解になります。to は『**矢印**』、そして『**到達**』のイメージです。

● to の用法 ⇒ 核となるイメージは『到達・矢印』

to *one's*＋感情名詞

To my surprise, he failed the exam.　驚いたことに、彼は試験に落ちた。

to *one's*＋感情名詞「**〜なことに**」も to の**到達**のイメージで説明できます。上の例文は、元々 He failed the exam **to my surprise**. でした。英語の情報構造の観点では、この語順だと to my surprise「私が驚いた」が強調されてしまいます。それよりも、「彼が試験に落ちた」ことが重要なメッセージなので、to my surprise を文頭に出します。他にも、感情名詞のところに **disappointment, sorrow, regret, joy** などが入って、順に「**失望したことに**」、「**悲しいことに**」、「**残念ながら**」、「**嬉しいことに**」となります。

from と to のまとめ

(1) from の核は『**起点**』

⇒ **出発点**の from／**原料**の from／**原因**の from／**分離**の from／**区別**の from

(2) to の核は『**到達・矢印**』

⇒ **to *one's* ＋感情名詞**「〜したことに」

§3 for と by

Intro quiz 空所に入るのはどっち？

I'm all (　　　) it.　大賛成だよ。

① to　　② for

to の「**到達**」と近いのが for の「**方向**」になります。to は実際に向こうに到達することを示しますが、**for は方向を示すだけ**です。for の方向から、**心が向かう**と用法が広がり、**賛成の for** が生まれます。よって、正解は②になります。**I'm all for it.** で「**大賛成**」、all は強調で「すっかり」の意味です。for の核は『**方向**』なので、細かい用法を見ていきましょう。

● for の用法 ⇒ 核となるイメージは『方向』

❶ **方向性の for**
The train left Nagoya for Tokyo.　電車は東京に向かって名古屋を出発した。

❷ **賛成の for**
Are you for or against the plan?　あなたはその計画に賛成ですか、反対ですか。

❸ **追求の for**
I've been waiting for her for a long time.　私はずっと彼女を待っている。

❹ **理由の for**
The city is known for its beauty.　その町は美しいことで有名だ。

❺ **交換の for**
I got the car for nothing.　私はその車を無料で手に入れた。

❶は **leave A for B**「**B に向かって A を出発する**」です。A を出発して B の方向に向かっています。The train is bound **for** Nagoya.「その電車は名古屋行きだ」の for も方向性を表します。心が向かうと❷の**賛成の for** です。**反対の against** とセットでおさえましょう。

❸も気持ちが向かうことで、**追求の for**「**～を求めて**」が生まれます。**wait for**「～を待つ」、**look for**「～を探す」、**ask for**「～を求める」などにも使われています。

❹は**追求の for「〜を求めて」から、「〜のために」**と、**理由の for** へと意味が広がります。fight for freedom「自由を求めて戦う」＝「自由のために戦う」といった感じです。❺は**一方通行の矢印（⇒）から、双方向の矢印（⇔）**に広がり、**交換の for** が生まれます。**for nothing** は、**「ゼロと引き換えに」＝「無料で」**となります。**take A for B「A を B と思う」**も**交換の for** で、そこから **take A for granted「A を当然と思う」**が生まれます。grant「認める」が過去分詞になって、granted「(世の中に) 認められた」＝「当然の」となります。続いて **by の用法**を見ていきます。

● by の用法 ⇒ 核となるイメージは『近接』

❶ **行為者の by**

I was attacked by two men last night.　私は昨晩 2 人組の男に襲われた。

❷ **期限の by**

I'll be back by Sunday night.　日曜の夜までには戻るよ。

❸ **by を使った熟語**

Thank you for standing by me.　私の味方をしてくれて感謝しています。
It's hard for me to come by the house.　私がその家を手に入れるのは難しい。

by の核は**『近接』**、すなわち**近くにいること**です。❶は、受動態で使う by ですが、これも**「私」の近くに 2 人の男がいた**イメージです。❷は**期限の by「〜までには」**です。例文では、**「日曜の夜付近までには帰るよ」**といったイメージです。**until「〜までずっと」**と区別しましょう。❸は by を使った熟語です。**stand by「〜の近くに立つ」＝「〜の味方する」**です。**come by「〜のそばにやってくる」＝「〜を手に入れる」**となります。

for と by のまとめ

(1) for の核は**『方向』**
　⇒ 方向性の for／賛成の for／追求の for／理由の for／交換の for

(2) by の核は**『近接』**
　⇒ 行為者の by／期限の by／stand by／come by など

§4 of と with

Intro quiz 空所に入るのはどっち？

The table is made (　　　) wood.　　そのテーブルは木でできている。
① from　　② of

§2のfromで紹介しましたが、もう少し深く**be made of**（材料）と**be made from**（原料）の違いを説明します。クイズの英文は、**テーブルを見ると材料が木だとわかり、つながりが見える**ので、**be made of**になります。クイズの正解は②です。では、Wine is made (　　) grapes. の空所には何が入りますか。ワインは液体で、ぶどうは固体ですから、**形状が変化したものはつながりがない**と判断して、**from**が入ります。以下、**of の用法**を見ていきましょう。

● of の用法 ⇒ 核となるイメージは『つながり』

❶ **材料の of**
The ring is made of gold.　　その指輪は金でできている。

❷ **関連の of**
I informed him of my arrival.　　私は彼に到着したことを知らせた。

❸ **分離の of**
You should be independent of your parents.　　親から自立すべきだよ。

❹ **略奪の of**
They robbed her of her bag.　　彼らは彼女からカバンを奪った。

❶の**材料の of**はクイズでやりました。金でできた指輪は、すぐに材料がわかるので**つながり**がわかります。他にも、**consist of**, **be composed of**, **be made up of**はすべて「**～から成っている**」で、**材料の of**です。❷は**inform A of B**「**AにBを知らせる**」で、AにBという**情報をつなげて**います。**remind A of B**「**AにBを思い出させる**」や**convince A of B**「**AにBを納得させる**」もAとBとの**つながり**を生み出す同じグループの表現です。

❸の**分離の of**の**be independent of**「**～から独立している**」は、Youとyour parentsのように**元々つながりがあったものを分離**すると、自立や独立になります。❹の**略奪の

of の **rob A of B「A から B を奪う」**は、her と her bag のように**元々つながりがあったものを奪い取る**際に使います。他にも、**deprive A of B「A から B を奪う」**、**cure A of B「A の B を治す」**、**clear A of B「A から B を取り除く」**とすべて**略奪の of** です。続いて、**with の用法**を見ていきます。

● with の用法 ⇒ 核となるイメージは『対立』

❶ **対立の with**
He got angry with me.　彼は私に対して腹を立てた。

❷ **同伴の with**
Britain fought with France against Germany.
英国はフランスと一緒にドイツと戦った。

❸ **所有の with**
I want a house with a garden.　庭付きの家がほしい。

❹ **道具の with**
She cut the meat with a knife.　彼女はナイフを使って肉を切った。

❺ **関連の with**
There's something wrong with my car.　私の車はどこかおかしい。

with は元々❶**『対立』**の意味でした。そこから、**get angry with「～に対して腹を立てる」**、**fight with「～と戦う」**などが生まれました。続いて、❷の**同伴の with**「～と一緒に」です。fight with は、元々は「～に対して戦う」と「対立」の意味でしたが、例文❷のように時代とともに「～と一緒に戦う」という「同伴」の意味でも使われるようになりました。❸は**所有の with**「～を持って」で、同伴の意味から、「庭と一緒の家」＝「庭を所有している家」と意味が広がります。次に、「～を持って」から**「～を使って」**という❹**道具の with** が生まれます。例文でも、「**ナイフを持って**肉を切った」＝「**ナイフを使って**肉を切った」になります。❺の**関連の with** は There's something wrong **with** ～.「**～に関して**おかしいところがある」と使われます。

of と with のまとめ

(1) of の核は**『つながり』**
⇒ 材料の of／関連の of／分離の of／略奪の of

(2) with の核は**『対立』**
⇒ 対立の with／同伴の with／所有の with／道具の with／関連の with

§5 前置詞の抽象化

Intro quiz　空所に入るのはどっち？

Let's talk (　　　) a cup of coffee.　　コーヒーを飲みながら話をしよう。
① over　　　② during

正解は①ですが、**従事の over「～しながら」**なんて丸暗記して正解を選んではいけません。確かに over は後ろに飲み物を置いて、「～を飲みながら」という意味がありますが、over の核は何でしょうか。「**～を越えて**」が核です。**テーブルの上にコーヒーが 2 杯置かれて、その上を越えて会話が飛び交うイメージ**は、まさに「**コーヒーを飲みながら**」話をする様子になります。over は元々「～を越えて」と物理的な位置を表しましたが、そこから「～を飲みながら」という抽象的な意味が生まれます。このような**前置詞の抽象化**という現象を見ていきましょう。

● 前置詞の抽象化

❶ **従事の over** ⇒ over の核は『～を越えて』

I fell asleep over a book.
本を読みながら眠ってしまった。

❷ **否定の beyond** ⇒ beyond の核は『～を越えて』

She is beautiful beyond description.
彼女は言葉にできないほど美しい。

❸ **最中の under** ⇒ under の核は『～の下に』

This building is under construction.
この建物は建設中だ。

❶の**従事の over「〜しながら」**は、over の核の**『〜を越えて』**から理解します。例文のように fall asleep **over a book** だと**「本の上で眠る」**なので**「本を読みながら眠る」**になります。机の上の本に覆いかぶさって寝てしまう感じです。

続いて、❷の**否定の beyond** です。核は**『〜を越えて』**です。例文のように、description「描写」のような**抽象名詞**がくると、**beyond description「描写を越えて」＝「説明できないほど」**や**「筆舌(ひつぜつ)に尽くしがたい」**と**否定の意味を込める**ことができます。他にも、**beyond *one's* understanding「理解できないほど」**、**beyond belief「信じられないほど」**などがあります。

❸は**最中の under** です。核は『〜の下に』で、例文のように、construction「建設」と**抽象名詞**がくると、**その名詞の支配下、影響下に置かれている**ことから、**under construction「建設中で」**のように**「最中」**の意味を込めることができます。他にも、**under discussion「議論の最中で」**、**under way「進行中で」**などがあります。続いて、**前置詞と抽象名詞で別の品詞の役割ができる表現**をいくつか見ていきます。

● of＋抽象名詞＝形容詞

❶ **of importance＝important**
What he says is of importance.
彼の言うことは重要だ。

❷ **of value＝valuable**
This book is of great value to me.
この本は私にとってとても価値のあるものだ。

❸ **of use＝useful**
Her idea was of great use.
彼女の考えはとても役に立った。

❹ **of help＝helpful**
The lecture was of no help.
その講義は何の役にも立たなかった。

of＋抽象名詞は、１語で形容詞に置き換えることができます。❶ **of importance＝important** とわかると、上の例文で「彼の言うことは重要だ」と簡単に理解できるはずです。❷ **of value は valuable「価値のある」**です。例文の of great value「とても価値のある」のように使います。❸ **of use は useful「役に立つ」**で、❹ **of help＝helpful「役に立つ」**と同じ意味です。続いて、**with＋抽象名詞**のルールです。

● with＋抽象名詞＝副詞

❶ **with ease＝easily**

He answered the question with ease.
彼はその質問に簡単に答えた。

❷ **with care＝carefully**

You should treat this with care.
これを注意深く扱うべきだ。

❸ **with fluency＝fluently**

He speaks Japanese with fluency.
彼は日本語を流暢（りゅうちょう）に話す。

with の後ろに抽象名詞がくると、**1 語の副詞に置き換える**ことができます。❶は **with ease が easily と同じだ**とわかると、上の例文は「彼はその質問に簡単に答えた」とわかります。続いて、❷の **with care** は **carefully**「**注意深く**」と同じです。最後に、❸の **with fluency** は一語で **fluently** に置き換えることが可能です。

前置詞の抽象化のまとめ

(1) **従事の over**（**over a cup of tea**「お茶を飲みながら」）
(2) **否定の beyond**（**beyond description**「言葉にできないほど」／beyond belief「信じられないほど」など）
(3) **最中の under**（**under construction**「建設中で」／under discussion「議論の最中で」など）
(4) **of＋抽象名詞**＝形容詞（of importance＝important／of value＝valuable／of use＝useful など）
(5) **with＋抽象名詞**＝副詞（with ease＝easily／with care＝carefully など）

チェック問題

1. **Let's talk (　　　) a cup of tea, shall we ?**
① in　② at　③ on　④ over
(東海大)

2. **I'll be back (　　　) a few minutes.**
① into　② in　③ before　④ with
(亜細亜大)

3. **Are you (　　　) or against the plan ?**
① at　② by　③ for　④ with
(千葉商科大)

4. **Please finish this work (　　　) the end of this week.**
① until　② by the time　③ by　④ until the time
(東京経済大)

5. **It's the perfect job for him — the salary is (　　　) secondary importance.**
① at　② in　③ of　④ to
(創価大)

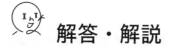

解答・解説

1. ④ お茶を飲みながら話をしませんか。

over a cup of tea「お茶を飲みながら」より、④が正解。

2. ② 私は数分後に戻って来るよ。

時の経過の in「〜後に」から、②が正解。

3. ③ あなたはその計画に賛成ですか、反対ですか。

賛成の for から、③が正解。**反対の場合は against を使う**こともおさえておく。

4. ③ 今週末までには、この仕事を終えてください。

by「〜までには」から③が正解。**until（till）「〜までずっと」**では、意味不明なので不正解。

5. ③ それは、彼にとって完璧な仕事だ。給料は 2 番目に重要だ。

of importance に secondary が入って、「2 番目に重要だ」から、③が正解。**of importance** で **important** と同じ意味。

横断英文法⑬

形容詞のカタマリで横断する

形容詞のカタマリには、SV を含む**形容詞節**と SV を含まない**形容詞句**があります。まずは形容詞節で横断して見ていきましょう。本書で形容詞節が登場した場面は、**第 13 章 関係詞の §1 関係代名詞の基本、§5 関係副詞**です。では、例文をご覧ください。

◆ 関係代名詞 who と which の例文

① I have a brother who is a doctor.　私には医者の兄がいます。

② This is a song which is very popular among young people.　これは若者にとても人気の曲です。

◆ 関係副詞の例文

① Today is the day when I got married.　今日は、私が結婚した日です。

② This is the house where I was born.　ここは私が生まれた家です。

③ I don't know the reason why he got angry.　彼が怒った理由が私にはわからない。

関係代名詞の who, which、関係副詞の when, where, why は、いずれも**形容詞のカタマリを作り、前の名詞を説明する働き**をもちます。英文中でこれらの単語を見つけたら、形容詞のカタマリを意識して文を理解しましょう。次の例文に進みます。

◆ 前置詞＋関係代名詞の例文

① Today is the day on which I got married.　今日は、私が結婚した日です。

② This is the house in which I was born.　ここは私が生まれた家です。

③ I don't know the reason for which he got angry.
彼が怒った理由が私にはわからない。

④ I don't know the way in which I open this box.
この箱を開ける方法が私にはわからない。

①〜④は**前置詞＋関係代名詞**の文ですが、この場合も**前置詞から形容詞のカタマリが始まり、前の名詞を説明する働き**です。次に、**SVを含まない形容詞句**を横断して見ていきます。ここまで学習した形容詞句は、**第9章 不定詞 §2 形容詞的用法、第11章 分詞 §1 名詞を修飾する分詞、そして第19章 前置詞 §4 of と with** で登場しました。これらの分野を**形容詞句**で横断的に見ていきましょう。

◆ 第9章 不定詞 §2 形容詞的用法の例文

I found a place to live in.　私は住む家を見つけた。

不定詞の形容詞的用法は、その名の通り形容詞のカタマリを作って、前の名詞を修飾します。上の例文だと「住むための家」となります。次の英文に進みます。

◆ 第11章 分詞 §1 名詞を修飾する分詞の例文

① The window broken by Mike is being repaired.
マイクが割った窓は修理している最中だ。

② The man standing there is my friend.
そこに立っている人は私の友達だ。

現在分詞や過去分詞は修飾語を伴って形容詞句を作り、**後ろから名詞を修飾すること**ができます。現在分詞なら「〜している」という**進行・能動の意味**で、過去分詞なら「〜された」と**受動**の意味があります。①の例文は、**過去分詞の broken が by Mike までの形容詞句を作り、前の名詞の The window を説明**して「マイクが割った窓」となります。②の例文は、**現在分詞の standing が there までの形容詞句を作り、The man を説明**して「そこに立っている人」となります。次の英文に進みます。

◆ 第 19 章 前置詞 §4 **of** と **with** の例文

I want a house with a garden.　庭付きの家がほしい。

前置詞も後ろに目的語を伴って**形容詞句**を作り、**前の名詞を修飾**することがあります。この例文でも、with a garden が形容詞句で「庭付きの」と前の名詞を修飾します。

「形容詞のカタマリで横断する」のまとめ

⑴ 形容詞節を作るもの

- □ 関係代名詞（which／who／whose／whom／that）
- □ 関係副詞（when／where／why）
- □ 前置詞＋関係代名詞

⑵ 形容詞句を作るもの

- □ 不定詞の形容詞的用法
- □ 分詞（現在分詞と過去分詞）
- □ 前置詞

横断英文法⑭

副詞句で横断する

続いて、副詞句で横断していきます。ここまで学習した範囲で登場した副詞句には、**第 9 章 不定詞 §3 副詞的用法**、**第 11 章 分詞 §4 分詞構文の基本**、そして**第 19 章 前置詞 §4 of と with** があります。これらの分野を**副詞句**で横断的に見ていきましょう。

◆ 第 9 章 不定詞 §3 副詞的用法の例文

He is saving money to buy a house.
彼は家を買うために、お金を貯めている。

不定詞の副詞的用法は、**副詞のカタマリ**を作って、**動詞を修飾**します。上の例文では「家を買うために」が、「(お金を) 貯めている」を修飾します。次の英文に進みます。

◆ 第 11 章 分詞 §4 分詞構文の基本の例文

Studying hard for two weeks, I was able to pass the exam.
2 週間一生懸命勉強したので、試験に合格することができた。

分詞構文は副詞句を作り、**動詞を修飾すること**ができます。この例文でも、「2 週間一生懸命勉強したので」が、「合格することができた」と動詞を修飾します。次の英文に進みます。

◆ 第 19 章 前置詞 §4 of と with の例文

She cut the meat with a knife. 彼女はナイフを使って肉を切った。

前置詞も後ろに目的語を伴って**副詞句**を作り、**動詞を修飾**することがあります。この例文でも、with a knife「ナイフを使って」が「(肉を) 切った」を修飾します。**前置詞**は、**形容詞句を作って前の名詞を修飾**するか、**副詞句を作って動詞を修飾する**かのどちらかです。前置詞の意味に加えて、機能面にも着目していきましょう。

「副詞句で横断する」のまとめ

副詞句を作るのは、**不定詞の副詞的用法、分詞構文、前置詞**

否定・疑問

文法用語の説明

準否定語

not「～ない」、no「1つも～ない」のような強い否定語に比べて、little「ほとんど～ない」や rarely「めったに～ない」のようなやや弱い否定語のことを言います。

部分否定

「すべてが～とは限らない」・「いつも～とは限らない」のように部分的に否定することを**部分否定**と言います。not all, not always などが部分否定の表現です。

全体否定

「1つも～ない」・「どちらも～ない」のように全体を否定することを**全体否定**と言います。not ～ any や not ～ either などが全体否定です。

二重否定

「B なしで A できない」・「～しないことは決してない」などの表現です。前者は「A すると必ず B する」、後者は「必ず～する」となるように、強い肯定表現になります。never A without B や never fail to などが二重否定の表現です。

否定疑問文

Aren't you ～?, Don't you ～?, Can't you ～? のように、先頭の助動詞（are／do／can など）に not をつけて「～ではないのですか」と確認を求めるようなときに使う疑問文のことです。

付加疑問文

You are ～ , aren't you ?、You don't ～ , do you ? のように、通常の文の後ろに簡単な疑問形をつける文のことです。相手に確認や同意を求める表現です。

間接疑問文

疑問詞が名詞節を作り、文の S・O・C として使う用法のことです。例えば、I don't know what time he will come.「私は彼が何時に来るかわからない」では、what が疑問詞で what ～ come までが名詞節を作り、文の O になっています。

準否定語と部分否定

Intro quiz その1 結局どっち？

He **rarely** listens to others' opinions.

① 彼は人の意見を聞く ② 彼は人の意見を聞かない

①と②の違いは、肯定文か否定文かの違いです。**rarely** を使うと、「**めったに〜ない**」という否定文になるので、②が正解です。rarely は、not や no ほど強い否定語ではなく、**準否定語**と言われるもので、否定の度合いがやや弱い否定文を作ります。クイズの英文の意味は「彼はめったに他人の意見を聞かない」となります。同様に **seldom** も「**めったに〜ない**」と**頻度を打ち消す準否定語**です。よくある**準否定語**を見ていきましょう。

● 準否定語の例文

❶ **頻度を打ち消す準否定語**
I seldom read newspapers. 私はめったに新聞を読まない。

❷ **程度を打ち消す準否定語**
I could hardly understand him. 私は彼が言うことをほとんど理解できなかった。

❸ **数量を打ち消す準否定語**
There are few people in the park. 公園にほとんど人がいない。

❶は**頻度を打ち消す準否定語**です。「1度も〜ない」と強い否定語は never で、「**めったに〜ない**」になると **rarely**（**seldom**）になります。❷は**程度を打ち消す準否定語**で、**hardly** や **scarcely**「**ほとんど〜ない**」があります。❸は**数量を打ち消す準否定語**です。「1つも〜ない」と強い否定語は no で、「**ほとんど〜ない**」になると **few** や **little** になります。**few は数を打ち消し、little は量を打ち消します**。次のクイズに進みます。

Intro quiz その2 結局どっち？

Not all children like sports.

① スポーツが好きではない子どももいる

② すべての子どもたちがスポーツを好きではない

文頭に not があるので、否定文だろうと推測します。しかし、②の「すべての子どもたちがスポーツを好きではない」という全体否定にはなりません。クイズその 2 の英文は、「すべての子どもたちがスポーツを好きな**わけではない**」という意味になります。スポーツが好きな子どももいれば、スポーツが好きではない子どももいるという意味なので、①が正解です。このように、**「全部がそうなわけではない」**という表現を**部分否定**と言います。**「〜なわけではない」**、**「〜とは限らない」**という語尾でしめることが部分否定の特徴になります。

● 部分否定の例文

❶ **not always**「いつも〜とは限らない」
What he says is not always right.
彼の言うことがいつも正しいとは限らない。

❷ **not necessarily**「必ずしも〜とは限らない」
Expensive goods are not necessarily good.
高価な品がいつも良いとは限らない。

❸ **not all**「すべて〜なわけではない」
Not all children like books.
すべての子どもたちが、本が好きなわけではない。

部分否定の特徴は、**not＋100%を表す単語**になることです。❶が **always**、❷が **necessarily**、❸が **all** とすべて 100%を表す単語になります。他にも **not completely**「**完全に〜わけではない**」、**not every**「**すべて〜なわけではない**」、**not both**「**両方とも〜なわけではない**」などがあります。部分否定とは、すべて**例外を認める表現**で、❶は彼の意見は正しくないときもある、❷は高価な品でも良くないものもある、❸は本が好きではない子どももいるとなります。

準否定語と部分否定のまとめ

(1) **準否定語**

頻度を打ち消す rarely (seldom)「めったに〜ない」／**程度**を打ち消す hardly (scarcely)「ほとんど〜ない」／**数量**を打ち消す few, little「ほとんど〜ない」

(2) **部分否定**

not＋100% を表す単語 ⇒ not always／not necessarily／not all など

横断英文法⑮

no で横断する

Intro quiz その 1 真剣なのはどっち？

① It's not a joke.　　② It's no joke.

It's not a joke. と It's no joke. はどんな違いがあるのでしょうか。そもそも **not と no の違い**とは、何でしょうか。**no はそれが打ち消す単語の意味を反転させるという独自の特徴**があります。よって、②の It's no joke. は「冗談じゃないよ、本気だよ！」という意味が込められています。一方で、①は単に「冗談ではないよ」の意味に留まるので、no のほうが強い否定になり、クイズの答えは②になります。

例えば He is no fool. と言うと、「彼は決してバカではない、それどころか賢いよ！」という意味を含みます。日本語でも NG ワードと言いますが、これは No Good ワードの略で、「決して良くない、それどころか禁止だよ」という言葉のことです。

no は、**第 14 章 比較 §6 と §7 の no＋比較級①、②**と**第 20 章 否定・疑問 §1 準否定語と部分否定**で登場しました。no を使って複数の分野を横断的に見ていきます。

◆ 第 14 章 比較 §6 **no**＋比較級①の例文
A whale is no more a fish than a horse is.　クジラは馬と同様に魚ではない。

no more A than B「B と同様に A ではない」です。**文と文の真実性の比較**であること、**意訳**されている表現だと紹介しました。直訳すると「クジラが魚だというのは、馬が魚だということより真実であることは決してない」＝「クジラは魚ではないし、馬は魚ではない」となります。この文での **no の働き**は、more「より真実だ」を否定し**意味を反転**させて、「(真実どころか) 決してそうではない」となります。次の表現に進みましょう。

◆ 第 14 章 比較 §7 no＋比較級②の例文

① I have no more than 1,000 yen.　　私は 1,000 円しか持っていない。

② I have no less than 1,000 yen.　　私は 1,000 円も持っている。

no more than「～しかない」、**no less than**「～もある」の表現です。**no more than は後ろの more を打ち消して意味を反転させる**ので、「**多いどころか少ない！**」という意味になり、「**～しかない**」になります。一方で、**no less than は後ろの less を打ち消して意味を反転させる**ので、「**少ないどころか多い！**」という意味になり、「**～もある**」になります。結果、less とは正反対の **as much as** などに置き換えられることが多い表現になります。次に進みます。

Intro quiz　その 2　意味はどっち？

This smartphone is no bigger than my hand.

① 私の手より大きくない　　② 私の手ほどの大きさしかない

①の表現になるなら、not bigger than を使います。**no bigger than** なので、big を打ち消して「**大きいどころか小さい！**」となります。よって、**no bigger than**＝**as little as** となり、②が正解になります。「このスマートフォンは、私の手ほどの大きさしかない」となります。

「no で横断する」のまとめ

□ no は**後ろの意味を強く打ち消して反転**させる

no more A than B	「B と同様に決して A ではない」
no less A than B	「B と同様に絶対 A だ」
no more than	「～しかない」
no less than	「～もある」

§2 not を使わない否定表現

Intro quiz 意味はどっち？

He is the last person to say that.

① 彼はそのようなことを言う　② 彼はそのようなことを言わない

the last person (man) to *do*「〜する最後の人」から、**「〜しそうにない人」**です。よって、クイズの英文は「彼はそのようなことを言う最後の人だ」=「彼はそのようなことを言う人ではない」なので、②が正解です。否定表現は通常 not などを使うのが普通ですが、このクイズのように**not を使わない否定表現**を見ていきます。

● not を使わない否定表現

❶ **have yet to *do***「まだ〜していない」
I have yet to clean my room.　私はまだ部屋を掃除していない。

❷ **far from**「決して〜ない」
The movie is far from satisfactory.　その映画は決して満足できない。

❸ **free from**「〜がない」
His paper is free from mistakes.　彼の論文は間違いがない。

❹ **by no means**「決して〜ない」
He is by no means kind.　彼は決して親切ではない。

❺ **anything but**「決して〜ない」
This problem is anything but easy.　この問題は決して簡単ではない。

❶の **have yet to *do* は、have to *do*「〜しなければならない」**＋ **yet「まだ」**＝**「まだ〜しなければいけない」**＝**「まだ〜していない」**です。例文でも、「まだ掃除しなければならない」ということは、「まだ掃除していない」になります。**remain to be p.p.** も**「〜されるべきものとして残っている」**＝**「まだ〜していない」**で同じ意味になります。

続いて、❷は **far from「〜からほど遠い」**＝**「決して〜ない」**です。❸の **free from** も**「〜ない」**ですが、こちらは**「ゼロだ、存在しない」**の意味で、❷とは少し異なります。

❹の **by no means** は、means が名詞で「手段」なので「**どんな手段を使っても〜できない**」＝「**決して〜ない**」です。**By all means.** とすると、「**あらゆる手段を使ってでも（行くよ）**」から、誰かの誘いの返答で「**ぜひとも**」の意味になります。

❺の **anything but** は、**前置詞の but**「〜以外」＋ **anything**「**何でも**」＝「**〜以外何でもよい**」＝「**決して〜ない**」になります。前置詞の but を使った熟語には、他にも **nothing but**「**〜以外何もない**」＝「**〜しかない**」や、**have no choice but to *do***「**〜する以外に選択肢がない**」＝「**〜せざるをえない**」があります。続いて、**二重否定**を見ていきます。

● 二重否定の例文

❶ **never A without B「A すると必ず B する」**
I never listen to the song without crying.
その曲を聴くと必ず泣いてしまう。

❷ **never fail to *do*「必ず〜する」**
She never fails to call me in the evening.
彼女は必ず夜に電話をくれる。

❶は **never A without B** で、「**B なしでは A できない**」＝「**A すると必ず B する**」です。例文のように、「泣かずにはその曲を聴けない」＝「その曲を聴くと必ず泣く」です。❷の **never fail to *do*** は、**never**「**決して〜ない**」＋ **fail to *do***「**〜しない**」から、「**決して〜しないことはない**」＝「**必ず〜する**」になります。

not を使わない否定表現のまとめ

(1) **the last person (man) to *do***「〜しそうにない人」
have yet to *do*「まだ〜していない」
far from／by no means／anything but「決して〜ない」
free from「〜がない」

(2) **never A without B**「A すると必ず B する」
never fail to *do*「必ず〜する」

§3 様々な疑問文

Intro quiz その 1 正しいのはどっち？

Don't you like him？の返答で、「いいえ、好きだよ」と言いたいとき。

① Yes, I do.　　② No, I don't.

クイズその 1 の英文は**否定疑問文**と言って、先頭が **Isn't, Don't, Can't のように否定語から始まる疑問文のこと**です。日本語を考えると、「いいえ」からついつい②にしてしまいがちですが、**英語は動詞に対して Yes か No かを答えます**。すると、like に対して「好きだ」と言いたいので、①が正解になります。**否定疑問文**を整理します。

● 否定疑問文の例文

❶ Isn't this your bag？　　これはあなたのカバンじゃないよね。
Yes, it is.　　いいえ、私のです。

❷ Don't you like this movie？　　この映画が好きではないよね。
No, I don't.　　はい、好きではありません。

❸ Can't you speak English？　　あなたは英語を話せないよね。
Yes, I can.　　いいえ、話せるよ。

否定疑問文は、be 動詞なら Isn't, Aren't など、一般動詞は Don't, Doesn't など、助動詞は Can't, Shouldn't などから始めます。あくまで**動詞に対して Yes か No かを答える**ことを理解して、日本語や否定語に惑わされないようにしましょう。次のクイズに進みます。

Intro quiz その 2 空所に入るのはどっち？

You can't run faster,（　　　）？　　あなたはこれ以上速くは走れないよね。

① can you　　② can't you

「〜だよね」と**相手に確認や同意を求める場合、普通の文の後ろに置く短縮形の疑問文**を**付加疑問文**と言います。

前の文が肯定文だと後ろは否定形に、**前の文が否定文だと後ろは肯定形**になります。クイズその2では、前の文が否定文なので後ろは肯定形の①が正解です。**付加疑問文**を例文で確認します。

● 付加疑問文の例文

❶ It's very hot today, isn't it？　今日はとても暑いよね。
❷ Let's go outside, shall we？　外に出かけよう、いいね。
❸ Leave home early, will you？　家を早く出なさい、いいね。

❶は**肯定文なので後ろは否定形**で受けます。❷は **Let's で始まる文は shall we？**で受けます。❸は**命令文で始まる文は will you？**で受けます。最後のクイズに進みます。

Intro quiz　その3　空所に入るのはどっち？

I don't know (　　　).　なぜあなたが怒っているのかが私にはわからない。
① why are you angry　② why you are angry

疑問文は本来倒置が起きて①のように、Why are you angry？としますが、クイズその3では疑問文が know の目的語に使われています。これは**間接疑問文と言って、倒置が起きない**ので、②が正解です。**疑問文を主語や目的語に使う用法を間接疑問文**と言います。通常の疑問文と違って、**倒置が起きないこと**に注意しましょう。

様々な疑問文のまとめ

(1) **否定疑問文** ⇒ Don't などの否定形で始まり、**返答は動詞に対してする**ことに注意
(2) **付加疑問文** ⇒ 肯定文は**否定形**、否定文は**肯定形**、Let's は **shall we**、命令文は **will you** を文尾に置く
(3) **間接疑問文** ⇒ 疑問文を主語や目的語で使用する用法。**倒置が起きない**ことに注意

横断英文法⑯

名詞節で横断する

名詞節は **SV を含む名詞の意味のカタマリ**のことで、本書では**第 13 章 関係詞の §3 関係代名詞の what**、**第 15 章 接続詞の §5 と §6 の名詞節を導く接続詞①・②**、**第 20 章 否定・疑問の §3 様々な疑問文**で登場しました。**名詞節で横断**していきます。

◆ 第 13 章 関係詞 §3 関係代名詞の what の例文

I don't understand what you are talking about.
私にはあなたが話していることが理解できない。

関係代名詞の what は「〜こと」という**名詞節**を作り、後には不完全文がきます。次の文に進みます。

◆ 第 15 章 接続詞 §5 と §6 の名詞節を導く接続詞①・②の例文

① I know that you are married.　私はあなたが結婚していることを知っている。

② Whether you like it or not is important.
あなたがそれを好きかどうかが重要だ。

③ He asked me if I liked the plan.　彼は私にその計画が好きかどうかを尋ねた。

名詞節の that は「**〜ということ**」の意味で、文の S・O・C になります。関係代名詞の that とは異なり、**後ろは完全文**になります。例文①も、「あなたが結婚しているということ」と文の O になります。

②、③の **whether と if** は名詞節だと「**〜かどうか**」の意味です。**whether は文の S・O・C** になり、**if は文の O** になります。次の英文に進みます。

◆ 第 20 章 否定・疑問 §3 様々な疑問文の例文

① I don't know why you are angry.
なぜあなたが怒っているのかが私にはわからない。

② I wonder who won the first prize.
一等賞をとったのは誰だったろうか。

③ I don't know when he will visit us next time.
彼が次にいつ私たちのもとを訪ねるのかわからない。

疑問詞は、疑問文を作ったり**間接疑問文**を作ったりすることができます。疑問文の場合は倒置が起きますが、間接疑問文の場合は倒置が起きません。間接疑問文は、**疑問詞が名詞節を作って文の S・O・C になる**ことができます。例文①は、**why** が「**なぜ〜か**」という名詞節を作り、文の O になっています。例文②は **who**「**誰が〜か**」と名詞節を作り、文の O になっています。例文③は **when**「**いつ〜か**」と名詞節を作り、文の O になっています。

他にも、what「何が（を）〜か」、which「どちらが〜か」、where「どこで〜か」、how「どのように〜か」などの疑問詞が名詞節を作ることができます。**what や how は関係詞もありますが、文脈により適切な訳を使い分けましょう。**

「名詞節で横断する」のまとめ

名詞節を作るのは、

(1) **関係代名詞の what** ⇒ 後ろは不完全文
(2) **接続詞の that**「〜ということ」⇒ 後ろは完全文
(3) **if** と **whether**「〜かどうか」
(4) **疑問詞**（who／which／what／why／when／where／how）

§4 疑問文の慣用表現

Intro quiz その1 空所に入るのはどっち？

Would you mind if I smoke here? ここでタバコを吸ってもいいですか。
(　　　) どうぞ。

① Not at all.　　② Yes, I do.

日本語の「どうぞ」に引っ張られると、②を正解にしてしまいます。しかし、**Would you mind if 〜?** は、「〜かどうか気にしますか？」という疑問文なので、「**気にします**」というなら **Yes**、「**気にしない**」なら **No** で答えます。「気にしませんよ、どうぞ」の返答では、**Not at all.**, **Of course not.**, **Certainly not.** などがあります。よって、クイズの正解は①になります。**mind を使った疑問文**を例文で確認していきます。

● mind を使った疑問文と返答の例文

❶ **Would you mind *doing*? ⇒【依頼】**
Would you mind opening the window? 窓を開けてくださいますか。
Not at all.／Of course not.／Certainly not. いいですよ。

❷ **Would you mind my *doing*? ⇒【許可を求める】**
Would you mind my opening the window? 窓を開けてもよいですか。

❸ **Would you mind if I *do*? ⇒【許可を求める】**
Would you mind if I open the window? 窓を開けてもよいですか。

mind を使う疑問文は、**【依頼】**だろうと**【許可を求める】**ものだろうと、相手の承諾を求めているものになります。❶の例文でも、「当然窓を開けてもいいだろう」と予測できる文脈で使います。**Would you mind *doing*?** は、直訳では「**あなたは〜するのが嫌ですか？**」＝「**〜してくれますか**」という**【依頼】**の文になります。

通常なら相手は承諾するであろう文脈なので、**Not at all**.「**少しも気にしないよ**」＝「**どうぞ**」や **Of course not**. や **Certainly not**.「**もちろん気にしないよ**」などが使われます。

❷は動名詞の主語を所有格で置いて、**Would you mind my *doing*？**「**私が～するのを嫌がりますか？**」＝「**私が～してもよいですか？**」と**【許可を求める】**文脈になります。❸は if を置いて、**Would you mind if I *do*？**「**私が～したら嫌ですか？**」＝「**私が～してもよいですか？**」と**【許可を求める】**表現です。次のクイズに進みます。

Intro quiz　その 2　空所に入るのはどっち？

(　　　　)　　　あの人は誰だと思いますか。

① Who do you think that person is？

② Do you think who that person is？

Do you ～？の疑問文は通常 Yes か No で答えます。すると、クイズの「あの人は誰だと思いますか」に Yes か No で答えても会話のキャッチボールが成立しないので、②は不正解です。①のように **do you think を疑問詞の後に置く形で表現**します。**疑問詞＋do you think ～？**の語順で覚えておきましょう。次のクイズに進みます。

Intro quiz　その 3　空所に入るのはどっち？

(　　　　)　　　あの人は誰か知っていますか。

① Who do you know that person is？

② Do you know who that person is？

クイズその 2 と違って、「**あの人は誰か知っていますか**」**には、Yes あるいは No で答えるのが適切**なので、Do you ～？の疑問文になります。よって、正解は②です。**Do you know＋疑問詞～？**の形で覚えておきましょう。次のクイズです。

Intro quiz その4 なんて答える？

How come you came here？

① By train. ② To see my friend.

How ～？から手段を聞いていると勘違いして、①としてはいけません。**How come SV？**は「**なぜ～か**」と**理由を尋ねる疑問文**です。「なぜあなたはここへ来たのですか」と聞いています。よって、②の「友人に会うために」が正解になります。ではそもそも、なぜ How come SV？で理由を聞く表現になるのでしょうか。これは元々は **How did it come that ～？「～はどのように生じたのか」だったのが、そこから did it と that が省略されていて**、どのような経緯で起きたのかを聞いている表現なのです。この省略がわかると、How come SV？**と倒置しない理由がわかるでしょう**。続いて、**疑問文の慣用表現**を見ていきます。

● 疑問文の慣用表現

❶ **What ～ for？「何のために～か」**

What did you come here for？ あなたは何のためにここに来たのですか。

❷ **What is S like？「S はどのようなものか」**

What is your new school like？ 新しい学校はどう？

What is it like to sing in public？ 人前で歌うのはどのようなものですか。

❶は **What ～ for？「～は何のためですか」と目的を聞く表現**になります。**for「～のために」**からこの意味になります。❷は **What is S like？「S はどのようなものですか」**になります。**前置詞の like「～のような」**からこの意味になります。❷の下の例文は形式主語の it を用いて、to 以下を指す表現です。

疑問文の慣用表現のまとめ

(1) **Would you mind if ～？**「～してもいいですか」

⇒「いいですよ」が **Not at all.／Of course not.／Certainly not.** と否定表現になることに注意

(2) **疑問詞＋do you think ～？／Do you know＋疑問詞～？**の表現に注意

(3) **How come SV？**「なぜ～か」／**What ～ for？**「何のために～か」／**What is S like？**「S はどのようなものか」

チェック問題

1. **We (　　) go to the movies, only once or twice a year.**

   ① always　② never　③ often　④ seldom

   (城西大)

2. **Betty's understanding of Japanese is far (　　) perfect.**

   ① from　② by　③ of　④ without

   (沖縄国際大)

3. **No person can be entirely free (　　) errors.**

   ① at　② with　③ without　④ from

   (獨協大)

4. **Eliza was eager to know (　　) in New York.**

   ① how long time I had been　② how long I had been
   ③ how long had I been　④ how long time had I been

   (九州産業大)

5. **Let's play basketball after school today, (　　)?**

   ① will you　② shall we　③ can you　④ may I

   (松山大)

解答・解説

1. ④ 1年に1回か2回程度で、私たちはめったに映画に行かない。

seldom は「めったに〜ない」と頻度を打ち消す準否定語。④が正解。

2. ① ベティの日本語の理解は、決して完璧ではない。

far from「〜には程遠い」=「決して〜ない」から、①が正解。

3. ④ 間違いが全くない人などいない。

free from「〜がない」なので、④が正解。

4. ② エリザは私がニューヨークにどのくらいいるのかを知りたがった。

know の目的語なので、間接疑問文の②が正解。**間接疑問文では、倒置せずに通常通りの語順にする。**

5. ② 今日の放課後バスケットボールをしようよ。

Let's 〜. の付加疑問文は shall we ? なので、②が正解。

倒置・強調・省略

§0 文法用語の説明

文型倒置

第 1 文型（SVM）と第 2 文型（SVC）を倒置させた MVS, CVS の形を文型倒置と言います。強制倒置と対比して、任意倒置と呼ばれることもあります。

移　動

第 3 文型（SVO）、第 4 文型（SVO_1O_2）、第 5 文型（SVOC）の O が移動して、OSV、O_2SVO_1、OSVC と SVCO となる現象を**移動**と言います。SV が逆転しないので倒置とは呼びません。

強制倒置

否定の副詞（never, little, only など）が文頭に出て、強制的に後ろが**疑問文の語順**になる倒置のことです。文型倒置と区別して理解しましょう。

強調構文

It is A that ～.「～なのは A だ」という文体のことです。形式主語の it と区別しましょう。

強調表現

動詞を強調する助動詞の do、名詞を強調する the very ～、疑問詞を強調する in the world, on earth などのことです。

省　略

例えば、関係代名詞の省略は**第 13 章 関係詞の §2 関係代名詞の省略**で扱いました。本章では、**接続詞の後ろの S＋be 動詞の省略**や主語が省略されるパターン、動詞が省略されるパターンなどを扱います。

§1 文型倒置と移動

Intro quiz この文の主語はどっち？

At this place began my school days.

① At this place　　② my school days

文頭にあるので、ついつい①が主語と選んでしまいがちです。しかし、**主語になれるのは名詞や名詞のカタマリ（名詞句や名詞節）**でなければいけません。①の **At this place は前置詞のカタマリで主語になることはできません**。この文は倒置が起きている文で、正解は②になります。At this place までが M、began が V、my school days が S で、**第 1 文型の倒置した MVS** という文になります。意味は、「私の学生時代は、この場所から始まった」です。

このように、**第 1 文型と第 2 文型が倒置したものを文型倒置**と言います。詳しく見ていきましょう。

● 文型倒置の例文

❶ **第 1 文型の倒置 ⇒ MVS**

In that corner (M) stood (V) a bookstore (S).　その角に本屋があった。

❷ **第 2 文型の倒置 ⇒ CVS**

Wonderful (C) was (V) the play (S).　その劇は素晴らしかった。

文型倒置は、❶の**第 1 文型が倒置した MVS** と、❷の**第 2 文型が倒置した CVS** の 2 つしかありません。**MVS** は❶のように In that corner と文頭に前置詞のカタマリがきて M、stood が V、後ろにある a bookstore が S になります。**前置詞句が文頭にくるパターン**が多くなります。

CVS は❷のように Wonderful が形容詞で C、was が V、the play が S になる形です。**形容詞が文頭にくるパターン**が多くなります。

第 3 文型～第 5 文型は、SV が逆転しないので倒置とは言いませんが、**目的語が動く移動**という現象があります。例文で見ていきましょう。

● 移動の例文

❶ **第 3 文型の移動 ⇒ OSV**

That I can't say.　　そんなことを私は言えない。
O S V

❷ **第 4 文型の移動 ⇒ O_2SVO_1**

My bag I lent her.　　私のカバンを彼女に貸してあげた。
O_2 S V O_1

❸ **第 5 文型の移動 ⇒ SVCO／OSVC**

They have made possible the construction of the library. (SVCO)
S V C O
彼らのおかげで、その図書館の建設が可能になった。

Your work you should make a pleasure. (OSVC)
O S V C
自分の仕事を喜びとすべきだ。

❶の**第 3 文型の移動**は、目的語が前に出てきて、SVO から **OSV** になります。例文は、元々 I can't say that. で、目的語の that が前に出て、That I can't say. となりました。続いて、❷の**第 4 文型の移動**は、**SVO_1O_2 の O_2 が文頭に出て、O_2SVO_1** になります。例文も、元々 I lent her my bag. の my bag が前に出て、My bag I lent her. になりました。

続いて、❸の**第 5 文型の移動**は 2 パターンあります。一つ目が **SVOC の O が後ろに移動して、SVCO となるパターン**です。上の例文は、They have made the construction of the library possible. の the construction of the library が文末に移動した形です。二つ目が、**SVOC の O が文頭に移動して OSVC となるパターン**です。下の例文は、元々 You should make your work a pleasure. で、目的語の your work を先頭に移動した形です。

文型倒置と移動のまとめ

(1) **文型倒置**（第 1 文型 MVS／第 2 文型 CVS）
(2) **移動**（第 3 文型 OSV／第 4 文型 O_2SVO_1／第 5 文型 SVCO・OSVC）

§2 強制倒置

Intro quiz その1 空所に入るのはどっち？

Only yesterday (　　　) the fact. 昨日になって初めて私はその事実を知った。

① I knew　② did I know

文頭に only が出てくると、後ろに語句を伴ってその後ろが倒置するので要注意です。このような倒置は**強制倒置**と呼ばれ、§1の文型倒置と違って、必ず**疑問文の語順**になります。よって、クイズその1の正解は②になります。**強制倒置**を例文で見ていきます。

● 強制倒置の例文(1)　否定の副詞が文頭

❶ Never have I seen such a beautiful scene.
私はそんな美しい景色を見たことがない。

❷ Little did I dream that I would meet you here.
ここであなたに会うなんて夢にも思わなかった。

❸ Only recently did I feel cold.
最近になって初めて寒さを感じた。

強制倒置の最初のパターンは、**否定の副詞が文頭に出て後ろが疑問文の語順になる**パターンです。否定の副詞の代表例が、**never, little, only** です。never と little はそれぞれ「(一度も) ～ない」、「(少しも) ～ない」と強い否定語で、**only は時の副詞を伴って、「～して初めて」**となります。❸のように only＋αの後ろが倒置することに注意しましょう。次のクイズに進みます。

Intro quiz その2 空所に入るのはどっち？

Under no circumstances (　　　) opened.
いかなる状況でもドアを開けてはいけない。

① must the door be　② the door must be

Under no circumstances は**前置詞のカタマリに否定語**が入っています。この前置詞句は副詞の働きをし、否定の副詞が文頭に出てきた場合と同じように判断されて、後ろが疑問文の語順になるので、①が正解です。**否定の前置詞句が文頭に出て起きる強制倒置**を例文で見ていきます。

● 強制倒置の例文(2)　否定の前置詞句が文頭

Not until five did Kathy start to speak.
5歳になるまで、キャシーは話し始めることはなかった。

until が前置詞のカタマリを作り not と合わさると、否定の副詞が文頭に出てくることになるため、倒置が起きます。**not until A B「A まで B しない」**＝**「A して初めて B する」**の意味になります。上の例文は、「5歳になって初めて、キャシーは話し始めた」と訳すこともできます。最後に、**so や nor の後ろで起きる強制倒置**を見ていきます。

● 強制倒置の例文(3)　so／nor の後ろ

❶ I speak English, and so does my daughter.
私は英語を話すし、娘も話します。

❷ I haven't met the man, nor do I know him.
私はその人に会ったこともないし、知りもしない。

❶は so の後ろで倒置が起きます。肯定文を受けて、**so VS「S もまた V する」**となり、疑問文の語順になります。❶では、speak English はすでに出てきているので、省略されています。❷は否定文を受けて、**nor VS「S もまた V しない」**となり、後ろが疑問文の語順になります。

強制倒置のまとめ

(1) **否定の副詞**（**never／little／only** など）が**文頭**に出ると、後ろは**疑問文の語順**
(2) **否定の前置詞句が文頭**に出ると、後ろは**疑問文の語順**
(3) **so や nor の後ろ**で**倒置**が起きることがある

§3 強調構文

Intro quiz その 1 下線部の単語はどっち？

It is because of the heavy rain that we canceled the trip.

① 形式主語の it　② 強調構文の it

It is A that ～ . の形を見たら、大きく 2 つの可能性があります。**形式主語の it** と**強調構文の it** です。クイズその 1 のように、A の位置に**前置詞句や副詞のカタマリがくると強調構文**と判断できるので、正解は②になります。**強調構文**は、**It is A that ～ .** で「**～なのは A だ**」という表現です。クイズの英文の和訳は「ひどい雨のせいで、私たちは旅行をキャンセルした」となります。**強調構文**を例文で見ていきましょう。

● 強調構文の例文

❶ **A に前置詞句**

It was because of my carelessness that I lost my bag.
カバンを無くしたのは、私が不注意だったからだ。

❷ **A に副詞**

It was only yesterday that I met his wife.
昨日になって初めて、私は彼の妻と会った。

● 形式主語の例文

❸ It is clear that he told a lie.
彼が嘘をついたのは明らかだ。

❶は A の位置に because of my carelessness と**前置詞のカタマリがきているので、強調構文**です。❷は、A に yesterday と**副詞がきているので、強調構文**です。**強調構文の A には only＋αがよくくる**ので、覚えておきましょう。❸のように、**A の位置に形容詞がくると、形式主語の it** になります。次のクイズに進みます。

Intro quiz その2　下線部の単語はどっち？

It's a pity that I cannot see you for a while.

① 形式主語の it　　② 強調構文の it

前述したように It is A that ～ . の **A に名詞**がくると、形式主語の it と強調構文の可能性があります。「～」**の部分が完全文なら形式主語**で、**不完全文なら強調構文**です。クイズその2では、that 以下は完全文で、形式主語の文なので、①が正解です。クイズの英文の和訳は「しばらくの間あなたに会えなくて残念だ」という意味です。最後に**強調構文の応用の例文**を見ていきます。

● 強調構文の応用の例文

❶ It is not Ken but Mike that I met yesterday.
昨日会っていたのはケンではなくてマイクだよ。

❷ It was not until yesterday that I learned the news.
昨日になって初めてその知らせを知った。

❶は A に **not A but B**「**A ではなくて B**」がくるパターンです。実はこれこそが、強調構文の本質を表しています。**強調構文には対比の意味**が込められており、先に A の情報が提示されて、いやそうではなくて実は B なんだよと伝えたい文脈でよく使われます。❷は **It is not until A that B.**「**A まで B しない**」＝「**A して初めて B する**」の重要表現で、強調構文の一種です。

強調構文（It is A that ～ .）のまとめ

(1) **A に副詞や前置詞句**がくると**強調構文**。形容詞がくると形式主語構文。**名詞**がくると **that 以下が不完全文なら強調構文、完全文なら形式主語**の構文

(2) It is **not A but B** that ～ .「～なのは **A ではなくて B**」

(3) **It is not until A that B**.「**A まで B しない**」＝「**A して初めて B する**」は頻出表現

§4 強調表現

Intro quiz 意味はどっち？

This is the very book I've been looking for.

① まさにずっと探していた本だ　② ずっととても探していた本だ

very は very fast のように副詞として形容詞などを強調すると、「とても」の意味です。しかし、クイズのように book という**名詞を修飾する際には形容詞として、「まさにその」という意味**なので、①が正解になります。**品詞ごとの強調表現**を見ていきます。

● 品詞ごとの強調表現

❶ **動詞の強調 ⇒ 強調の助動詞 do**

I did finish my homework.
私は本当に宿題を終えた。

❷ **疑問詞の強調 ⇒ in the world, on earth**

What in the world did you say to her ?
一体全体あなたは彼女に何を言ったんだ。

Who on earth says that ?
一体全体誰がそんなことを言うんだ。

❸ **否定語の強調 ⇒ in the least, at all, whatsoever**

I'm not in the least interested in study.
私は少しも勉強に興味がない。

I don't like this movie at all.
私はこの映画が全く好きではない。

I have no doubt whatsoever about your success.
私はあなたの成功を少しも疑っていない。

❶は**強調の助動詞 do** です。「**本当に**」という意味で**動詞を強調**します。三単現なら does で、過去形なら did とします。

❷は**疑問詞の強調**で、疑問詞＋**in the world** か疑問詞＋**on earth** で「**一体全体**」になります。上の例文を直訳すると、「あなたは彼女に世界中にある中のどんな言葉を言ったんだ」を意訳して、「**一体全体**あなたは彼女に何て言ったんだ」になります。下の例文は、「地球上にいる誰がそんなことを言うんだ」＝「**一体全体**誰がそんなことを言うんだ」となります。

❸は**否定語の強調**で、**not 〜 in the least**「**少しも〜ない**」です。least が little の最上級なので、「最も少ない状態でも〜ない」＝「少しも〜ない」になります。**not 〜 at all**「**全く〜ない**」も not を強調します。at all は、not 以外にも、例えば Do you believe me **at all**？「あなたはそもそも僕を信じているのか」と**疑問文を強調**したり、If he comes here **at all**, it will be surprising.「仮に彼がここに来るなら、驚きだ」と条件の **if 節を強調**したりすることができます。

最後は **no の強調**で、**whatsoever** を no＋名詞の後ろに置きます。「少しも〜ない」と no をさらに強めます。

強調表現のまとめ

(1) 名詞の強調　⇒ **the very 〜**「まさにその〜」
(2) 動詞の強調　⇒ **強調の助動詞 do**「本当に」
(3) 疑問詞の強調 ⇒ **in the world／on earth**「一体全体」
(4) 否定語の強調 ⇒ **not 〜 in the least**「少しも〜ない」
not 〜 at all「全く〜ない」
no 〜 whatsoever「少しも〜ない」

§5 省 略

Intro quiz その1 省略はどこ？

Cold chicken is delicious when eaten with salad.
冷製チキンはサラダと食べると美味しい。

① delicious と when の間　　② when と eaten の間

クイズの英文は省略が起きています。省略に気付くコツは、**when のような接続詞は後ろに SV の文構造が続く**というルールです。クイズの英文は when の後ろに SV がないので、省略だとわかります。次に、何でも省略できるわけではなく、基本的には **S は主節と同じ S が、V は be 動詞であれば省略できる**というルールがあります。これにより、when の後ろに cold chicken を受けた it と be 動詞の is が省略されているとわかるので、正解は②になります。**接続詞の後ろの S＋be 動詞の省略のルール**を例文で見ていきます。

● 接続詞の後ろの S＋be 動詞の省略の例文

❶ When young, he was interested in Japanese movies.
若い頃、彼は日本映画に興味があった。

❷ If necessary, you can use my desk.
必要なら、私のデスクを使ってもいいですよ。

❸ We would like to use that table, if possible.
可能なら、私たちはあのテーブルを使いたいのですが。

❶は When の後ろに S と be動詞が省略されていて、he was が省略されています。一方で、❷や❸のように、主節の S と異なる S が省略される表現もあります。❷と❸は **it is が省略**されており、いずれも it が主節の内容全体を指します。**if necessary「必要なら」**、**if possible「可能なら」**は、慣用的に使われる表現なので、おさえておきましょう。次のクイズに進みます。

Intro quiz　その2　省略はどこ？

He opened the window, though his mother told him not to.

母親はやらないように言ったが、彼は窓を開けた。

① though の後ろ　　② to の後ろ

to で終わる箇所に違和感があると思いますが、**代不定詞**というルールです。**to 1 語で不定詞のカタマリを代用**しています。クイズの英文は、元々 told him not to open the window で、open the window は既に出てきた情報なので、to 1 語だけを残します。よって、正解は②になります。**代不定詞**を例文で見ていきます。

● 代不定詞の例文

❶ "Would you like to go to the amusement park ?"　「あの遊園地に行かない？」
"I'd love to."　「ぜひ行きたい」

❷ You can work here if you want to.　働きたいなら、ここで働けるよ。

❶のように、代不定詞の疑問文への返答で、**would like to *do* や would love to *do* の *do* を省略**して like to や love to だけを残す用法があります。❶の例文でも、I would love to go to the amusement park. を省略したのが、**I'd love to.** という表現です。❷は to 以下に work here があったのを、既に出てきた情報なので省略して to 1 語が残っています。次のクイズに進みます。

Intro quiz　その3　省略はどこ？

I ate a sandwich, and my wife a hamburger.

① and の後ろ　　② wife の後ろ

接続詞の and の前後を見ると、I ate a sandwich で 人＋動詞＋食べ物 の並びと、my wife a hamburger で 人＋食べ物 の並びになっています。ここから my wife と a hamburger の間に動詞の ate が欠けていることがわかるでしょう。よって、クイズの正解は②になります。「私はサンドイッチを食べ、私の妻はハンバーガーを食べた」ということです。このような**共通要素の省略**を例文で見ていきます。

● 共通要素の省略の例文

❶ **S の省略**

I entered the building **and had** an interview.
私はその建物に入って面接を受けた。

❷ **V の省略**

My father teaches history, and **my mother English**.
父が歴史の先生で、母は英語の先生だ。

代不定詞と同様の発想で、既に出てきた**共通要素を省略**できるときがあります。❶は、and と had の間に、既に出てきた主語の I が省略されています。❷は my mother と English の間に、既に出てきた動詞の teaches が省略されています。

省略のまとめ

(1) **接続詞の後ろの S＋be 動詞の省略**（基本的には**主節と同じ S、be 動詞**）
(2) **if necessary**「必要なら」／**if possible**「可能なら」は it is の省略
(3) **代不定詞 ⇒ to 1 語で不定詞のカタマリの代わり**
(4) **共通要素の省略 ⇒ 既に出てきた情報を省略可能**

チェック問題

1. (　　　) **did she dream that her son would commit a crime.**

① Little　② Unless　③ Unexpectedly　④ Curiously

(獨協大　改)

2. **John wants to catch a fish and so** (　　　) **Bill.**

① does　② catches　③ wants to　④ too

(関西外語大)

3. **I wasn't there, and** (　　　).

① neither was Mary　② neither did Mary

③ nor did Mary　④ Mary was neither

(立命館大)

4. **It was this month last year** (　　　) **I had my first date.**

① before　② which　③ what　④ that

(大阪経済大　改)

5. **You must listen attentively when** (　　　).

① speaking to　② speaks to　③ spoke to　④ spoken to

(東京国際大)

解答・解説

1. ① 彼女は、息子が犯罪をおかすとは夢にも思わなかった。

空所の後ろが疑問文の語順で倒置が起きているので、**否定の副詞**である①が正解。

2. ① ジョンは魚を捕まえたいし、ビルもそうだ。

肯定文を受けて、**so VS** の語順で**「S もまた V する」**となる。この場合、前出の動詞を受けて **V には助動詞**を使うので、①が正解。

3. ① 私はそこにいなかったし、メアリーもいなかった。

be 動詞を使った否定文の wasn't を受けるので、**neither VS「S もまた V しない」**の①が正解。

4. ④ 私が初めてデートをしたのは昨年の今月だった。

It is A that ～ .「～なのは A だ」の強調構文なので、④が正解。

5. ④ 話しかけられているときは、注意して聞かなければならない。

when you are spoken to「あなたが話しかけられているとき」の **S（you）**と **be 動詞が省略**された④が正解。

横断英文法⑰

it で横断する

it も that と並んで、多様な用法をもつ単語です。ここまで学習した分野では、**第 9 章 不定詞の §1 名詞的用法**、**第 17 章 代名詞の §3 one／it／that**、**第 21 章 倒置・強調・省略 §3 強調構文**で登場しました。これらの分野を **it で横断**していきます。

◆ 第 9 章 不定詞 §1 名詞的用法の例文

① It is important to take a rest.
休みを取ることは重要だ。

② I think it important to tell her the truth.
私は彼女に真実を言うことが重要だと思う。

①は**形式主語の it** で、②は**形式目的語の it** です。それぞれ、主語が長い、あるいは目的語に不定詞を置けないという事情から、いったん it を置いて、不定詞の名詞的用法を後ろに置いています。次の英文に進みます。

◆ 第 17 章 代名詞 §3 one／it／that の例文

① I've lost my watch. Do you know where it is ?
私は時計を無くした。どこにあるかわかる？

② I will lend you some money if you need it.
もしお金が必要なら、私が貸します。

代名詞の it は、①のように**前に出てきた名詞そのもの**を指す、あるいは、②のように**不可算名詞の代名詞**として使用します。①の it は my watch を指し、②は money を指します。次に進みます。

◆ 第 21 章 倒置・強調・省略 §3 強調構文の例文

It was because of my carelessness that I lost my bag.
カバンを無くしたのは、私が不注意だったからだ。

It is A that ～ . の形で A が副詞（副詞句、副詞節）や前置詞句の場合は、強調構文でした。例文のように because of ～ の前置詞句が入ると、強調構文です。次に進みます。

◆ 訳さない it の例文

① It is warm today.
今日は暖かい。

② What time is it now ?
今何時ですか。

③ It's three miles from here to Tokyo.
ここから東京まで 3 マイルです。

④ How's it going ?
調子はどう。

⑤ You made it.
うまくいったね。

前のページで紹介した以外に、**訳さない it** という用法が存在します。上から順に、① **天候の it**、② **時の it**、③ **距離の it**、④・⑤は**状況の it** です。一見すると、すべてバラバラに見えるかもしれませんが、実はすべて共通点があります。**暗黙の了解でわかるであろう話題を it で置き換えている**のです。warm と言えば当然天候の話だとわかる文脈で使い、What time ～ と言えば時間の話をしているとわかり、miles と言えば距離の話とわかり、④や⑤はお決まりの表現になります。

「it で横断する」のまとめ

(1) **形式主語**と**形式目的語の it**
⇒ 不定詞の名詞的用法などを it で代用する

(2) **代名詞の it**
⇒ 前に出てきた名詞そのものや不可算名詞の代名詞

(3) **It is A that ～ .** で、A が副詞や前置詞句なら**強調構文**

(4) 訳さない it
⇒ 聞き手が暗黙の了解でわかる話題
- **天候の it**
- **時の it**
- **距離の it**
- **状況の it**

動詞の語法

§0 第 22 章で学ぶこと

動詞の語法

動詞の語法と広く言うと、**動詞がどの型をとるか（文型）**と**動詞の区別**があります。動詞がとる型は、本書では第 1 ～ 3 章で詳しく述べました。よって、本章では動詞の区別を扱います。例えば、「借りる」と言っても、rent, use, borrow とたくさんありますが、それらをどう使い分けるかといったことです。

自動詞と他動詞の語法

第 1 章　文型と文の要素の §4 で自動詞と他動詞を紹介しました。その中でも、rise と raise や grow up と bring up、lie と lay など自動詞と他動詞が似ているものを区別します。

「貸す・借りる」の語法

「借りる」は rent, use, borrow, hire の区別、「貸す」は lend, rent の区別を学びます。

「許す・責める」の語法

allow と forgive の「許す」の区別や、accuse や blame などの「責める」の使い分けを学びます。

「言う」の語法

talk, speak, say, tell の使い分けを学びます。

「合う」の語法

fit, suit, go with, match などの使い分けを学びます。

「疑う」・「着る」・「感謝する」の語法

「疑う」は doubt と suspect の区別、「着る」は wear と put on の区別、「感謝する」は thank と appreciate の区別を学びます。

§1 自動詞と他動詞の語法

Intro quiz その 1 空所に入るのはどっち？

(　　　) your hand if you have a question.

質問があれば手を上げてください。

① Rise　　② Raise

第 1 章 文型と文の要素の §4 で紹介した自動詞・他動詞の続きです。単独で動詞として使用することができて、**目的語を続ける際には前置詞が必要な動詞が自動詞**でした。一方で、単独では動詞として使用できずに、**目的語が必要な動詞を他動詞**と言いました。クイズで空所の後ろは your hand と目的語がきているので、他動詞が入るとわかります。rise は「上がる」という自動詞、raise は「上げる」という他動詞なので、②が正解です。**「上がる・上げる」の語法**を整理します。

●「上がる・上げる」の語法

・rise「上がる」自動詞 ⇒ rise-rose-risen

The sun **rises** in the east.　太陽は東から昇る。

・raise「上げる」他動詞 ⇒ raise-raised-raised

He **raised** his arms in victory.　彼は勝利に両手を上げた。

raise が他動詞という知識が重要なので、**raise O「O を上げる」**としっかり覚えましょう。raise は他にも、**raise money「お金を積み上げる」**から**「お金を集める」**という意味や、**raise a child「子どもを育て上げる」**から**「子どもを育てる」**という使い方があります。次のクイズに進みましょう。

Intro quiz その 2 空所に入るのはどっち？

I was born and (　　　) up in Sapporo.

私は札幌で生まれ育った。

① brought　　② grew

grow up は「**育つ**」で**自動詞**、**bring up** は「**育てる**」で**他動詞**で、bring up＝raise O になります。クイズその 2 の英文は、up の後ろに目的語がないため、自動詞の grow up を使うとわかるので、正解は②です。**「育つ・育てる」の語法**を整理します。

●「育つ・育てる」の語法

・grow up「育つ」自動詞 ⇒ grow-grew-grown

I **grew up** in Sapporo. 私は札幌で育った。

・bring up＝raise O「育てる」他動詞 ⇒ bring-brought-brought

I **brought up** my child strictly. 私は子どもを厳しく育てた。

bring up は I **was brought up** by my grandparents.「私は祖父母に育てられた」と受動態で使うこともあります。最後に、**「横になる・横にする」の語法**を整理します。

●「横になる・横にする」の語法

・lie「横になる（ある）」自動詞 ⇒ lie-**lay**-lain-lying

I **lay** in bed all day yesterday. 私は昨日ずっとベッドで横になっていた。

・lay「横にする（置く）」他動詞 ⇒ **lay**-laid-laid-laying

My father **laid** his hand on my shoulder. 父は私の肩に手を置いた。

lie が自動詞で「**横になる**」・「**ある**」と存在を表します。lie-lay-lain で原形、過去形、過去分詞形と変化します。**lay は他動詞**で、人の体を目的語にとると「**横に寝かせる・横たえる**」、それ以外の目的語は「**置く**」になります。

自動詞と他動詞の語法のまとめ

自動詞	他動詞
rise「上がる」	**raise**「上げる」
grow up「育つ」	**bring up**＝**raise O**「育てる」
lie「横になる（ある）」	**lay**「横にする（置く）」

§2 「貸す・借りる」の語法

Intro quiz その 1 空所に入るのはどっち？

Can I (　　　) your bathroom ?　トイレをお借りできますか。

① borrow　② use

「借りる」の日本語から①の borrow が正解と思うかもしれませんが、正解は②の use です。**borrow** は、**図書館で本を借りるように「無料で移動可能なもの」を借りるとき**に使います。**トイレのように「移動不可能で、その場で使用するもの」は use** を使って、「トイレを使用してもいいですか？」とします。次のクイズに進みます。

Intro quiz その 2 空所に入るのはどっち？

I'm going to (　　　) an apartment next year.

来年アパートを借りる予定です。

① rent　② borrow

家・部屋などの有料なものを借りるときには rent を使うので、正解は①になります。ちなみに、rent は「(有料で) 家を借りる」文脈でよく使いますが、一言でまとめると「賃貸借(ちんたいしゃく)する」、つまり、**有料で貸す・借りる**の両方に使うことができます。**「借りる」の語法**をまとめます。

● 「借りる」の例文

❶ **移動可能なものを無料で借りる** ⇒ borrow

I **borrowed** that book from the library yesterday.　昨日図書館でその本を借りた。

❷ **その場で使用する（移動不可能な）ものを無料で借りる** ⇒ use

May I **use** your bathroom ?　トイレをお借りしてもいいですか。

❸ **有料なものを一定の期間借りる** ⇒ rent

I've been **renting** this room for two years.　この部屋を借りて 2 年になる。

❹ **有料なもの（人）を一時的に借りる** ⇒ hire
We **hire** a worker by the day.　私たちは日給制で人を雇う。

「借りる」の語法をまとめると、**図書館の本など「移動可能なものを無料で借りる」のは borrow**、**トイレなどの「移動不可能なものを借りる」のは use**、**家などの「有料なものを一定期間借りる」のは rent**、さらに**「有料なものを短期間借りる」のは hire**で、人を短期間借りる場合は、❹の例文のように**「雇う」**という意味になります。次のクイズに進みます。

Intro quiz　その3　空所に入るのはどっち？

Can you (　　　) me some money ?　お金を貸してくれませんか。
① borrow　② lend

空所の後ろが me と some money で目的語が 2 つ並ぶことから、第 4 文型をとる動詞を使います。**lend O_1 O_2「O_1 に O_2 を貸す」**から②が正解です。**「貸す」の語法**をまとめます。

●「貸す」の例文

❶ **第 4 文型をとる** ⇒ lend O_1 O_2
I **lent** my friend three thousand yen.
私は友人に 3,000 円貸した。

❷ **土地や建物を有料で貸す** ⇒ rent
My parents **rent** their apartment to other people.
私の親はアパートを人に貸している。

「貸す」という意味では、第 4 文型をとる lend O_1 O_2 がよく使われますが、**家を有料で貸す場合**は、lend ではなく **rent** を使います。

「貸す・借りる」の語法のまとめ

(1)「借りる」は無料が **borrow**（移動可能）／**use**（移動不可能）
有料が **rent**（家など）／**hire**（車や人など）
(2)「貸す」は **lend O_1 O_2** で、家を有料で貸すのは **rent**

§3 「許す・責める」の語法

Intro quiz その 1 空所に入るのはどっち？

Smoking is not (　　　) in this restaurant.
このレストランでは喫煙は禁止だ。

① allowed　　② forgiven

日本語の「許す」には、「許可を出す」と「罪を許す」の両方の意味があります。英語では、**「許可を出す」**のは **allow** や **permit** を使います。一方で、**「罪を許す」**のは **forgive** や **excuse** を使います。クイズの英文は「喫煙の**許可**を出す、出さない」の話なので、①が正解になります。**「許す」の語法**を例文で見ていきます。

●「許す」の語法の例文

❶ The teacher allowed the students to drink some water.
その教師は生徒たちが水を飲むのを許可した。

❷ She forgave him for forgetting her birthday.
彼女は彼が彼女の誕生日を忘れていたのを許した。

「許可を出す」の意味の **allow や permit は後ろに O to *do* の型**をとって、**「O が～するのを許す」**になります。**第 1 章 文型と文の要素の** §8 p.34 で紹介したのと同じ型です。一方で、「罪を許す」の **forgive や excuse** は後ろに **A for B の型**をとって、「A を B で許す」になります。**理由の for** で、こちらは**第 3 章 SV A** 前置詞 **B 型の** §4 p.66 で紹介したのと同じ型です。次のクイズに進みます。

Intro quiz その2 空所に入るのはどっち？

My parents (　　　) me of going out at night.
夜外出したことで、親が私を責めた。

① accused　　② blamed

「～を責める」は、**accuse, blame, charge** があります。それぞれとる動詞の型が異なります。**accuse A of B「A を B で責める」**の型をとるので、クイズの正解は①です。②の blame は **blame A for B「A を B で責める」**の型をとります。

blame A for B は、「許す」の語法で紹介した **forgive A for B** や **excuse A for B** と同様に**理由の for** です。**「責める」の語法**を例文で見ていきましょう。

●「責める」の語法の例文

❶ My brother accused me of carelessness.　兄は私が不注意だと責めた。

❷ He blamed me for being late.　彼は私が遅れたことで責めた。

❸ He was charged with accepting bribes.
彼は賄賂(わいろ)を受け取ったことで告発された。

「責める」はそれぞれの頭文字をとって、**非難の abc** と整理します。a が accuse A of B「A を B で責める」です。**of は about と同じ意味で「～について」**という意味です。b は blame A for B で理由の for です。**blame B on A**「B を A のせいにする」と同じ意味になります。c は **charge A with B**「A を B で責める」です。**関連の with** が使われています。❸の例文のように、受動態で **be charged with「～で告発される」**と使うことが多くなります。

「許す・責める」の語法のまとめ

(1)「許可する」は **allow O to *do*／permit O to *do***
　「罪を許す」は **forgive A for B／excuse A for B**

(2)「責める」は**非難の abc**
　accuse A of B／blame A for B／charge A with B「A を B で責める」

「言う」の語法

Intro quiz その1 空所に入るのはどっち？

We (　　　) about our jobs.　私たちは仕事について話をした。

① talked　② said

空所の後ろが前置詞なので、自動詞が入るとわかります。一般的に **talk は自動詞**で、**say は他動詞**なので、正解は①になります。**talk の語法**を整理します。

● talk の語法 ⇒ 基本は自動詞

❶ **talk about**「〜について話す」
Let's talk about the travel plan.
旅行の計画について話をしよう。

❷ **talk to**「〜と話す」
I like to talk to people all over the world.
私は世界中の人と話すことが好きだ。

❸ **talk O into *doing***「O を説得して〜させる」
His father talked him into entering the university.
彼の父親は彼を説得して、その大学に入学させた。

talk は❶のように後ろに話題をとると、**talk about**「〜について話す」で、❷のように後ろに話し相手がくると、**talk to**「〜と話す」となります。例外的に他動詞で使う場合は、❸の **talk O into *doing***「O を説得して〜させる」という用法です。次のクイズに進みます。

Intro quiz　その 2　空所に入るのはどっち？

I (　　　) to her at the party yesterday.

私は昨日パーティーで彼女と話をした。

① said　　　② spoke

空所の後ろが前置詞なので、自動詞が入るとわかります。一般的に **speak は自動詞**で、**say は他動詞**なので、正解は②になります。**speak の語法**を整理します。

● speak の語法 ⇒ 基本は自動詞

❶ **speak to「〜に話しかける、〜と話す」**
He spoke to me about his job.
彼は私に彼の仕事について話してくれた。

❷ **speak＋言語「〜を話す」**
Do you speak English ?
あなたは英語を話しますか。

speak は基本的には自動詞です。**speak to で後ろに話し相手**がきて、**「〜に話しかける」、「〜と話す」**になります。さらに、❶の例文のように話題を続けて、**speak to A about B「A と B について話す」**という型をとることがあります。

続けて、**目的語に言語をとる場合**に限って、**speak は他動詞**で使用することができます。❷の例文のように speak English「英語を話す」や、speak Japanese「日本語を話す」のように使います。次のクイズに進みます。

Intro quiz その 3 空所に入るのはどっち？

He ( ) me nothing about it.

彼はそれについて何も私には言っていなかった。

① said ② told

和訳の「言っていなかった」から、①の said を正解と思うかもしれません。しかし、空所の後ろは me と nothing と名詞が 2 つ続くことから、第 4 文型をとる動詞が必要だとわかります。say は第 4 文型をとることはできません。②なら **tell O_1 O_2「O_1 に O_2 を伝える」**と第 4 文型をとるので正解になります。**tell の語法**を整理します。

● tell の語法 ⇒ 他動詞

❶ **tell O_1 O_2「O_1 に O_2 を伝える」**

He told his daughter many stories.
彼は娘にたくさんの物語を話してあげた。

❷ **tell O that ～「O に～を伝える」**

My son told me that he wanted to go outside.
息子は私に外に出かけたいと言った。

❸ **tell O to *do*「O に～するように伝える」**

My father told me to study hard.
父は私に一生懸命勉強するように言った。

tell は他動詞です。❶が **tell O_1 O_2「O_1 に O_2 を伝える」**の第 4 文型です。❷も第 4 文型の一種で、**tell O that ～「O に～を伝える」**です。❸は **tell O to *do*「O に～するように伝える」**で、人に命令を伝えるときに使います。最後のクイズに進みます。

Intro quiz その 4 空所に入るのはどっち？

He ( ) that he was going to be a doctor.

彼は医者になるつもりだと言った。

① said ② spoke

既に学んだように、②の **speak は基本、自動詞**なので、クイズのように that 節を目的語にとることはできません。①の **say は他動詞**で、かつ**目的語に that 節をとることが可能**なので、正解になります。最後に **say の語法**を見ていきます。

● say の語法 ⇒ 他動詞

❶ **say（to＋人）that ～**
She said（to me）that she couldn't come.
彼女は来ることができないと言っていた。

❷ **say＋発言**
Please say hello to him when you meet him.
彼に会ったらよろしくお伝えください。

say は他動詞で、後ろに目的語をとります。❶のように that 節をとって、「～ことを言う」と使います。後ろに人をとるときは say（to＋人）that ～ の型もありますが、このような場合は通常、tell O_1 O_2 を使います。

続いて、❷のように直接、発言内容を目的語にとります。慣用句のように使うのは、❷の例文のような **say hello to「～によろしく言う」**、**say goodbye「さよならを言う」**、say yes「はいと言う」などがあります。

ここまでを整理すると、**talk と speak は基本的には自動詞で、tell と say は他動詞**になります。例外的に、**talk O into *doing*「O を説得して～させる」**、**speak＋言語**の場合（speak English など）は、talk と speak は共に他動詞で使用します。それぞれの動詞と相性の良い前置詞、文型をセットで覚えておきましょう。

「言う」の語法のまとめ

(1) **talk と speak は自動詞**
後ろに話題がくると **talk（speak）about**
後ろに話し相手をとると **talk（speak）to**
例外の他動詞用法は、**talk O into *doing***「O を説得して～させる」や **speak＋言語**（speak English など）

(2) **tell と say は他動詞**
tell O_1 O_2「O_1 に O_2 を伝える」／**tell O to *do***「O に～するように言う」や、**say（to＋人）that ～**「(人に) ～と言う」、**say hello to**「～によろしく言う」

「合う」の語法

Intro quiz その1 空所に入るのはどっち？

This shirt doesn't ( ) me. このシャツは私のサイズに合わない。

① fit ② suit

日本語で「合う」と言っても、「サイズが合う」の意味や、「色や服装が似合う」という使い方があります。英語では**「サイズが合う」というときは fit** を使い、**「色や服装が似合う」というときは suit** を使います。よって、クイズの正解は①になります。日本語でも「この服はジャスト**フィット**だ」というときは、体の**サイズにぴったりだ**と言いたい場合です。**fit＋人**は**「人にサイズが合う」**で、**suit＋人**は「(色や服装が) **人に似合う**」の意味です。**「合う」の語法(1)**を例文で見ていきます。

● 「合う」の語法(1)

❶ **fit＋人「サイズが人に合う」**
These shoes don't fit me.
この靴は私のサイズに合っていない。

❷ **suit＋人「(色や服装が) 人に似合う」**
The hat suits you very much.
その帽子はあなたにとても良く似合っている。

❶は **fit＋人**「サイズが人に合う」で、**洋服や靴のサイズが合うとき**に使います。❷は **suit＋人**で、例文のように**「帽子やネクタイが人に似合う」**というときや、**「ブルーやレッドなどの色が人に似合う」**というときに使うことができます。become を第3文型で使う **become＋人「人に似合う」**も、suit＋人と同じ用法です。次のクイズに進みます。

Intro quiz その2 空所に入るのはどっち？

His tie (　　　) his jacket.　彼のネクタイは、ジャケットに合っている。

① suits　② goes with

先ほど学んだように、suit は目的語に人をとって、「人に似合う」と使いました。クイズの英文は、**主語も目的語もモノ**で、「**モノとモノの調和がとれている**」という意味の「合う」です。このような場合は、②の **go with** を使い、１語では **match** に置き換えることができます。「**合う」の語法**⑵を例文で見ていきましょう。

●「合う」の語法⑵

❶ **go with＋モノ ＝ match ＋モノ「モノに合う（＝モノとモノの調和がとれている）」**

That jacket doesn't go with your pants.
そのジャケットはあなたのズボンに合っていない。

❷ **agree with＋人「(食べ物や気候が) 人に合う」**

This food doesn't agree with me.
この食事は私の体に合わない。

❶の **go with＋モノ「モノと合う」**は、**主語と目的語にモノ**をとり、「**モノとモノの調和がとれている**」＝「モノに合う」という意味で使います。**go with＝match** です。❷は応用編で、「**(食べ物や気候が) 人に合う**」という文脈では、**agree with＋人**を使います。

「合う」の語法のまとめ

(1) **fit＋人**	**「サイズが人に合う」**
(2) **suit＋人＝become＋人**	**「(色や服装が) 人に似合う」**
(3) **go with＋モノ＝match＋モノ**	**「モノとモノの調和がとれている」**
(4) **agree with＋人**	**「(食べ物や気候が) 人に合う」**

「疑う」・「着る」・「感謝する」の語法

Intro quiz その1 空所に入るのはどっち？

I (　　　) that he stole her money.

私は彼が彼女のお金を盗んだとは思わない。

① doubt　　② suspect

doubt も suspect も「疑う」ですが、疑い方に違いがあります。that 節をとると、**doubt that ～「～ではないと思う」**と that 以下を否定的に疑い、**suspect that ～**は**「～だと思う」**と肯定的に疑います。よって正解は①となります。**「疑う」の語法**を例文で見ていきましょう。

●「疑う」の語法

❶ **doubt that ～「～ではないと思う」**

I doubt that this team will win.
私はこのチームは勝てないと思う。

❷ **suspect that ～「～だと思う」**

I suspect that she's lying.
私は彼女が嘘を言っていると思う。

❶は **doubt that ～「～だとは思わない」**で後ろを否定的に疑い、**don't think that ～**と同じ意味です。❷は **suspect that ～「～だと思う」**と後ろを肯定的に疑い、**think that ～**と同じ意味です。

「疑う」の語法と同様に、動詞の区別すべき用法には他にも「**希望する**」があります。**第7章 仮定法の§2** で学んだように、**hope は実現可能なこと、wish は実現不可能なことを願う**といった違いがあります。では次のクイズに進みます。

Intro quiz　その2　空所に入るのはどっち？

She (　　　) a red sweater.　　彼女は赤いセーターを着ていた。

① was putting on　　② was wearing

「着る」は、英語で wear と put on があります。もっとも **wear は正確には「着ている」という状態**を表し、**put on は「身に付ける」という動作**を表します。クイズの英文は、「着ている最中だった」という動作を表す場面ではないので、①は不正解になります。「身に付けていた」という状態を表すので、②が正解です。**wear と進行形の be wearing が「着ている」とほぼ同じ意味で使われることがある**ので、おさえておきましょう。**「着る」の語法**を例文で見ていきます。

●「着る」の語法

❶ **wear「着ている」(状態)**

I have to wear glasses when driving.
運転するとき、私は眼鏡をかけなければならない。

❷ **put on「身に付ける」(動作)**

He is putting on his jacket.
彼はジャケットを着ている最中だ。

wear は「着ている」と状態を表すと学びました。❶の例文のように**「眼鏡をかけている」**ときにも使うことができます。一方で、❷の put on は進行形で使うと、「身に付けている最中だ」と今まさに服を着ている動作を表します。次のクイズに進みます。

Intro quiz その3 空所に入るのはどっち？

I would (　　　) it if you could show me around.
案内していただけると幸いです。

① thank　　② appreciate

thank は、**thank A for B**「**A に B で感謝する**」の型をおさえておきます。Thank you からわかる通り、A には人が入り、**thank の目的語には人が入る**とわかります。一方で、appreciate も「感謝する」という意味ですが、こちらは**目的語に人を置かずにモノを置きます**。具体的には、I appreciate **your kindness**.「あなたの親切に感謝します」やクイズその 3 の英文のように、I would appreciate **it if ～ .**「**～ならありがたいです**」となります。it は if 以下を指す表現です。

● 「感謝する」の語法

❶ **thank は目的語に人がくる**
Thank you for inviting me.
ご招待ありがとうございます。

❷ **appreciate は目的語にモノがくる**
I appreciate your kindness.
あなたの親切に感謝します。

「疑う」・「着る」・「感謝する」の語法のまとめ

- □ **doubt that ～ ＝ don't think that ～**
  ⇔ suspect that ～ ＝ think that ～
- □ **wear「着ている」（状態）⇔ put on「身に付ける」（動作）**
- □ **thank A for B**「A に B で感謝する」
  ⇒ thank の目的語には人が入る
- □ **I would appreciate it if ～ .**「～ならありがたいです」
  ⇒ **appreciate の目的語にはモノ**（it や your kindness「あなたの親切」など）が入る

チェック問題

1. **You have to (　　　) your hand if you want to speak in class.**

   ① raise　　② raise up　　③ rise　　④ rises

   （東北福祉大）

2. **We (　　　) air pollution.**

   ① argued with　　② discussed about
   ③ talked about　　④ spoke to

   （関西学院大）

3. **The old lady was so sick that she (　　　) down on a bench in the park.**

   ① lay　　② laid　　③ lied　　④ lain

   （拓殖大）

4. **I (　　　) in Tokyo.**

   ① was grown up　　② was brought up　　③ raised　　④ reared

   （日本大）

5. **I (　　　) an apartment when I lived in Tokyo, but it was very expensive.**

   ① borrowed　　② lent　　③ rented　　④ asked

   （札幌大）

解答・解説

1. ① 教室で発言をしたいなら、手を上げなければならない。

raise O「O を上げる」 となるため、①が正解。rise は自動詞なので後ろに目的語はとらない。

2. ③ 私たちは大気汚染について話し合った。

discuss O = talk about「～について話し合う」 から③が正解。①は「～と議論する」、④は「～と話す」でいずれも人を目的語にとるので不可。

3. ① その老婦人は、とても具合が悪かったので、公園のベンチに横になった。

時制は過去なので、①か②が正解の候補になる。空所の後ろは副詞があるので、他動詞の②ではなくて、自動詞の①が正解。**lie「横になる」**（過去形は lay)、**lay「横にする、置く」**（過去形は laid)。

4. ② 私は東京で育った。

grow up = be brought up = be raised「育つ、育てられる」 となるので②が正解。

5. ③ 東京に住んでいるときにアパートを借りていたが、とても高かった。

「アパートを有料で借りる」 は **rent** を使うので、③が正解。①の **borrow** は **「図書館の本などを無料で借りる」** 場合に使う。

形容詞・副詞の語法

第 23 章で学ぶこと

「高い・安い」の語法

「(値段が) 高い」というときに、expensive や cheap を使うのか、high や low とどう使い分けるかを学んでいきます。形容詞の語法になります。

「多い・少ない」の語法

「(交通量が) 多い」というときに、much や many なのか、他のもっと適切な表現があるのかを学びます。そして「(人口が) 多い」も much や many なのか、他の適切な表現があるのかを学びます。形容詞の語法になります。

「〜前」の語法

「〜前」と言いたいときに、ago と before をどう使い分けるのか、before を単独で使うのはどういう状況なのかを学んでいきます。副詞の語法になります。

「最近」の語法

「最近」を意味する recently, lately と these days, nowadays の使い分けを学びます。副詞の語法になります。

「高い・安い」の語法

Intro quiz　その1　空所に入るのはどっち？

The price for that watch is as (　　　) as my father's one.

その時計の価格は父の時計と同じくらい高い。

① expensive　　② high

「高い」というと、expensive と high のどちらも正解になりそうです。しかしながら、**expensive は正確には「高価な」＝「高い価格の」**という意味で、**price「価格」には使うことができません。**expensive 自体に「価格」の意味が入っているからです。よって、**price「価格」が高い、安いには high と low** を使います。正解は②です。次のクイズに進みます。

Intro quiz　その2　空所に入るのはどっち？

My salary was very (　　　) at first.　私の給料は初めの頃はとても安かった。

① cheap　　② low

「安い」から①の cheap を選んでしまいそうですが、①は不正解です。**cheap は正確には「安価な」＝「安い金額の」**という意味で、**salary「給料（＝労働に対して支払われる金額）」には使うことができません。**cheap 自体に「金額」の意味が入っているからです。**salary が「高い・安い」というときには high や low** で表します。よって、クイズの正解は②になります。

「高い・安い」の語法のまとめ

(1) **price「価格」／salary「給料」／income「収入」**の高低には **expensive「高価な」／cheap「安価な」は使わない**

(2) **price／salary／income** の高低には **high／low** を使う

§2 「多い・少ない」の語法

Intro quiz その 1 空所に入るのはどっち？

The traffic is (　　　) around my house.
私の家の周りは交通量が多い。
① much　　　② heavy

「交通が多い」と考えると、①の much を使うのかと思ってしまいます。しかし、**traffic** は正確には「**交通量**」です。すると、「重量は重いか軽い」と表現することから、**traffic は heavy や light で表現する**ので、正解は②です。次のクイズに進みます。

Intro quiz その 2 空所に入るのはどっち？

How (　　　) is the population of Tokyo ?
東京の人口はどのくらいですか。
① much　　　② large

population「人口」も「多い・少ない」と考えると、much や little で表して、①が正解と思うかもしれませんが、不正解です。**population は、1 人、2 人と、個々の人に焦点を当てたものではなく、そこに住む人全体を大きなカタマリでとらえる表現**です。よって、**そのカタマリが大きいか小さいかと考えて、large や small** で表します。正解は②です。他にも、**audience「聴衆」も同様に「多い・少ない」を large や small** で表します。これも聴衆全体をカタマリとしてとらえるためです。

「多い・少ない」の語法のまとめ

(1) **traffic「交通量」が「多い・少ない」**は **heavy／light** を使う
(2) **population「人口」が「多い・少ない」**は **large／small** を使う

「～前」の語法

Intro quiz 空所に入るのはどっち？

The party finished thirty minutes (　　　).
そのパーティーは 30 分前に終わった。

① ago　　　② before

「～前」というと、ago や before を思い付くでしょう。両者の違いは、**ago は過去形と共に使用**して、「**現在より～前に**」を表すのに対して、**before は過去完了形と共に使用**して、「**過去のある時点より～前に**」を表します。よって、クイズは finished と過去形なので、①が正解です。「**～前」の語法**を例文で見ていきます。

●「～前」の語法

❶ **～ ago「～前」**
My father came home an hour ago.
父は 1 時間前に家に帰ってきた。

❷ **～ before「～前」**
When I came home, my father had left an hour before.
帰宅したとき、父が 1 時間前に家を出てしまっていた。

❶の **ago は過去形とセット**で、例文のように**現在を基準に「～前」**です。❷の **before は過去完了形とセット**で、例文のように帰宅した**過去を基準に「～前」**です。before は単独では I've seen the movie before.「以前その映画を観たことがある」のように現在完了形とも使うことができます。

「～前」の語法のまとめ

(1) **～ ago** ⇒ **過去形とセット**で、現在を基準に「～前」
(2) **～ before** ⇒ **過去完了形とセット**で、過去を基準に「～前」

§4 「最近」の語法

Intro quiz 空所に入るのはどっち？

(　　　) I go to a gym.　　最近ジムに通っている。

① Recently　　② These days

近況を伝える際に「最近」とよく使いますが、英語では recently, lately, these days, nowadays などがあります。ポイントは、**recently は現在形で使えずに、過去形や完了形で使います**。**現在形で「最近」と使いたいときは these days** を使います。よって、クイズは現在形なので②が正解です。「**最近」の語法**を例文で見ていきます。

● 「最近」の語法

❶ **現在形の「最近」** ⇒ these days／nowadays

These days both men and women take care of their babies.
最近は、男女両方とも子育てをする。

❷ **過去形・完了形の「最近」** ⇒ recently／lately

We got married recently.
私たちは最近結婚した。

「最近」は、時制で使い分けをしましょう。**現在形の「最近」は these days** や、少しかたい表現の nowadays を使います。一方で、**recently は過去形と完了形で**、lately は主に現在完了形で使います。

「最近」の語法のまとめ

(1) **現在形の「最近」** ⇒ **these days**／nowadays
(2) **過去形・完了形の「最近」** ⇒ **recently**／lately

チェック問題

1. **The price of books is getting (　　　) these days.**

① cheaper　② higher　③ more affordable　④ more expensive

（京都外国語大）

2. **How (　　　) is the population of New York City ?**

① many　② few　③ large　④ high

（亜細亜大）

3. **I thought I had seen the man (　　　).**

① before a week　② a week before

③ a week ago　④ a week early

（梅花女子大）

4. **I have seen nothing of him (　　　).**

① last　② late　③ lately　④ later

（千葉商科大）

5. **Car traffic in Bangkok is four times (　　　) today than it was ten years ago.**

① bigger　② heavier　③ larger　④ more crowded

（東京電機大）

解答・解説

1. ② 本の値段は最近高くなっている。

price「値段」が「高い・低い」は、**expensive／cheap** ではなくて **high／low** で表すので、②が正解。

2. ③ ニューヨークの人口はどのくらいですか。

population「人口」が「多い」は **large** を使うので、③が正解。

3. ② 私はその人に 1 週間前に会ったと思った。

「〜前」の表現は、〜 ago と〜 before があり、**ago は過去形**と、**before は過去完了形**と使う。よって、ここでは②が正解。

4. ③ 私は最近彼を全く見ていない。

lately「最近」は recently と同様に**完了形と相性が良い表現**。③が正解。

5. ② 現在のバンコクの車の交通量は、10 年前の 4 倍も多くなっている。

traffic「交通量」が「多い」場合は **heavy** で表すので、②が正解。

名詞の語法

「お客」の語法

Intro quiz その1 空所に入るのはどっち？

I am a frequent (　　　) at the hotel.　私はそのホテルの常連客だ。

① client　② guest

日本語では一言で「客」で表すものの、英語では様々な「客」を表す言葉があります。クイズその１の選択肢の① **client** は主に弁護士などの「**依頼人**」を意味し、② **guest** は「(パーティーなどの) **招待客**」、「(ホテルの) **宿泊客**」、「**レストランの客**」を意味します。よって、クイズその１の正解は②になります。**「お客」の語法(1)**を見ていきます。

●「お客」の語法(1)

❶ **client**「(弁護士などの) 依頼人」
The lawyer has a lot of clients.
その弁護士には多くの依頼人がいる。

❷ **guest**「(パーティーなどの) 招待客、(ホテルの) 宿泊客、レストランの客」
There are many guests in the bistro.
そのビストロにたくさんの客がいる。

❷の guest「招待客」は日本語でゲストというのでイメージしやすいでしょう。もう１つ、**hotel guest** で「**ホテルの宿泊客**」の意味だと覚えておきましょう。次のクイズに進みます。

Intro quiz その2 空所に入るのはどっち？

There were a lot of (　　　) on the bus today.
今日のバスにはたくさんの乗客がいた。

① audiences　② passengers

客の中でも「**乗客**」は **passenger** なので、クイズその2の正解は②になります。**pass**「**通り過ぎる**」＋ **-er**「**〜する人**」なので、タクシーやバスに乗って目の前を「**通り過ぎていく人**」を「**乗客**」と言います。①の **audiences** は **audio**「**音**」**を楽しむ客**なので、コンサートなどの「**聴衆**」を意味します。**それ以外の客**もまとめて整理していきましょう。

●「お客」の語法(2)

❸ **passenger**「乗客」
All the passengers should be on board.　乗客の皆様ご搭乗ください。

❹ **audience**「聴衆」
There was a large audience in the hall.　そのホールには多くの聴衆がいた。

❺ **spectator**「観客」
There were many spectators at the game.　その試合には多くの観客がいた。

❻ **customer**「顧客」
The customer is always right.　お客様はいつも正しい。

❺の **spectator** は **spect**「**見る**」＋ **-or**「**〜する人**」から、「**目で見て楽しむ客**」なので、野球などを観戦する「**観客**」を意味します。❻の customer は **custom**「**習慣**」＋ **-er**「**〜する人**」＝「(デパートやお店で) **習慣的に買い物をする人**」＝「**顧客**」となります。

「お客」の語法のまとめ

- □ **client**「(弁護士などの) **依頼人**」
- □ **guest**「(パーティーなどの) **招待客**、(ホテルの) **宿泊客**など」
- □ **passenger**「**乗客**」⇒ 目の前を pass「通り過ぎる」客
- □ **audience**「**聴衆**」⇒ audio「音」を楽しむ客
- □ **spectator**「**観客**」⇒ spect「見る」を楽しむ客
- □ **customer**「**顧客**」⇒ custom「習慣」的に買い物をする客

「お金」の語法

Intro quiz その1 空所に入るのはどっち？

I got a $50 (　　　) for speeding.
スピード違反で50ドルの罰金をとられた。

① fine　　② fare

「お金」にまつわる様々な英単語を紹介していきます。選択肢の① **fine** は「**罰金**」の意味で、② **fare** は「**運賃**」で、バスやタクシーなどの乗り物にかかる費用を表します。よって、クイズその1の正解は①になります。「**お金」の語法(1)**を整理していきます。

●「お金」の語法(1)

❶ **fine「罰金」**
I paid a fine for speeding yesterday.　私は昨日スピード違反で罰金を払った。

❷ **fare「運賃」**
The taxi fare is about $40.　タクシーの運賃はおよそ40ドルだ。

❶の fine は「罰金」の意味で、finish「終わる」と同じ語源です。スピード違反などの**犯罪をお金で終わらせる**と「罰金」になります。❷の **fare** は「**運賃**」で、バスやタクシーの料金を表します。次のクイズに進みます。

Intro quiz その2 空所に入るのはどっち？

The admission (　　　) for the amusement park is very high.
その遊園地の入園料はとても高い。

① cost　　② fee

fee は非常に幅広く使用されて、学校に支払う **tuition fee**「**授業料**」、遊園地などに支払う **admission fee**「**入場料**」、ジムなどに払う **entrance fee**「**入会金**」のように使います。よって、クイズその2の正解は②になります。この3つは一見すると、何のつながりもないように思えますが、**fee** は**「専門職に払う謝礼」**を意味しています。tuition fee は**学校の先生という専門職への謝礼**であり、admission fee は**遊園地などの娯楽を扱う専門職の方々への謝礼**、entrance fee は**トレーナーなどの専門職がいるジムへの謝礼**になります。**それ以外の「お金」の語法**を例文で見ていきます。

●「お金」の語法(2)

❸ **cost「費用」**
The cost of living in Tokyo is very high.
東京の生活費はとても高い。

❹ **charge「(サービスに対する) 料金」**
The charges for the utilities are low this month.
今月は公共料金が安い。

❺ **allowance「お小遣い」**
I receive a monthly allowance of $30.
私は毎月30ドルのお小遣いを受け取っている。

❸の **cost「費用」**は **the cost of living「生活費」**で覚えます。❹の **charge** は「(サービスに対する) 料金」で、**ガス代や電気代などの公共サービスへの料金**に使う場合や、他には **extra charge「追加料金」**、**free of charge「無料で」**などを覚えておきましょう。❺の **allowance「お小遣い」**は、文字通り子どもへのお小遣い以外にも、a family allowance「家族手当」などのように、社会人への「手当」の意味もあります。

「お金」の語法のまとめ

- ☐ **fine「罰金」** ⇒ a fine for speeding「スピード違反の罰金」
- ☐ **fare「運賃」** ⇒ a bus fare「バスの運賃」
- ☐ **fee「(専門職への) 謝礼」**
  ⇒ tuition fee「授業料」、admission fee「入場料」
- ☐ **cost「費用」** ⇒ the cost of living「生活費」
- ☐ **charge「(サービスに対する) 料金」** ⇒ free of charge「無料で」
- ☐ **allowance「お小遣い」** ⇒ a monthly allowance「月単位のお小遣い」

§3 「予約・約束」の語法

Intro quiz 空所に入るのはどっち？

I made ( ) for a hotel room yesterday.
私は昨日ホテルの部屋の予約をした。

① an appointment ② a reservation

日本語の「予約」にあたる表現は、英語では **appointment** と **reservation** があります。**appointment** は、正確には「**人との面会の約束**」です。一方で、**reservation** は「**（座席・部屋などの）確保**」です。よって、クイズの正解は②になります。「**予約・約束」の語法**を例文で見ていきます。

● 「予約・約束」の語法

❶ **reservation**（**=booking**）「**座席・部屋などの確保**」

I've already made dinner reservations.
私はすでに夕食の予約をした。

I made a booking for the restaurant.
私はそのレストランの予約をした。

❷ **appointment**「**人との面会の約束**」

I have an appointment to see a dentist today.
私は今日歯医者の予約がある。

❸ **promise**「**一般的な約束・有望さ**」

He kept his promise to be here at nine.
彼は 9 時にここにいるという約束を守った。

She shows great promise as a singer.
彼女はとても有望な歌手だ。

❶の **reservation** は、動詞が reserve「取っておく」から、「**座席・部屋の確保**」です。**列車や飛行機、レストランの座席からホテルの部屋の予約**にまで広く使うことができます。reservation は主にアメリカ英語で、**booking** が主にイギリス英語で使われます。日本語でも二重に約束することをダブルブッキングと言います。**book** が動詞で「**予約する**」の意味になることもおさえておきましょう。

一方で、❷の **appointment** は、誰かとアポをとると言うように「**人との面会の約束**」です。誰かと会う約束なので、**医師や歯医者などの病院の予約や美容院の予約**まで幅広く使うことができます。

最後が❸の promise「約束」です。これは、appointment が「人と会う約束」に使うのに対して、それ以外の広い意味での「約束」に使われます。例文のように何かをする約束のときに使います。

promise でもう一点注意が必要なのが、「**有望さ**」という意味で使われる点です。❸の例文にあるように、「**将来を約束されること**」から「**有望さ**」という意味になりました。**promising** は形容詞で「**有望な**」という意味になります。

「予約・約束」の語法のまとめ

- □ **reservation（＝booking）**
  「座席・部屋などの確保」（列車、飛行機、ホテルの部屋の予約）
- □ **appointment**
  「人との面会の約束」（医者、歯医者、美容院の予約）
- □ **promise**「一般的な約束・有望さ」

チェック問題

1. **If both of us join the fitness club at the same time, the entrance (　　　) will be lower.**

① fare　② fee　③ toll　④ tax

(東京経済大)

2. **There were about 200 (　　　) asleep in the hotel when it went on fire.**

① audience　② clients　③ guests　④ passengers

(慶應義塾大)

3. **I called the dentist and made (　　　) for treatment.**

① a promise　② an appointment
③ a reservation　④ an engagement

(芝浦工業大)

4. **Many children receive a weekly (　　　) from their parents.**

① benefit　② admission　③ allowance　④ income

(芝浦工業大)

5. **Samantha isn't very good at golf, but as a tennis player she shows great (　　　).**

① faith　② promise　③ reliance　④ trust

(立教大)

解答・解説

1. ② 私たち両方が同時にフィットネスクラブに入ると、入会金がより安くなるだろう。

fee は「**専門職への謝礼**」。「(トレーナーなどがいるジムなどの) **入会金**」は **entrance fee** で表現するので、②が正解。
① **fare**「**運賃**」 ③ **toll**「**通行料**」 ④ **tax**「**税金**」

2. ③ 火事になったとき、そのホテルにはおよそ200人の宿泊客が眠っていた。

guest は「**招待客**」の他に、「**宿泊客**」の意味があるので、③が正解。
① **audience**「**聴衆**」 ② **client**「**依頼人**」 ④ **passenger**「**乗客**」

3. ② 歯医者に電話して、治療の予約をしてもらった。

「**人との面会の約束**」は **appointment** を使うので②が正解。**医者や美容院の予約に使う。**
① **promise** は**一般的な約束**。③ **reservation** は「**飛行機の座席やホテルの部屋などの確保**」。④ engagement は「(ビジネス上の面会などの) 約束」を表す。

4. ③ 多くの子どもたちは、親から毎週のお小遣い(こづかい)をもらっている。

allowance「**お小遣い**(こづかい)」の③が正解。
① benefit「利益」 ② admission「入場料」 ④ income「収入」

5. ② サマンサは、ゴルフはあまり上手ではないが、テニスプレーヤーとしてはとても有望だ。

promise「**将来が約束されていること**」=「**有望さ**」から②が正解。
① faith「信頼」 ③ reliance「信頼」 ④ trust「信頼」

英 語 索 引

＊学習効果をあげるため、各表現において大事な解説のあるページ数を中心に示しています。(各章のチェック問題での登場は省略するなど)

凡例
16 読んでおくべき解説がある
32 本文中で例文として登場
42 「横断英文法」として項目立てがされている

A

B

C

D

E

F

G

H

I

J

K

L

M

N

O

P

Q

R

S

U

V

W

Y

日本語索引

＊各用語の意味を理解しやすいよう、わかりやすい説明のある代表的な章番号およびページ数を示しています。

凡例
第 1 章　章として取り上げられている
12　§0「文法用語の説明」に登場
14　セクションとして項目立てがされている
16　本文中で登場
40　「横断英文法」として項目立てがされている
41　「横断英文法」に登場

あ 行

か 行

さ 行

た 行

な 行

は 行

ま 行

や 行

ら 行

おわりに

すでに世の中に無数に出版されている文法書に加えて本書を出すにあたり、従来の書籍でカバーしきれていない内容を扱うことを大切にしました。

1つは、**5文型の壁を突破すること**です。従来の5文型の最大の欠点は、英語の文は全部で5種類の文に分けることができるとうたいながら、実際はそれだけでは理解できない表現が多々存在していることでした。それを本書では、**be** 形容詞 前置詞 **型**と **SV A** 前置詞 **B 型**という2つの型を5文型に追加して考えることで、従来の文型学習の欠点を補うことを可能にしました。

続いて、学習効果や知識定着に直結する仕掛けを多々用意しました。**Intro quiz を冒頭に設ける**ことで、英語が苦手な人たちにとっても、文法学習に弾みが付くようにすること。従来の一方通行に並んでいた文法事項を**横断的に見ることで、全く新たな体系性を生み出す**こと。それにより、縦型の知識と横断型の知識で文法が網の目のようにクロスして、文法の抜けや穴がなくなります。

英文法は、Reading，Listening，Writing，Speaking の根底を支える土台となってくれます。ただし、くれぐれも**英語の4技能の学習の強化のために文法学習があることをお忘れなく。**英語の読み・書き・話す・聞くのコミュニケーションから切り離された文法は、机上の空論にすぎません。一方で、英語4技能と同時並行で進める文法学習は、すべての技能を数段上の高みへと押し上げる特効薬になってくれるでしょう。

最後に、本書の企画、立案、編集作業まで担当してくださった編集者様、素敵なデザインを施してくださったデザイナー様、丁寧な校正をしてくださった校正者の方々、ネイティブチェックをご担当いただいた Oliver 先生、そして本書を最後まで読み終えてくださった読者の方一人一人に、心より御礼申し上げます。

肘井（ヒジイ） 学（ガク）

赤
PLUS+
本

大学入試

"すぐわかる"英文法

別冊 4技能

トレーニング・ブック

教学社

4技能トレーニング・ブック

本冊で理解した英文法を最大限活用し、英語４技能の力をまんべんなく伸ばすために、特別付録として、別冊の「４技能トレーニング・ブック」を用意しました。

本冊に出てきた膨大な数の英文から厳選して、オススメの例文を集めています。別冊に掲載のすべての例文には**音声**が付いています。まずはこの音声で、**英文法と Listening をつなげて**みてください。

それから、このトレーニング・ブックの英文を**暗記**することを目標にしましょう！ 実はこれが、英語力を伸ばすための最高のトレーニングとなります。４技能トレーニングの**ステップ１～３**にトライしてから、**ステップ４**に挑めば、驚くほど暗記しやすくなっているはずです。

※ステップの詳細→ p. 2-3

「４技能トレーニング・ブック」のダウンロード音声（mp3）はこちら

http://akahon.net/sound/suguwakaru/

音声作成　一般財団法人 英語教育協議会（ELEC）

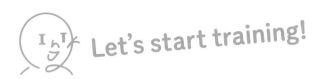

Let's start training!

4技能 トレーニング ステップ1

シャドーイング

シャドーイングは、**英語の音声を聞きながら自分でも英文を発声していくトレーニング**です。影のように追いかけながら発声していくのでシャドーイングと言います。

例文の音声を聞きながら、ついていくように発音するところが重要です。英文に耳を慣らしながら口を動かすので、Reading と Listening と Speaking の力を同時に高めることができます。この方法で数多くの英文に触れることができます。10回ほど繰り返すとさらに効果的です。

4技能 トレーニング ステップ2

リプロダクション

リプロダクションは、**音声を流して、一文ごとにストップして、聞き取った英文を発声していくトレーニング**です。このトレーニングによって、Listening と Speaking の力が高まるだけでなく、毎回、ほぼゼロから英文を組み立てていくので、Writing の力も自然と高まります。したがって、3つの技能を同時に伸ばすことができます。

4技能 トレーニング　ステップ 3

ディクテーション

ディクテーションは、**音声を流して、一文ごとにストップして、英文を聞き取りながら紙に書き取っていくトレーニング**です。

ステップ1・2より、少し手間がかかりますが、書くことでWritingの力が伸びるだけでなく、Listeningの弱点も明確になります。この観点から、ディクテーションはListening力を高める一番の訓練だと言えるでしょう。

4技能 トレーニング　ステップ 4

英文暗唱

数あるトレーニングの中で、4技能すべてを劇的に伸ばすことができる方法は、**英文を暗唱する**ことです。

試験本番で、スラスラと読める英語、スラスラと書ける英語、そして面接試験でスムーズに口から出てくる英語は、何と言っても、丸暗記できているフレーズです。一見単純なようでも、**英文暗唱は英語学習の究極のトレーニング**なのです。

「4技能トレーニング・ブック」のどの例文も、主語など冒頭の単語を手がかりにすれば、英文一文全体をスラスラと言えるようになるまでに暗記しておきましょう。

この「4技能トレーニング・ブック」と音声をフル活用して、本書で学んだ英文法の知識を、ホンモノの、使える英語力として、定着させてください。

第 1 章　文型と文の要素

1 I walk to my school every morning.

2 There is a cat under the table.

3 He became a teacher.

4 He looked happy.

5 That sounds very interesting.

6 My friend married her.

7 I discussed the problem with them.

8 I gave my son the book.

9 It took me a lot of time to get to the stadium.

10 It cost me a lot of money to buy the bag.

11 My mother let me go there.

12 My parents made me go there.

13 I had a repairman fix my personal computer.

14 I saw him walk across the street.

15 I heard him go out.

16 I helped my mother carry these bags.

17 My mother allowed me to go there.

18 She told her children to be quiet.

19 I asked my mother to wake me up at six.

20 His help enabled me to finish the job.

21 I wanted her to call me back.

22 Don't leave the door open.

23 Please call me Mami.

第 2 章　be 形容詞 前置詞 型

24 He is aware of the risk.

□ シャドーイング □ リプロダクション □ ディクテーション □ 英文暗唱

1 私は毎朝学校まで歩いていく。
2 テーブルの下に猫がいる。
3 彼は先生になった。
4 彼は幸せそうに見えた。
5 それはとても面白く聞こえる。
6 私の友人が彼女と結婚した。
7 私は彼らとその問題を話し合った。
8 私は息子にその本を与えた。
9 そのスタジアムに着くのに、長い時間がかかった。
10 そのカバンを買うのにたくさんのお金がかかった。
11 私の母は私をそこに行かせてくれた。
12 両親が私をそこに行かせた。
13 私は修理工にパソコンを直してもらった。
14 私は彼が通りを横断するのを見た。
15 私は彼が出ていくのが聞こえた。
16 私は母がこれらのバッグを運ぶのを手伝った。
17 私の母は私をそこに行かせてくれた。
18 彼女は子どもたちに静かにするように言った。
19 私は母に6時に起こしてもらうように頼んだ。
20 彼が助けてくれたおかげで、私はその仕事を終えられた。
21 私は、彼女に電話をかけ直してもらいたかった。
22 ドアを開けっぱなしにしてはいけない。
23 私をマミと呼んでください。

□ シャドーイング □ リプロダクション □ ディクテーション □ 英文暗唱

24 彼はそのリスクに気付いている。

25 I am afraid of barking dogs.

26 He is ashamed of his college life.

27 He is proud of his father.

28 I am anxious for your future success.

29 He is worried about his son.

30 He was absorbed in playing video games.

31 She is interested in working in Tokyo.

32 The meeting is concerned with human rights.

33 I am not involved with the company.

第3章　SV A 前置詞 B 型

34 The heavy rain prevented us from leaving home.

35 He doesn't know right from wrong.

36 Two men robbed her of all her money.

37 He informed me of the date of the party.

38 His picture reminds me of his father.

39 Bees provide us with honey.

40 He compared the translation with the original.

41 I thank you for your support.

42 Her parents blamed her for failing the exam.

43 He apologized to his teacher for being late.

44 I exchanged my cell phone for a new one.

45 We regard him as a good leader.

46 She translated English stories into Japanese.

第4章　時制　前編

47 I like taking pictures.

25 私は吠える犬がこわい。

26 彼は自分の大学生活を恥じている。

27 彼は父を誇りに思っている。

28 私はあなたの成功を強く望んでいる。

29 彼は自分の息子について心配している。

30 彼はテレビゲームに夢中になっていた。

31 彼女は東京で働くことに興味がある。

32 その集会は人権に関するものだ。

33 私はその会社とはかかわりがない。

□ シャドーイング □ リプロダクション □ ディクテーション □ 英文暗唱

34 ひどい雨のせいで、私たちは外出できなかった。

35 彼は善悪の区別がつかない。

36 二人の男性が彼女から全財産を奪った。

37 彼は私にパーティーの日付を知らせてくれた。

38 彼の写真を見ると、私は彼の父親を思い出す。

39 ミツバチはハチミツをもたらしてくれる。

40 彼は翻訳を原作と比較した。

41 あなたの支援に感謝しております。

42 彼女の親は彼女を試験に落ちたことで責めた。

43 彼は先生に遅刻したことを謝罪した。

44 私は携帯電話を新しいものと交換した。

45 私たちは彼を良いリーダーとみなしている。

46 彼女は英語の物語を日本語に翻訳した。

□ シャドーイング □ リプロダクション □ ディクテーション □ 英文暗唱

47 私は写真を撮ることが好きだ。

48 The sun rises in the east.

49 The train bound for Osaka leaves at nine.

50 I often ate pizza when I was young.

51 I left the office an hour ago.

52 I was very tired yesterday.

53 I will go to Kyoto.

54 I am leaving for Hawaii tomorrow morning.

55 If it rains tomorrow, I will stay at home.

56 I don't know when he will come back.

第 5 章　時制　後編

57 I have lived in Tokyo for five years.

58 He has been to Hokkaido twice.

59 He has gone to Hokkaido.

60 The party had already finished when I arrived.

61 I lost my bag which my father had bought for me.

62 I will have finished my homework by tomorrow.

63 I am watching TV now.

64 I was taking a shower at that time.

65 I know his father very well.

66 She resembles her sister.

67 My son is always watching TV after dinner.

68 I have been working at the company for five years.

第 6 章　助動詞

69 You must come home by eight o'clock.

48 太陽は東から昇る。

49 大阪行きの電車は９時に発車する。

50 私は若い頃よくピザを食べた。

51 私は１時間前にオフィスを出た。

52 私は昨日とても疲れていた。

53 そうだ！ 京都に行こう。

54 明日の朝ハワイに出発する。

55 明日雨なら家にいるよ。

56 私は彼がいつ帰ってくるのかを知らない。

□ シャドーイング □ リプロダクション □ ディクテーション □ 英文暗唱

57 私は５年間東京で暮らしている。

58 彼は北海道に２度行ったことがある。

59 彼は北海道に行ってしまった。

60 私が着いたとき、すでにパーティーは終わっていた。

61 私は父が買ってくれたカバンを無くしてしまった。

62 明日までには宿題を終えているだろう。

63 私は今テレビを見ている最中だ。

64 私はそのときシャワーを浴びている最中だった。

65 私は彼の父親をとてもよく知っている。

66 彼女は姉に似ている。

67 私の息子は夕食後いつもテレビを見てばかりいる。

68 私は５年間その会社で働いている。

□ シャドーイング □ リプロダクション □ ディクテーション □ 英文暗唱

69 あなたは８時までに帰宅しなければいけない。

70 You should take a few days off.

71 You might have a cold.

72 You must be tired after your long flight.

73 His answer cannot be right.

74 You had better apologize to your boss.

75 He was able to pass the exam.

76 I used to come here with my friends.

77 I would rather watch soccer than play it.

78 I would like to send you an e-mail.

79 You didn't have to say that to her.

80 He will not listen to me.

81 May I help you ?

82 You should have come to Hawaii.

第 7 章　仮定法

83 If I were you, I would not marry him.

84 If you had studied more, you would not have failed the exam.

85 I wish I had studied more yesterday.

86 If it were not for water, we could not live.

87 Without your help, I could not have won the prize.

88 He talks as if I were a child.

89 It is time you took a bath.

第 8 章　受動態

90 The window was broken by a young boy.

91 I was made to go there alone.

92 I was given a nice tie by my wife.

70 あなたは数日休暇を取るべきだ。

71 あなたは風邪をひいているかもしれない。

72 あなたは長旅で疲れているにちがいない。

73 彼の答えが正しいはずがない。

74 あなたは上司に謝ったほうがよい。

75 彼は試験に合格することができた。

76 私は友人たちとここによく来た。

77 私はサッカーをするよりもむしろ観たい。

78 あなたに1通メールを送りたいのですが。

79 彼女にそんなこと言わなくてもよかったのに。

80 彼は絶対に私の言うことに耳を傾けようとしない。

81 お手伝いしましょうか。

82 あなたはハワイに来るべきだったのに。

□ シャドーイング □ リプロダクション □ ディクテーション □ 英文暗唱

83 私があなたなら、彼とは結婚しないだろう。

84 もっと勉強していたら、あなたはその試験に落ちることはなかったでしょう。

85 昨日もっと勉強していたらなあ。

86 水がなかったら、生きていけないよ。

87 あなたの助けがなければ、その賞を受賞できなかった。

88 彼は、私がまるで子どもであるかのように話す。

89 あなたはもうお風呂に入る時間だよ。

□ シャドーイング □ リプロダクション □ ディクテーション □ 英文暗唱

90 その窓を割ったのは幼い少年だよ。

91 私はそこに一人で行かされた。

92 私は素敵なネクタイを妻にもらった。

93 This type of flower is called rose.

94 This bridge is being built.

95 My PC has been repaired.

96 My report must be finished by noon.

97 I was spoken to by a stranger.

98 I was laughed at by everybody in the class.

99 He is known to many people in his school.

100 My car was covered with snow.

101 Many people were killed in the war.

第 9 章　不定詞

102 I like to travel abroad with my family.

103 It is important to take a rest.

104 My dream is to be a lawyer.

105 I think it important to tell her the truth.

106 I found a place to live in.

107 I returned home in order to have a short sleep.

108 I was very glad to hear the news.

109 He studied hard, only to fail the exam.

110 We are to meet at six tomorrow.

111 I don't know how to open this box.

112 This question is too difficult to solve.

113 He is kind enough to help you.

114 All you have to do is finish your homework.

115 To tell the truth, I don't drink alcohol at all.

116 Needless to say, this article is not true.

93 この種の花は、バラと呼ばれている。

94 この橋は、建設されている最中だ。

95 パソコンを修理してもらった。

96 レポートを昼までに終わらせなければならない。

97 私は見知らぬ人に話しかけられた。

98 私はクラスのみんなに笑われた。

99 彼は学校中の人に知られている。

100 私の車は雪で覆われていた。

101 多くの人が、その戦争で亡くなった。

□ シャドーイング □ リプロダクション □ ディクテーション □ 英文暗唱

102 私は家族と海外旅行をすることが好きだ。

103 休みを取ることは重要だ。

104 私の夢は弁護士になることだ。

105 私は彼女に真実を言うことが重要だと思う。

106 私は住む家を見つけた。

107 私は少し眠るために家に戻った。

108 私はその知らせを聞いてとても嬉しかった。

109 彼は一生懸命勉強したが、試験に落ちてしまった。

110 私たちは明日の6時に会う予定だ。

111 私はこの箱をどう開けるべきかがわからない。

112 この問題は難しすぎて解くことができない。

113 彼はとても優しいのであなたを助けてくれる。

114 あなたは宿題を終わらせておけばよい。

115 実を言うと、お酒を全く飲まない。

116 言うまでもなく、この記事は真実ではない。

第 10 章　動名詞

117 My hobby is taking pictures.

118 I remember locking the door when I left my house.

119 Remember to lock the door when you leave.

120 I enjoy listening to music every day.

121 He gave up smoking last month.

122 I finished doing my homework last night.

123 I stopped smoking because of my health.

124 She avoids walking alone at night.

125 Would you mind opening the door?

126 I cannot help laughing aloud.

127 I decided to travel abroad alone.

128 I am used to living in Tokyo.

129 I feel like singing together.

130 The city is worth visiting.

131 What do you say to taking a walk?

132 How (What) about going to a movie?

第 11 章　分　詞

133 He sat surrounded by his daughters.

134 I heard someone calling my name.

135 My father sat on the sofa with his eyes closed.

136 I was surprised to hear that.

137 I was excited about the result of the game.

138 This movie was exciting to us.

139 I found his class interesting.

140 Seen from space, the earth looks round.

☐ シャドーイング ☐ リプロダクション ☐ ディクテーション ☐ 英文暗唱

117 私の趣味は写真を撮ることだ。

118 家を出たときにドアに鍵をかけたのを覚えている。

119 外出時に、忘れずにドアの鍵をかけておいて。

120 私は毎日音楽を聴くのが楽しみだ。

121 彼は先月タバコを吸うのをやめた。

122 私は昨晩宿題を終えた。

123 私は健康のためにタバコをやめた。

124 彼女は夜に一人で歩くのを避けている。

125 ドアを開けてくださいますか。

126 大声で笑わずにはいられない。

127 私は一人で海外旅行をすることに決めた。

128 私は東京での暮らしに慣れている。

129 私は一緒に歌いたい気分だ。

130 その都市は訪れる価値がある。

131 散歩するのはどうですか。

132 映画を観るのはどうですか。

☐ シャドーイング ☐ リプロダクション ☐ ディクテーション ☐ 英文暗唱

133 彼は自分の娘に囲まれて座っていた。

134 誰かが私の名前を呼ぶのが聞こえた。

135 父は目を閉じたままソファーに座っていた。

136 私はそれを聞いて驚いた。

137 私はその試合の結果に興奮した。

138 この映画は、私たちには興奮するものだった。

139 私は、彼の授業を面白いと思った。

140 宇宙から見ると地球は丸く見える。

141 Seeing her parents, she ran away.

142 He studied hard, becoming a lawyer.

143 All things considered, he is a nice person.

144 Considering his age, he looks young.

145 Generally speaking, it is very humid in Japan.

第 12 章　準動詞

146 It is important for you to finish the task.

147 It is kind of you to help her carry her baggage.

148 It being rainy all day, we had to cancel our picnic.

149 She decided not to work for the company.

150 Not knowing which way to go, I wasn't able to move.

151 He seems to have been angry then.

152 Compared with his brother, he is a little taller.

153 She likes to be praised by her father.

154 I don't like being scolded.

第 13 章　関係詞

155 I have a friend who is a famous actor.

156 This is a song which is very popular among young people.

157 I have a friend whose father is a lawyer.

158 The book I am reading is very interesting.

159 What you need is to read books.

160 She has made me what I am.

161 My hometown is now different from what it was.

162 Mike is a good teacher, and what is more, he is a nice man.

163 My father is what is called a man of culture.

141 親を見ると、彼女は逃げ出した。

142 彼は一生懸命勉強して、弁護士になった。

143 すべてを考慮すると、彼は素敵な人だ。

144 年齢を考慮すると、彼は若く見える。

145 一般的に言うと、日本は湿度がとても高い。

☐ シャドーイング ☐ リプロダクション ☐ ディクテーション ☐ 英文暗唱

146 あなたがその仕事を終えることが重要だ。

147 彼女が荷物を運ぶのを手伝うなんて、あなたは優しいですね。

148 1日中雨が降っていたので、私たちはピクニックを中止しなければならなかった。

149 彼女はその会社で働かないことに決めた。

150 どちらの道に進むべきかわからなかったので、私は動けなかった。

151 彼はそのとき怒っていたように思える。

152 兄と比べると、彼のほうが少し背が高い。

153 彼女は父親にほめられるのが好きだ。

154 私は叱られるのが好きではない。

☐ シャドーイング ☐ リプロダクション ☐ ディクテーション ☐ 英文暗唱

155 私には有名な俳優の友人がいる。

156 これは若者にとても人気の曲です。

157 私には、父親が弁護士の友人がいる。

158 私が読んでいる本はとても面白い。

159 あなたが必要なことは本を読むことだ。

160 彼女のおかげで、今の私がある。

161 私の故郷は、今は昔とは全然違う。

162 マイクは優れた教師で、さらに彼は素敵な人でもある。

163 私の父はいわゆる教養人だ。

164 This is the place which I often visit.

165 Today is the day when I got married.

166 This is the house where I was born.

167 I don't know the reason why he got angry.

168 I don't know how I open this box.

169 He said he was Japanese, which was not true.

170 Whoever comes, you mustn't let him or her in.

171 Whatever happens, I must go home by noon.

172 Whichever you choose, you will like it.

173 Visitors are welcome, whenever they come.

174 I'll follow you wherever you may move.

175 However difficult it may be, you should do your best.

176 As is often the case with young people, she likes chocolate.

177 She often wears the same clothes as her mother does.

第14章 比 較

178 Leave home as soon as possible.

179 I have twice as many books as you do.

180 She is not so much an actress as a singer.

181 I don't have as many books as you do.

182 My brother is much taller than I.

183 The average price of beef is higher than that of pork.

184 I cannot walk, much less run.

185 He got more and more excited.

186 He should know better than to say that.

187 I prefer this restaurant to that one.

188 He is the taller of the two.

189 The older we get, the wiser we become.

164 ここはよく行く場所です。

165 今日は、私が結婚した日です。

166 ここは私が生まれた家です。

167 彼が怒った理由が私にはわからない。

168 この箱を開ける方法が私にはわからない。

169 彼は日本人と言ったが、それは真実ではなかった。

170 誰が来ても、中に入れてはいけない。

171 何が起きても、私は正午までに帰宅しなければならない。

172 どちらを選んでも、あなたはそれを気に入るでしょう。

173 いついらっしゃっても、訪問客は歓迎します。

174 どこにあなたが引っ越しても、私はついて行くよ。

175 たとえどれほどそれが困難でも、あなたは最善を尽くすべきだ。

176 若い人によくあることだが、彼女はチョコレートが好きだ。

177 彼女は、母親が着るのと同じ服をよく着る。

□ シャドーイング □ リプロダクション □ ディクテーション □ 英文暗唱

178 できる限り早く家を出なさい。

179 私はあなたの 2 倍の本を持っている。

180 彼女は女優というよりむしろ歌手だ。

181 私はあなたほど本を持っていない。

182 私の兄は私よりずっと背が高い。

183 牛肉の値段は豚肉より高い。

184 私は歩くことができないし、まして走ることもできない。

185 彼はますます興奮してきた。

186 彼はそんなことを言うほど馬鹿ではない。

187 私はそのレストランよりこのレストランのほうが好きだ。

188 彼は 2 人の中で背の高いほうだ。

189 年をとればとるほど、それだけますます賢くなる。

190 I like him all the better for his shyness.

191 A whale is no more a fish than a horse is.

192 I have no more than 1,000 yen.

193 He has no less than 1,000 yen.

194 He is the tallest in my family.

195 Living in that country is one of the best ways to learn that language.

196 I couldn't agree more.

197 It couldn't be better.

198 No other mountain in Japan is higher than Mt. Fuji.

199 Nothing is so precious as time.

200 He is taller than any other boy in his class.

第 15 章　接続詞

201 Hurry up, and you'll catch the bus.

202 Get up early, or you'll be late for school.

203 This book is both interesting and useful.

204 She is not from Japan, but from Taiwan.

205 Not only he but also his wife is right.

206 You can eat either chicken or beef.

207 I'm neither rich nor famous.

208 While I stayed in Japan, I visited many cities.

209 I was absent from the meeting, because I had a cold.

210 I'll pick you up unless it rains.

211 I like to play soccer, though I'm not so good at it.

212 While I like the bag, I don't like the color.

213 Whether you like me or not, I love you.

214 The movie was so boring that we fell asleep.

215 Please speak louder so that I can hear you.

190 私は彼がシャイだから、それだけいっそう好きだ。

191 クジラは馬と同様に魚ではない。

192 私は1,000円しか持っていない。

193 彼は1,000円も持っている。

194 彼は家族の中で一番背が高い。

195 その国で暮らすことがその言葉を学ぶ最善の方法の1つだ。

196 大賛成だ。

197 絶好調だ。

198 富士山より高い山は日本にはない。

199 時間ほど貴重なものはない。

200 彼はクラスの他のどの少年よりも背が高い。

□ シャドーイング □ リプロダクション □ ディクテーション □ 英文暗唱

201 急ぎなさい、そうすればバスに間に合うだろう。

202 早く起きなさい、さもなければ学校に遅刻するよ。

203 この本は面白いし役に立つ。

204 彼女は日本ではなく台湾出身だ。

205 彼だけではなく彼の妻も正しい。

206 鶏肉か牛肉を召し上がれます。

207 私はお金持ちでも有名でもない。

208 日本にいる間、多くの都市を訪れた。

209 私が会議を欠席したのは、風邪をひいたからだ。

210 雨が降らない限り、迎えに行くよ。

211 私はサッカーをするのが好きだ、もっともあまり得意ではないが。

212 そのカバンが好きだけれども、その色が好きではない。

213 あなたが私を好きだろうとそうでなかろうと、私はあなたが大好きだ。

214 その映画はとても退屈だったので、私たちは寝てしまった。

215 聞こえるようにもっと大きな声で話してください。

216 I know that you are married.

217 The news that he passed the exam surprised us.

218 He asked me if I liked the plan.

219 As soon as you arrive here, please let me know.

220 You should take an umbrella with you in case it rains.

221 By the time I got home, my family had left the house.

222 I had been waiting for a long time until she came back.

223 She had no sooner gotten home than she fell asleep.

第 16 章　名詞・冠詞

224 I'd like a glass of water.

225 I made friends with her friend.

226 I went to bed at eight last night.

227 Do you have the time ?

228 You should respect the old.

229 The British are similar to the Japanese in some ways.

230 You can rent a parking space by the month.

231 I caught her by the arm.

第 17 章　代名詞

232 I like your bag better than mine.

233 Please help yourself to refreshments.

234 I could not make myself understood in English.

235 I could not make myself heard in that store.

236 The population of Tokyo is twice as large as that of this city.

237 Both of the boys are my friends.

238 I need a pen. Any pen will do.

216 私はあなたが結婚していることを知っている。

217 彼がその試験に合格したという知らせが、私たちを驚かせた。

218 彼は私にその計画が好きかどうかを尋ねた。

219 ここに着いたらすぐに、私に知らせてください。

220 雨が降る場合に備えて、傘を持っていくべきだ。

221 家に帰るときまでには、家族は家を出発していた。

222 彼女が戻ってくるまでずっと、私は長い間待っていた。

223 彼女は家に着くとすぐに眠り込んだ。

□ シャドーイング □ リプロダクション □ ディクテーション □ 英文暗唱

224 お水を１杯ください。

225 私は彼女の友人と仲良くなった。

226 私は昨晩８時に寝た。

227 今何時かわかりますか。

228 あなたは高齢者を敬うべきだ。

229 イギリス人と日本人はいくつかの点で似ている。

230 駐車場は月極めで借りることができる。

231 私は彼女の腕をつかんだ。

□ シャドーイング □ リプロダクション □ ディクテーション □ 英文暗唱

232 私は自分のバッグよりあなたのバッグが好きだ。

233 軽食を自由にとってください。

234 私は英語で自分を理解してもらうことができなかった。

235 私はそのお店で自分の言うことを聞いてもらえなかった。

236 東京の人口はこの街の２倍多い。

237 その男の子は２人とも僕の友達だ。

238 私はペンが必要だ。どんなペンでもいい。

239 He has no parents; neither of them is alive.

240 None of my friends agreed to my plan.

241 Every student in my school studies very hard.

242 Each of the boys likes soccer very much.

243 I don't like this shirt. Could you show me another ?

244 To know is one thing, and to teach is another.

245 Some like soccer, and others like baseball.

第 18 章　形容詞・副詞

246 Those present at the party were glad to hear the news.

247 It is possible for you to carry out the plan.

248 There are quite a few books in his room.

249 I had little money at that time.

250 I always read a newspaper during breakfast.

251 Most people attended the party.

252 I came home at seven last night.

第 19 章　前置詞

253 Everyone in the class laughed at me.

254 Japan depends on foreign countries for oil.

255 The fact is based on careful research.

256 The book had a great influence on me.

257 I'll be back in ten minutes.

258 We walked from the station to my house.

259 To my surprise, he failed the exam.

260 The train left Nagoya for Tokyo.

261 Are you for or against the plan ?

239　彼には親がいない。どちらの親も生きてはいない。

240　友人の誰も私の計画に賛成しなかった。

241　私の学校の生徒全員がとても熱心に勉強している。

242　その少年たちのそれぞれが、サッカーが大好きだ。

243　私はこのシャツが好きではない。もう１つ見せてくれますか。

244　知っていることと教えることは別のことだ。

245　サッカーが好きな人もいれば、野球が好きな人もいる。

□ シャドーイング　□ リプロダクション　□ ディクテーション　□ 英文暗唱

246　そのパーティーの出席者は、その知らせを聞いて喜んだ。

247　あなたがその計画を実行するのは可能だ。

248　彼の部屋にはかなり多くの本がある。

249　私はそのとき、ほとんどお金を持っていなかった。

250　私はいつも朝食のときに新聞を読む。

251　ほとんどの人がそのパーティーに出席した。

252　私は昨晩７時に帰宅した。

□ シャドーイング　□ リプロダクション　□ ディクテーション　□ 英文暗唱

253　クラスの全員が私を笑った。

254　日本は石油を外国に頼っている。

255　その事実は注意深い研究に基づいている。

256　その本は私に大きな影響を与えた。

257　10 分後に戻るよ。

258　私たちは駅から家まで歩いた。

259　驚いたことに、彼は試験に落ちた。

260　電車は東京に向かって名古屋を出発した。

261　あなたはその計画に賛成ですか、反対ですか。

262 She cut the meat with a knife.

263 There's something wrong with my car.

264 Let's talk over a cup of coffee.

265 She is beautiful beyond description.

266 This building is under construction.

267 What he says is of importance.

第 20 章　否定・疑問

268 He rarely listens to others' opinions.

269 I could hardly understand him.

270 There are few people in the park.

271 What he says is not always right.

272 The movie is far from satisfactory.

273 His paper is free from mistakes.

274 He is by no means kind.

275 This problem is anything but easy.

276 I never listen to the song without crying.

277 I don't know why you are angry.

278 Would you mind if I smoke here?

279 How come you came here?

280 What did you come here for?

281 What is it like to sing in public?

第 21 章　倒置・強調・省略

282 Never have I seen such a beautiful scene.

283 Little did I dream that I would meet you here.

284 It was not until yesterday that I learned the news.

262　彼女はナイフを使って肉を切った。

263　私の車はどこかおかしい。

264　コーヒーを飲みながら話をしよう。

265　彼女は言葉にできないほど美しい。

266　この建物は建設中だ。

267　彼の言うことは重要だ。

□ シャドーイング　□ リプロダクション　□ ディクテーション　□ 英文暗唱

268　彼はめったに他人の意見を聞かない。

269　私は彼が言うことをほとんど理解できなかった。

270　公園にほとんど人がいない。

271　彼の言うことがいつも正しいとは限らない。

272　その映画は決して満足できない。

273　彼の論文は間違いがない。

274　彼は決して親切ではない。

275　この問題は決して簡単ではない。

276　その曲を聴くと必ず泣いてしまう。

277　なぜあなたが怒っているのかが私にはわからない。

278　ここでタバコを吸ってもいいですか。

279　なぜあなたはここに来たのですか。

280　あなたは何のためにここに来たのですか。

281　人前で歌うのはどのようなものですか。

□ シャドーイング　□ リプロダクション　□ ディクテーション　□ 英文暗唱

282　私はそんな美しい景色を見たことがない。

283　ここであなたに会うなんて夢にも思わなかった。

284　昨日になって初めてその知らせを知った。

285 What in the world did you say to her ?

286 Who on earth says that ?

287 I'm not in the least interested in study.

288 I don't like this movie at all.

289 When young, he was interested in Japanese movies.

第 22 章　動詞の語法

290 Raise your hand if you have a question.

291 I was born and grew up in Sapporo.

292 I brought up my child strictly.

293 I lay in bed all day yesterday.

294 My father laid his hand on my shoulder.

295 Can I use your bathroom ?

296 I'm going to rent an apartment next year.

297 I borrowed that book from the library yesterday.

298 We hire a worker by the day.

299 I lent my friend three thousand yen.

300 Smoking is not allowed in this restaurant.

301 She forgave him for forgetting her birthday.

302 My brother accused me of carelessness.

303 Let's talk about the travel plan.

304 Do you speak English ?

305 My son told me that he wanted to go outside.

306 Please say hello to him when you meet him.

307 This shirt doesn't fit me.

308 The hat suits you very much.

309 I doubt that this team will win.

310 I suspect that she's lying.

285 一体全体あなたは彼女に何を言ったんだ。

286 一体全体誰がそんなことを言うんだ。

287 私は少しも勉強に興味がない。

288 私はこの映画が全く好きではない。

289 若い頃、彼は日本映画に興味があった。

□ シャドーイング □ リプロダクション □ ディクテーション □ 英文暗唱

290 質問があれば手を上げてください。

291 私は札幌で生まれ育った。

292 私は子どもを厳しく育てた。

293 私は昨日ずっとベッドで横になっていた。

294 父は私の肩に手を置いた。

295 トイレをお借りできますか。

296 来年アパートを借りる予定です。

297 昨日図書館でその本を借りた。

298 私たちは日給制で人を雇う。

299 私は友人に3,000円貸した。

300 このレストランでは喫煙は禁止だ。

301 彼女は彼が彼女の誕生日を忘れていたのを許した。

302 兄は私が不注意だと責めた。

303 旅行の計画について話をしよう。

304 あなたは英語を話しますか。

305 息子は私に外に出かけたいと言った。

306 彼に会ったらよろしくお伝えください。

307 このシャツは私のサイズに合わない。

308 その帽子はあなたにとても良く似合っている。

309 私はこのチームは勝てないと思う。

310 私は彼女が嘘を言っていると思う。

311 She was wearing a red sweater.

312 He is putting on his jacket.

第 23 章　形容詞・副詞の語法

313 The price for that watch is as high as my father's one.

314 My salary was very low at first.

315 The traffic is heavy around my house.

316 The party finished thirty minutes ago.

317 When I came home, my father had left an hour before.

318 These days I go to a gym.

319 We got married recently.

第 24 章　名詞の語法

320 The lawyer has a lot of clients.

321 There are many guests in the bistro.

322 All the passengers should be on board.

323 There was a large audience in the hall.

324 There were many spectators at the game.

325 The customer is always right.

326 I paid a fine for speeding yesterday.

327 The taxi fare is about $40.

328 The admission fee for the amusement park is very high.

329 The cost of living in Tokyo is very high.

330 The charges for the utilities are low this month.

331 I've already made dinner reservations.

332 I have an appointment to see a dentist today.

333 He kept his promise to be here at nine.

311 彼女は赤いセーターを着ていた。

312 彼はジャケットを着ている最中だ。

□ シャドーイング □ リプロダクション □ ディクテーション □ 英文暗唱

313 その時計の価格は、父の時計と同じくらい高い。

314 私の給料は初めの頃はとても安かった。

315 私の家の周りは交通量が多い。

316 そのパーティーは 30 分前に終わった。

317 帰宅したとき、父が 1 時間前に家を出てしまっていた。

318 最近ジムに通っている。

319 私たちは最近結婚した。

□ シャドーイング □ リプロダクション □ ディクテーション □ 英文暗唱

320 その弁護士には多くの依頼人がいる。

321 そのビストロにたくさんの客がいる。

322 乗客の皆様ご搭乗ください。

323 そのホールには多くの聴衆がいた。

324 その試合には多くの観客がいた。

325 お客様はいつも正しい。

326 私は昨日スピード違反で罰金を払った。

327 タクシーの運賃はおよそ 40 ドルだ。

328 その遊園地の入園料はとても高い。

329 東京の生活費はとても高い。

330 今月は公共料金が安い。

331 私はすでに夕食の予約をした。

332 私は今日歯医者の予約がある。

333 彼は 9 時にここにいるという約束を守った。

4技能トレーニング・ブック　特典

ダウンロード音声のご案内

1～333の例文すべてに、3種類のコースをご用意！
コースごとに音声がダウンロードできる！
※音声データはMP3形式。zip形式で圧縮しています。

	コース名	コース内容	音声の活用方法
1	英文反復コース	英文のみ	**シャドーイング・リプロダクション・ディクテーション・英文暗唱**に最適！
2	英作文コース	和文＋英文	**口頭英作文の練習**に最適！ 和文で止めて、英文を暗唱。 その後、英文を見て自分の英訳を確認。
3	和訳コース	英文＋和文	**英文を和文に翻訳する練習**に最適！ 英文で止めて、自分で和訳に挑戦。 その後、和文を見て自分の和訳を確認。

英語学習に音声を使うと、バランスよく4技能が伸びる！

ステップ1	ステップ2	ステップ3	ステップ4
シャドーイング	リプロダクション	ディクテーション	英文暗唱
R L W S	R L W S	R L W S	R L W S

R ＝ Reading　L ＝ Listening　W ＝ Writing　S ＝ Speaking

Message

本書があなたの人生を変える一冊に
なることを願っています。

肘井学

Kyogakusha